U0919743

普通高等教育“十一五”国家级规划教材

[交通运输、物流管理专业用]

集装箱运输管理

● 马天山　孙启鹏　主编

人民交通出版社

内 容 提 要

随着我国经济社会和对外贸易的不断发展，集装箱运输已成为我国综合运输的重要组成部分。为适应我国集装箱运输事业发展以及培养集装箱运输专业人才的需要，编写本书。全书共分十章，包括集装箱运输概述、集装箱标准化及其种类结构、集装箱运输系统、集装箱箱务管理、集装箱中转站运输组织管理、集装箱运输的运费与经济分析、集装箱运输单证及统计、集装箱国际多式联运及报关业务、集装箱运输信息化管理、集装箱运输行业管理及其发展政策展望。

本书为普通高等教育"十一五"国家级规划教材，适用于高等学校交通运输、物流管理专业本科生教学，也可以用作相关专业人员的培训教材或参考书。

图书在版编目(CIP)数据

集装箱运输管理／马天山，孙启鹏主编．—北京：人民交通出版社，2009.1

ISBN 978-7-114-07330-4

Ⅰ. 集… Ⅱ. ①马…②孙… Ⅲ. 集装箱运输－交通运输管理 Ⅳ. U169.6

中国版本图书馆 CIP 数据核字(2008)第 127211 号

书　　名：集装箱运输管理
著 作 者：马天山　孙启鹏
责任编辑：戴慧莉
出版发行：人民交通出版社
地　　址：(100011) 北京市朝阳区安定门外外馆斜街 3 号
网　　址：http://www.ccpress.com.cn
销售电话：(010) 59757969，59757973
总 经 销：北京中交盛世书刊有限公司
经　　销：各地新华书店
印　　刷：北京市密东印刷有限公司
开　　本：787×1092　1/16
印　　张：13.5
字　　数：331 千
版　　次：2009 年 1 月　第 1 版
印　　次：2009 年 1 月　第 1 次印刷
书　　号：ISBN 978-7-114-07330-4
印　　数：0001～5000 册
定　　价：28.00 元

前 言 Qianyan

随着我国经济社会持续稳定的发展,交通运输也取得了长足进步。截至2007年底,全国公路通车总里程达到357.3万公里,其中高速公路里程达到5.36万公里,位居世界第二;全国铁路营业里程达到7.8万公里,里程长度位居世界第三;全国港口拥有生产性泊位35 753个,其中万吨级深水泊位1 403个;内河航道通航里程12.3万公里,其中50%为等级航道;民用航空机场达到152个,民航航线总条数1 506条。全社会完成货物周转量达到99 180.5亿吨公里,其中,公路11 257.6亿吨公里,铁路(含行包周转量)23 797.00亿吨公里,水运62 182.2亿吨公里,民航116.4亿吨公里;全社会完成客运周转量达到21 530.3亿人公里,其中,公路11 445.0亿人公里,铁路7 216.31亿人公里,民航2 791.7亿人公里。港口货物吞吐量和集装箱吞吐量分别达到64.1亿吨与1.127亿(TEU),连续五年位居世界第一。

集装箱运输是一种现代化运输组织方式。自1957年世界上第一艘集装箱船"Gateway Wity"号投入使用,拉开集装箱运输的序幕起,至今虽然只有近60年的历史,但已遍及全球所有国家。我国的集装箱运输始于20世纪70年代,历经了70年代的起步、80年代的稳定发展、90年代的快速发展,到21世纪,已成为综合运输的重要组成部分。随着我国国民经济和对外贸易、外向型经济的不断发展,集装箱运输将会持续、快速发展,货物运输的集装箱化已成为不可阻挡的发展趋势。为适应我国集装箱运输发展的需要,满足广大集装箱运输工作者掌握集装箱运输的专业理论与管理实务的要求,在长期教学和科研积累的基础上,我们编写了《集装箱运输管理》一书。希望本书能为我国集装箱运输的发展以及集装箱运输专业人才的培养有所裨益。

本书作为普通高等教育"十一五"国家级规划教材,是经过反复酝酿、广泛收集资料,在充分讨论的基础上修订而成的,由长安大学马天山教授、孙启鹏博士主编。具体编写分工为:马天山编写第一章、第七章、第八章;孙启鹏编写第二章到第五章、第九章;陕西省交通职业技术学院丁海鹰编写第六章;苏州市运输管理处刘志凯编写第十章。在本书编写过程中,长安大学硕士蒋媚、马兰花、李雷、吴国辉、周伟旭付出了大量劳动,共同协助完成了全书的编写。

本书编写过程中，参阅引用了国内外有关论著和资料，主要参考文献列于本书最后，在此一并表示感谢。

由于水平所限，加之编写本教材的难度较大，教材中的错误和缺点在所难免，希望读者不吝批评指正。

编　者

2008年9月

目录 Mulu

第一章 集装箱运输概述

集装箱运输是对传统的以单件货物进行装卸运输工艺的一次重要革命，是当代世界最先进的运输工艺和运输组织形式，是件杂货运输的发展方向，是交通运输现代化的重要标志。由于集装箱运输自身的特点和优势，使得其迅速得以发展和普及，并进一步促进了多式联运的开展。本章是对集装箱运输的概述，包括集装箱产生的基础和原因，发展历程，特点与优势，发展现状及发展趋势。

第一节 集装箱运输的涵义、特点与优势

集装箱运输是社会生产大发展的产物，不仅促进了水、陆、空各种运输工具之间的联运，解决了复杂而又零星的小件货物的零担运输问题，而且能运输大批量的整车货物。随着集装箱的广泛应用，集装箱运输的经济效益越来越明显，这是集装箱运输能够迅速发展的根本原因。

一、集装箱运输的涵义

集装箱运输是指用集装箱这种运输设备装载货物，在整个运输过程中以集装箱为运载单元所形成的一种运输组织方式。这种运输组织方式以集装箱为中心，但由于优点十分明显，规模不断扩大，从系统的角度来看，它已经超出了单纯运输组织方式的范畴，成为了从货主门口（仓库）到收货人门口（仓库），由各种运输方式、各个参与主体相互衔接，多个要素共同构成的完整货物运输系统。

为更为全面地把握集装箱运输的涵义，还可以从以下几个方面进一步了解。

(1)集装箱是一种货物运输的专用容器，不同于一般装货的箱，也不同于载货汽车的挂车。在集装箱运输的发展过程中，集装箱已经形成了一定的标准。而集装箱运输正是以这种运输设备为核心展开整个运输活动。

(2)集装箱运输已经形成了完善的系统，包括有专用的基础设施、运输工具；完善的操作规范、政策法规、管理制度；稳定的经营主体和社会需求；配套的其他硬件要素和软件要素。

(3)集装箱运输通常涉及水路运输、道路运输、铁路运输、航空运输四种形式。需要在其中一种运输方式不同运输主体之间，或不同运输方式之间进行换装。因此，集装箱运输不仅形成了各种运输方式之间相互换装、交接等一系列完善的规程，还在各种运输方式内部形成了的各自独有的规定。

(4)集装箱运输过程的生产作业通常包括空箱的发放和回收、装箱、拆箱、装卸、交接、换

装等。

(5)根据发、收货人托收货物的数量、性质、状态以及使用集装箱的型号,集装箱货物运输可以分为整箱货(FCL)和拼箱货(LCL)运输两大类。它们既有共性的运输生产组织特点,又具有各自独特的生产组织特点。

(6)集装箱运输具有巨大的社会效益和经济效益,因而集装箱运输已经遍及全世界每个国家,尤其是在经济发达或发展速度较快的国家,集装箱运输已经十分发达。各国也都把集装箱运输的普及和发展作为该国运输现代化进程的标志,国际航运中心等都以集装箱装卸中转量的规模为主要标志。

二、开展集装箱运输的条件

1. 货源相对稳定、集中

由于集装箱运输都是定期班轮运输,开航日期、开航时间、停靠港口是固定的,如果货源不足或很少,将可能造成经营亏损。而货源充足且稳定的前提是一国或地区的经济发达程度高、工业化程度高、对外贸易额高。同时,集装箱的制造和货物的包装要实现标准化、系列化,以充分利用集装箱的载货量和载货容积,便于装箱和拆箱作业。

2. 货种适合于集装箱装载

集装箱通常具有一定的规格,因而对装载的货物首先在物理形状上要求其便于装卸,即外形比较规整的货物种类更便于集装箱的装卸,尤其是外包装具有一定标准的货物。同时集装箱运输运价通常要高于普通货物运输,因而要求货物具有一定的高运价承受能力,或者说对运价的弹性较小,即附加值较高的货物。只有在物理形状和经济承受能力两个方面都满足以上条件,这类货物才适合于进行集装箱装载。此时的货源才是真正适合于集装箱运输的货源。

3. 基础设施良好、集疏散系统发达

开展集装箱运输的基础设施主要有两个方面:一是快速装卸集装箱的现代化、专业化大型集装箱港口或码头;二是发达的内陆运输系统,以保证进口集装箱及时疏运和出口集装箱及时集运。这就要求一国的公路、铁路、内河运输能满足集装箱运输的要求。公路和铁路运输应能接受大型集装箱进行联运,并且能简单、迅速地实现中途换装。

三、集装箱运输的特点与优势

作为一种现代化的运输组织形式,集装箱运输有以下特点。

1. 高效益的运输组织方式

集装箱运输经济效益高主要体现在以下几方面。

(1)简化包装,大量节约包装费用。为避免货物在运输途中受到损坏,必须有坚固的包装,而集装箱具有坚固、密封的特点,其本身就是一种极好的包装。使用集装箱可以简化包装,有的甚至无须包装,实现件杂货无包装运输,可大大节约包装费用。

(2)减少货损货差,提高货运质量。由于集装箱是一个坚固密封的箱体,集装箱本身就是一个坚固的包装。货物装箱并铅封后,途中无须拆箱倒载,一票到底,即使经过长途运输或多次换装,也不易损坏箱内货物。集装箱运输可减少被盗、潮湿、污损等引起的货损和货差,深受货主和船公司的欢迎,并且由于货损货差率的降低,减少了社会财富的浪费,具有很大的社会

效益。

(3)减少营运费用,降低运输成本。由于集装箱的装卸基本上不受恶劣气候的影响,船舶非生产性停泊时间缩短。又由于装卸效率高,装卸时间缩短,对船公司而言,可提高航行率,降低船舶运输成本;对港口而言,可以提高泊位通过能力,从而提高吞吐量,增加收入。

2. 高效率的运输组织方式

传统的运输方式具有装卸环节多、劳动强度大、装卸效率低、船舶周转慢等缺点。而集装箱运输完全改变了这种状况。

首先,集装箱运输是实现全部机械化作业的高效运输方式,可将不同形状、尺寸的件杂货装入标准规格的集装箱内,为实现高效的机械作业提供了可能。普通货船装卸,一般为35t/小时左右,而集装箱装卸,可达400t/小时左右,装卸效率大幅度提高。同时,由于集装箱装卸机械化程度很高,因而每班组所需装卸工人数很少,平均每个工人的劳动生产率大大提高。

其次,由于集装箱装卸效率很高,受气候影响小,船舶在港停留时间大大缩短,因此船舶航次时间缩短,船舶周转加快,航行率大大提高,船舶生产效率随之提高,从而提高了船舶运输能力,在不增加船舶艘数的情况,可完成更多的运量。

3. 高投资的运输组织方式

集装箱运输虽然是一种高效率的运输方式,但是它同时又是一种资本高度密集的行业。

首先,船公司必须对船舶和集装箱进行巨额投资。根据有关资料表明,集装箱船每立方英尺的造价约为普通货船的3.7~4倍。集装箱的投资相当大,开展集装箱运输所需的高额投资,使船公司的总成本中固定成本占有相当大的比例,高达2/3以上。

其次,集装箱运输中港口的投资也相当大。专用集装箱泊位的码头设施包括码头岸线和前沿、货场、货运站、维修车间、控制塔、门房,以及集装箱装卸机械等,耗资巨大。

再者,为开展集装箱多式联运,还需有相应的内陆设施及货运站等,为了配套建设,这就需要兴建、扩建、改造、更新现有的公路、铁路、桥梁、涵洞等,这方面的投资更是惊人。可见,没有足够的资金,要开展集装箱运输,实现集装箱化,是相当困难的,必须根据国力量力而行。

4. 高协作的运输组织方式

集装箱运输涉及面广、环节多、影响大,是一个复杂的运输系统工程。集装箱运输系统包括海运、陆运、空运、港口、货运站以及与集装箱运输有关的海关、商检、船舶代理公司、货运代理公司等单位和部门。如果互相配合不当,就会影响整个运输系统功能的发挥,如果某一环节失误,必将影响全局,甚至导致运输生产停顿和中断。因此,要求整个运输系统各环节、各部门之间高度协作。

5. 适于组织多式联运

集装箱运输由于在不同运输方式之间换装时,无需搬运箱内货物而只需换装集装箱,提高了换装作业效率,因此适于多式联运。在换装转运时,海关及有关监管单位只需加封或验封转关放行,从而提高了运输效率。另外,集装箱具有坚固和密封的特点,一国的口岸监管单位检验加封放行后,另一国家的口岸监管单位只需验封,即可转关放行。这样就为通过统一国际运输中各国法规(如制定相应的国际公约等)来简化货物过境报关手续提供了可能,从而实现迅速、安全、廉价的“门到门”运输。

此外，由于集装箱运输是一个资金密集、技术密集及管理要求很高的运输组织模式，是一个复杂的运输系统工程，这就要求管理人员、技术人员、业务人员等具有较高的素质，才能胜任工作，从而充分发挥国际集装箱运输的优越性。

从以上特点来看，集装箱运输的优势显而易见，即高效率、高效益以及便于开展多式联运。一方面，这些优势使得集装箱运输很快得到普及，特别是在发挥多式联运的系统化、实现“门到门”运输中，备受青睐；另一方面，多式联运的开展，也使集装箱运输的优势得以更好的发挥。

第二节 集装箱运输的产生与发展

集装箱运输的产生具有很长的历史，但其发展壮大的时间并不长。早在1801年，英国人安德森（James Anderson）博士首先提出了集装箱运输的设想。到了1848年，在美国开展了“驼背运输”（Piggy-back system）。后来，由于种种原因，集装化没有得到顺利进展。但是，到20世纪50年代后期，特别是美国以降低运输费用为最终目标，在各种不同运输业者的共同努力下，采用集装箱进行复合直达运输之后，集装箱运输才得到复兴。从集装箱运输的发展实践来看，它是社会经济发展的必然结果，也是交通运输发展的重要方向之一。集装箱运输的发展壮大是建立在大规模生产方式的基础上，而且在多式联运中其优势更为明显。因此，随着多式联运的开展，集装箱运输得到了更快的发展。同时，集装箱运输的快速发展又促进了多式联运的发展。

一、集装箱运输产生的基础

在第二次世界大战后，资本主义国家的工业生产有两大特点，一是生产的大型化，二是生产的机械化和自动化。生产的大型化主要是指采用现代化的设备进行大规模生产。一方面，根据规模效益法则，大规模生产的结果，可以使单位产品的成本降低；另一方面结合生产的机械化和自动化，用机械代替大量、昂贵的人力劳动，不仅可以提高原材料和设备的利用程度，还能改善生产管理的方法，从而进一步降低生产成本。

因此，在资本主义社会里，任何工业生产企业，只要具有大规模生产条件的，其生产规模越大，机械化程度越高，则单位产品成本就越低，企业的生产利润也就越大，所以战后资本主义国家的生产企业，有向大型化、机械化、自动化发展的趋势。

可是，生产要实现机械化、自动化，必须要有前提条件，那就是产品必须标准化。如果产品大小不一，无统一标志，就无法实现大规模的机械化、自动化生产。所以产品标准化是实现大规模机械化、自动化生产的必备条件。这种为提高生产效率，降低生产成本的措施，一般称之为“生产合理化原理”。

运输业也不例外。运输企业要想大大提高劳动生产率和降低运输成本，也必须遵循工业生产合理化的原理，采用大批量运输的生产方式，并促使装卸工具和运输工具实现机械化和自动化。生产自动化要求产品规格化，对于件杂货物运输而言，意味着货物成组化，集装箱运输是成组运输的典型方式之一。这是集装箱运输产生的基础之一。

交通运输必须满足社会经济发展的需要，尤其是工业生产的需要。大型化、机械化、自动

化的工业生产必然带来大量的具有一定包装和规格的件杂货物。而此类货物要求运输时间快、一次性运量大等，这在客观上对交通运输提出了新的要求。这是集装箱运输产生的基础之二。

另外，大量的具有一定包装和规格的件杂货物，也为集装箱运输的发展提供了基础和保障。这是集装箱运输产生的基础之三。

二、集装箱运输产生的原因

第二次世界大战后，资本主义国家为了对付海上运输的激烈竞争，发生了巨大的变革。

就海上运输来说，战后出现了56万吨级的超级油船、30多万吨的大型散货船以及各种各样的专业船。这些大型船舶的出现，是由于装卸工作实现了机械化和自动化的结果。例如石油运输采用了高效率的自动泵，散货运输采用了自卸设备等。石油和散货船舶实现了大型化、装卸工作实现了装卸机械化和自动化以后，海上运输成本大幅度降低。

但是在这期间，杂货运输却大大地落后了，装卸工作的机械化程度依然很低。万吨级定期货船每年航次天数不超过200天，而剩余的时间多半是为了装卸而在港内停泊。现将20世纪60年代世界上几条主要航线的普通定期货船，其停泊时间占航次时间的比例，与油轮和散货船作一比较，见表1-1。

不同航线和船舶的停泊时间占航次时间的比例　　表1-1

航线（船舶种类）	停泊时间占航线时间的比例	航线（船舶种类）	停泊时间占航线时间的比例
美国东岸—远东（定期船）	43%	美国—南非	49%
美国东岸—西非（定期船）	49%	油船	10%
欧洲—五大湖（定期船）	40%	散货船	15%
美国东岸—欧洲	40%		

表1-1中所列举的几条定期货船航线，其船舶的停泊时间占航次时间的40%～50%，而油船和散货船的停泊时间仅占航次时间的10%～15%。由此可见，普通定期货船的营运效率大大低于油轮和散货船。

普通定期货船的停泊时间这么长，即使船舶实现了大型化，也不会带来太大的经济效益。例如，5万吨级的大型普通定期货船，停靠6个中途港，每航次的航行天数为16天，停泊天数为37天，即停泊天数占航次天数的70%，而航行天数只占航次天数的30%。由此可见，船舶的大型化要与港口装卸工作的机械化结合才能发挥作用，否则，即使船舶由于大型化而降低了单位运输成本，但由于装卸效率太低，大型化延长了船舶在港的停泊时间，抵消了因大型化所带来的利益。在这种装卸效率低的条件下，如果为实现快速运输而提高船舶的航速，则取得的经济效果也是微不足道的。

再从港口装卸作业的方法来看，要提高杂货运输效率，也必须彻底改革延用了几十年的件杂货以人工操作为主的装卸方式。

在国外，由于人力劳动的费用昂贵，因此，杂货运输中的平均单位装卸费用不断提高。在集装箱化以前，日本—纽约航线上，普通货船的装卸费用占总营用费用的60%，从而使许多贵重货物采用航空运输。在这种严峻的形势下，如何使海上杂货运输合理化，便成为十分迫切的任务。

杂货运输装卸费用不断提高的原因与装卸工作仍然需要大量人力来完成是分不开的。而且杂货装卸的劳动强度特别繁重,如果这种恶劣的劳动条件得不到改善,则某些国家的港口工人就显得极度不足,严重时可能影响国际贸易的正常开展。由于以上种种原因,普遍感到传统的杂货运输方式已不能适应时代的要求了。

杂货运输之所以远远落后于石油运输和散装运输,还与杂货本身的特点有关。

杂货的特点是:货物种类繁多,包装形式不一,每件货物的重量和大小相差很大,小得只有几公斤、几十公斤,大的可以达到几吨。在这样的条件下,要使杂货运输采用大规模生产方式,实现机械化和自动化,自然是困难的。

为了提高杂货运输的效率,唯一的办法就是遵循工业合理化原理进行工艺的改革,以提高装卸效率,缩短停泊时间,节约装卸费用,降低运输成本。改革的途径首先要使杂货的货件标准化起来,于是出现了成组运输。

所谓成组运输就是把以前的单件杂货利用各种不同的成组工具,使货物组成一个同一尺寸的标准货组,并使其在铁路、公路、水路等各种运输方式之间不拆组进行转移。采用这种运输工艺,不仅提高了每件货组的重量,而且使货组达到了定型化、标准化的目的,从而促使了杂货运输实现机械化和自动化。

件杂货的成组运输开始是用网兜和托盘来实现的,后来进一步发展了托盘船,实现了托盘化。杂货托盘化以后,与单件运输比起来,虽然已经有了很大进步,但是在托盘运输中,还存在许多不足,其表现有以下几个方面:

第一,托盘只能装载包装尺寸相同的货物,它最适合装卸那些用纸板箱或木板箱包装的商品。对于坛、罐包装或形式不一的家具、机械和长大件货,如利用托盘,则堆码时就会发生困难。

第二,托盘的尺寸有限。托盘货组每件重量一般为 1 ~ 2t。因此装卸效率提高的幅度不大。

第三,采用托盘运输时,货组需要堆场,上层货件的重量直接压在下面货件上。因此货物的外包装需要具有较大的强度。

第四,托盘运输时,托盘上的货件是敞开的,在运输过程中容易发生被盗事故。

第五,在国际贸易运输中,需要办理较繁琐的过境手续。

由于托盘运输的上述不足,加之后来又出现了集装箱,所以逐渐用集装箱取代了托盘,进一步实现了集装箱化。

成组工具的不断改进,提高了成组运输的效率,使成组运输系统得到进一步完善,彻底地改变了杂货运输的落后的面貌,从而引起了在世界运输史上从未有过的大变革。

由此可见,集装箱运输是社会经济发展的必然要求,是交通运输生产发展的必然产物。

三、集装箱运输的发展历史

集装箱运输虽然是一种现代化的运输方式,却有较长的发展历史。国际集装箱运输的形成和发展过程可以分为萌芽期、开创期、成长期、扩张期、普及期 5 个阶段。

1. 萌芽期(1801 ~ 1955 年)

该时期的重要标志是:欧美地区的发达国家在国内开始尝试陆上集装箱运输,运输距离较

短,并在欧洲各国之间进行陆上集装箱运输的合作。但由于公路和铁路集装箱运输不统一,制约了陆上集装箱运输的发展,集装箱运输发展缓慢。

英国的工业革命促进了运输业的发展,1801 年,英国人安德森(James Anderson)博士首先提出了集装箱运输的设想。1845 年,在英国铁路上开始出现了载货车厢,酷似现在的集装箱。发展到 19 世纪的后半世纪,英国人兰开夏使用了一种运输绵纱和棉布用的带有活动框架的托盘,俗称“兰开夏托盘”(Lancashire Flat)。它可以看作最早使用的集装箱雏形。

接着,到 1880 年,美国正式试制了第一艘内河用的集装箱船,在密西西比河进行试验,但当时这种新的工艺没有被广泛地接受。

直到 20 世纪初期,当时西方某些资本主义国家由于运量的迅速增长,铁路运输得到了较快地发展。这时英国铁路上才正式使用简陋的集装箱运输。这种新的运输工艺被采用以后,很快地在欧洲传播开来了。1926 年传到德国,1928 年传到法国。1928 年在罗马举行的“世界公路会议”上,就有关于在国际交通运输中应使用集装箱的论述。会上还探讨了铁路和公路间最优的合作运输方案。当初就认为:利用集装箱作为运输容器是非常有利的,它可以协调公路与铁路间的货物运输。该会议还促进欧洲各铁路公司间签订了有关集装箱运输的协定和统一制订集装箱的标准。

不久,1933 年在法国巴黎成立了“国际集装箱运输局”(ICB),这是一个民间的集装箱运输组织,它以协调有关集装箱各方面的合作关系为目的,并进行集装箱所有人登记业务。1931 ~1939 年期间,由于公路运输的迅速发展,铁路运输的地位相对下降,于是公路与铁路之间展开了激烈的竞争,竞争的结果必然导致这两种运输方式之间不能紧密配合和相互协调,致使集装箱运输的经济效果得不到充分发挥。因此,在这段时间里,集装箱运输基本是停滞不前,国际集装箱运输局的活动也处于停顿状态。

第二次世界大战爆发后,美国陆军大量开往世界各地,需要运输大量的军用物资。当时这些军用物资运输效率极低,浪费很大。为了提高运输效率,美国陆军部组织了一个专题研究,要发展一种经济有效的军事运输系统,并提出货物运输要实现成组化的原则,以达到“门到门”运输的目的。这一原则和目标广泛地被交通运输业和工商业界所接受,于是利用托盘和集装箱作为媒介的成组运输系统就开展起来了。1952 年,美国陆军开始建立了“军用集装箱快速运输勤务系统”,实现了使用集装箱运输弹药和其他军用物品。随后,欧美国家开始尝试陆上集装箱运输。

这时期的主要特征:经历时间长,主要在西方早期的工业化国家;发展缓慢,公路铁路因激烈竞争而影响联运,导致集运优势不能发挥;集运的庞大投资也影响了其扩展。

2. 开创期(1956 ~1966 年)

该时期的重要标志是:美国首先用油船、件杂货船改装成了集装箱船舶,在美国沿海从事海上集装箱运输,并获得良好的经济效益。

1956 年 4 月 26 号,美国泛大西洋轮船公司(Pan-Atlantic Steamship Co.)将一艘 T-2 型油轮“理想”号,经过特别改装以后,在甲板上装载了 58 个集装箱,由新泽西州纽约港的纽瓦克区驶往得克萨斯州的休斯敦进行了海上试运。3 个月后,试运获得了巨大的经济效益,每吨装卸费,由原来的 5.83 美元,平均降到了 0.15 美元,仅为普通货船装卸费的 1/37。

泛大西洋轮船公司在试运中取得成绩以后,提高了集装箱化的兴趣,并决定全面彻底地推

行集装箱化。在这一基础上,该公司于1957年10月,将6艘C-2型货轮改成了带有箱格结构的全集装箱船,第一艘的船名为"盖脱威城"(Gateway city)号。该船上设有船用集装箱装卸桥,每船可装载8ft×8.5ft×35ft的集装箱226个,每箱总重25t,仍航行在纽约—休斯敦的航线上。"盖脱威城"号的投入运营,标志着海上集装箱运输正式开始。

这时期的主要特征:集运船舶为货船改装;无集运专用泊位;使用非标准的17ft、27ft、35ft的集装箱;集运航线仅限于美国国内。

3. 成长期(1966~1971年)

这一时期的重要标志是:1966年4月,海陆运输公司又以经过改装能载运226个35ft集装箱的全集装箱船行于纽约—欧洲航线。于是,在国际航线上出现了集装箱运输。

比海陆运输公司稍晚一些,本来以经营国内航线运输为主的马托松轮船公司在自己所经营的美洲沿岸—夏威夷航线上,用货船"马祥"号将8ft×8ft×24ft集装箱装载于舱面试运集装箱,一举获得成功。在此基础上,马托松公司既致力于促进干线运输的集装箱化,大力发展自己的集装箱船队;同时又致力于主要港口间放射状支线运输(feeder service)的开发,建立了使用驳船在夏威夷诸岛间运输集装箱的所谓"夏威夷诸岛间集装箱驳运系统"(Inter Hawaii Island Container System)和以小型集装箱船为中心的支线运输网,使集装箱货物从各地向主要港口集中,以进一步加速集装箱船的周转。

1967年9月,马托松轮船公司派船航行于日本—北美太平洋岸航线,从此揭开在太平洋航线上进行集装箱运输的序幕。

受到美国集装箱船活跃于大西洋和太平洋的启发,日本和欧洲各国的班轮公司也开始大量建造中型集装箱船,建立集装箱船经营体制,进入经营集装箱运输的行列。继美国之后,相继在连接日本、欧洲、美国、澳大利亚等地区的主要航线上开展了集装箱运输。至20世纪70年代初,已有十余条主要航线基本上实现了集装箱化。1972年底约有160余艘、约277万载重吨的全集装箱船就航。再加上半集装箱船在内,每年运输集装箱的能力约为128万TEU。

这时期的主要特征:集装箱运输逐步国际化;出现第一代集装箱船,建造了集装箱运输专用泊位;集装箱标准国际化,以20ft、40ft为主。

4. 扩展期(1971~20世纪80年代末)

由于集装箱运输具有运输装卸效率高、成本低、效益好、运输质量高且便于开展国际多式联运等优点,集装箱运输深受货主、轮船公司、港口及其他有关部门的欢迎。在1971~1989年间发展极其迅速,其国际远洋运输航线从欧美扩展到东南亚、中东及世界各主要航线。1971年末,51 139t、航速为26kn、可装载1 950个20ft标准箱的大型、高速集装箱船"镰仓丸"就航于远东—欧洲航线。接着,1972年海陆公司也将全长288m、可装载1 968个TEU、约9.8万kW(12万马力)和航速为33kn的超大型、超高速的全集装箱船投入营运。以此为开端,日、英、德三个国家的三家船公司的联营组织——Scanduch Group,以及美国的海陆运输公司等相继将大型高速集装箱船投入营运。从此,集装箱运输从载箱量约为700TEU、航速22~23kn的第一代集装箱船时代进入了第二代集装箱时代,第二代集装箱比第一代集装箱载箱量高3倍,航速快3~5kn。这时的集装箱运输,就船型而言,以高速的、载箱量为2 000TEU的全集装箱船为主;就运输距离而言,从单一联接大洋对岸港口的运输延伸到跨越两个大洋的运输;就运

输线路而言,既形成了集装箱支线运输网,也出现了陆桥运输。这时,不但海运发达国家尽力扩大本国的集装箱船队,发展中国家也开始建本国的集装箱船队,而集装箱船公司的联合经营也开始盛行。

到20世纪80年代,世界集装箱运输又有了新发展。由于受先后两次石油危机以及第一代集装箱船已进入更新期的影响,在此期间,出现了以节省能源和提高运输效率为主要目标的第三代集装箱船。1984年,以长荣公司先后将"长园轮"和"长智轮"投入环球双向运输,开辟环球航行为开端,世界海上集装箱运输有了长足的发展。这一时期的集装箱运输可以说已经进入扩展时期。

这时期的主要特征:集运船舶、专用泊位不断发展,集运能力大幅度提升;港口机械现代化;计算机技术应用,使管理水平和手段得以提升;集装箱多式联运开始出现。

5. 普及期(20世纪90年代至今)

1984年以后,世界航运市场摆脱了石油危机所带来的影响,开始走出低谷,集装箱运输又重新走上稳定发展的道路。目前,发达国家件杂货运输的集装箱化程度已超过80%。据统计,到1998年世界上约有各类集装箱船舶6 800多艘,总载箱量达579万TEU。进入20世纪90年代,特别是1994年以来,世界经济的全面复苏对航运市场产生了积极作用。集装箱运输市场上,各条航线的货运量均表现出强劲的增长势头。据统计,截至1994年11月1日,现役集装箱船运力已达5 715艘、410万TEU。虽然货运量及集装箱船仍集中于远东—北美,远东—欧洲、地中海,以及北美—欧洲、地中海等三大主干航线的格局并未改变,但是各大船公司投入营运的船舶趋向于大型化的趋势却日益明显。远东—北美航线长约11 000n mile(海里),北美—欧洲航线长约4 000n mile,这三条主干航线运量充沛,最适于使用大型集装箱船,因而在这些航线上首先使用大型、甚至超大型集装箱船是理所当然的。1996年,马士基公司将6 000TEU的"女王马士基"号投入远东—欧洲航线营运。2004年,马士基公司已投入运营的集装箱船舶的载箱量已达8 360TEU,此后两年采用的大型集装箱船成倍增加,因而可以预测,集装箱船队规模将持续扩大。所有这些都表明集装箱运输进入了普及阶段。

集装箱运输已遍及世界上所有的海运国家,随着集装箱运输进入成熟阶段。世界海运货物的集装箱化已成为不可阻挡的发展趋势,其主要表现在以下两个方面。

(1)硬件与软件的成套技术趋于完善。干线全集装箱船向全自动化、大型化发展,出现了2 500～4 000TEU的第三代和第四代集装箱船。一些大航运公司纷纷使用大型船舶组织了环球航线。为了适应大型船停泊和装卸作业的需要,港口大型化、高速化,以及自动化装卸桥也得到了进一步发展。为了使集装箱从港口向内陆延伸,一些先进国家对内陆集疏运的公路、铁路和中转场站以及车辆、船舶进行了大量的配套建设。在运输管理方面,随着国际法规的日益完善和国际管理的逐步形成,实现了管理方法的科学化,管理手段的现代化。一些先进国家已从原仅限于港区管理发展为与口岸相关各部门联网的综合信息管理,一些大公司已能通过通信卫星在全世界范围内对集装箱实行跟踪管理。先进国家的集装箱运输成套技术为发展多式联运打下了良好的基础。

(2)开始进入多式联运和"门到门"运输阶段。实现多种运输方式的联合运输是现代交通运输的发展方向,集装箱运输在这方面具有独特优势。先进国家由于建立和完善了集装箱的综合运输系统,使集装箱运输突破了传统运输方式的"港到港"概念,综合利用各种运输方式的优点,为货主提供"门到门"的优质运输服务,从而使集装箱运输的优势得到充分发挥。"门到门"运输是一项复杂的国际性综合运输系统工程,先进国家为了发展集装箱运输,将此作为专门学科,培养了大批集装箱运输高级管理人员、业务人员及操作人员,使集装箱运输在理论和实务方面都得到逐步完善。

虽然世界集装箱运输已进入普及阶段,但也应看到世界各国集装箱运输的发展是不平衡的。集装箱运输是资本密集、管理技术要求高的产业,发展中国家由于资金和人才的短缺,起步也较晚,一般还处于集装箱运输的发展阶段,少数还处于起步阶段。但集装箱运输已广泛用于国际贸易,发展中国家必须吸收先进国家的先进技术和管理经验,才能跟上时代的要求,适应国际贸易发展的需要。

这时期的主要特征:集运船舶的大型化及自动化,泊位的高效化,集疏运系统的不断完善;管理科学化,手段现代化,广泛采用EDI(电子数据交换)系统,并实现了集装箱动态跟踪管理;集装箱多式联运得到空前发展。

第三节　国内外集装箱运输发展概况

随着各国经济的不断发展,世界经济全球化不断深入,国际贸易日益繁荣,国内和国际间的货物运输量不断增加,这给集装箱运输带来了巨大的发展空间。集装箱运输所完成的货运量占总货运量的比例在不断上升,集装箱运输系统各个方面都得到了较快的发展。

一、国外集装箱运输发展概况

1. 水路集装箱运输

全球港口集装箱吞吐量于1999年已经突破了2亿TEU。从欧洲、地中海、中东、非洲、亚洲、北美和中南美洲等全球10个主要港口区域港口集装箱的流量来看,1999年亚洲远东地区港口集装箱吞吐量的增长幅度为最高,而且在10个港口区域内集装箱吞吐量居第一位。1999年远东地区港口的总计吞吐量达5 720万t,比上一年增长了12.1%,占全世界港口物流总量的28.5%,居10个港口区域的首位。

近几年,东亚和南亚的集装箱运量呈现出迅速增长的趋势,2006年集装箱吞吐量居世界前20位的港口如表1-2所示。其中,新加坡的吞吐量最高达到2 497万TEU。尤其是中国各港口集装箱吞吐量的增长尤为突出,由表1-2可以看出吞吐量居世界前5位的港口中,中国有3个,分别为香港、上海港、深圳港,排名分别为2、3、4。

2006年集装箱吞吐量居世界前20位的港口　　表1-2

序　号	港　口	所属国家或地区	吞吐量(万TEU)
1	新加坡	新加坡	2 479
2	香港	中国	2 352
3	上海	中国	2 172
4	深圳	中国	1 847

续上表

序　号	港　口	所属国家或地区	吞吐量(万 TEU)
5	釜山	韩国	1 204
6	高雄	中国台湾	977
7	鹿特丹	荷兰	969
8	汉堡	德国	886
9	迪拜	阿联酋	878
10	洛杉矶	美国	847
11	青岛	中国	770
12	长滩	美国	729
13	宁波-舟山	中国	714
14	安特卫普	比利时	702
15	广州	中国	666
16	巴生港	马来西亚	632
17	天津	中国	595
18	纽约/新泽西	美国	513
19	丹戎帕拉斯	马来西亚	477
20	不来梅	德国	445

2. 铁路集装箱运输

在铁路集装箱运输方面，近几年来，西方发达国家的集装箱运输基本保持了增长的势头。日本铁路基本上把全部适箱货物都纳入集装箱运输，1990 年货物总发送量为 5 700 万 t，其中集装箱 1 800 万 t，占 33.3%；货物周转总量 250 亿 t · km，其中集装箱 170 亿 t · km，占 66.6%。美国铁路的集装箱运输仅次于煤炭，列第二位。同样在法国、德国等欧洲国家，集装箱运量都占有较大比重，一般可占到总货运量的 15% ~20%，并以每年 6% ~9% 的速度增长。

综合看来，随着世界经济和国际贸易的发展，集装箱运输将得到不断的发展，件杂货物运输正在大踏步地向集装化方向发展。其特点主要体现在以下几个方面。

(1)集装箱箱体向大型化发展。

现在国际上使用的大部分是 20ft 和 40ft 的集装箱，箱宽都是 2 438 mm，箱高主要有两种规格:2 438 mm 和 2 591 mm。箱高发展到 2 591mm，已经是现行公路的极限了。所以，集装箱的发展方向在其长度上。一方面大力发展 40ft 的集装箱(现占集装箱总数的 53%)，另一方面更长的集装箱也有所发展，这主要指 45ft 集装箱，因为它在 40ft 处也有固定插孔，所以能使用 40ft 的拖车装载。

(2)铁路集装箱车辆的彻底改革。

装载集装箱的铁路车辆，从敞车、平滑过渡到了骨架结构的集装箱专用平车。进入 20 世纪 80 年代，美国铁路出现了两种全新结构的车辆。一种是铰接在一起，之间共用一个转向架。这种绞车组通常由 5 辆车组成，共使用 6 个转向架，这样车辆自重就减轻了很多，并且这种车适用性很广，可装载 20ft、40ft、45ft 的集装箱，也很适合装载集装箱拖车。另一种车辆是双层

集装箱专用平车,这种车辆的出现可称之为集装箱装运的一次革命。首先,它减低了车辆承载面的高度,以便装卸两层集装箱;其次可根据铰接车组的经验,把5辆双层集装箱车铰接在一起,大大减低了车辆的自重系数,并采用了高速转向架和先进的制动系统,从而减少了牵引燃料的消耗,降低了运输成本,大大提高了铁路通过能力。

(3)建立集装箱运输通道,开行定期直达列车。

集装箱直达列车的意义体现在货物的时间价值上。如美国,从洛杉矶至芝加哥3 218km,双层集装箱列车需运行52 h,运行速度达到62 km/h;又如日本,从东青森至隅田川的3 050次列车,东青森发车时间为18:00,到达隅田川的时间是次日早晨5:27,还能赶上东京的早市,旅行速度也超过了60km/h,途中需要停靠八户和盛冈进行集装箱装卸作业,由于装卸作业就在到发线进行,一般只需20~30min,这样就大大提高了集装箱列车的旅行速度,并能按运行图正点运行。

二、我国集装箱运输发展状况

20世纪50年代,中国集装箱运输也开始了开创性的运营。但中国的集装箱运输没有迅速进入发展期,而是呈现出一种曲折发展的态势,大体上可分为试运、创业和发展三个时期。

第一个时期:试运期(20世纪50~70年代)。

1955年,铁道部成立了集装箱运输营业所,有关单位也成立了专门机构负责集装箱业务。当时,曾试办了上海—大连、沈阳的水陆联运,开辟了天津、广安门站集装箱国际联运,并掌握有700多辆汽车开展"门到门"运输服务。但是由于对集装箱运输认识不足,运输所需场地、装卸机械等配套设施没跟上,在以后的20年里,铁路集装箱运输处于无人管理、徘徊停滞的状态。直到了20世纪70年代,我国开始了在水运企业组织集装箱运输的试验。1973年开辟了海上国际集装箱运输。这一时期在组织、港航基础设施和技术设备等方面的发展,为以后水运集装箱运输的正式运营作了初步的准备工作。

第二个时期:创业期(20世纪80年代)。

20世纪80年代初,伴随着国际集装箱船舶大型化,我国航运业开始启用大型集装箱船。与此同时,我国各主要港口步入大力推进集装箱码头建设时期。这一时期,建立起了专门的组织机构,在制定规章制度、培养专业人才、建设集装箱船队和专用码头、配置大型专用机械设备等方面均具有了一定的规模,同时也开辟了一批集装箱班轮航线。

第三个时期:发展期(20世纪90年代至今)。

进入20世纪90年代,集装箱运输有了快速发展,特别是港口吞吐量大幅度地增长,港口集装箱化比重有了很大提高。上海、青岛、深圳、天津、广州港已跻身于世界50大集装箱港口之列。这时期已初步建立了较为通畅的集疏运系统,建立了全球集装箱运输的干支线网络。然而,在水路集装箱运输快速发展的同时,也暴露出中国铁路、公路集装箱运输发展缓慢这一缺陷,特别是在以国际集装箱为主导的集装箱多式联运业务中,铁路、公路虽然在绝对运量上有所增加,但增长速度仍极为缓慢。

1. 我国公路集装箱运输的发展

我国的公路集装箱运输最早开始于1977年。为了疏港的需要,由交通部在天津港组建了第一支集装箱运输专业车队,并通过技术改造建成了第一座集装箱公路中转站。此后,经过

20 年的逐步推广，公路集装箱运输逐渐发展起来。回顾我国公路集装箱运输的发展历程，大致可分为三个发展阶段。

第一阶段是起步初创阶段（1977～1982 年）。在这一时期，所有工作都是从零开始。自 1977 年国内第一支集装箱运输专业车队组建之后，天津、上海、大连、青岛等港口地区或其腹地都陆续组建了集装箱汽车运输企业，并规划建设了相应的中转站作业基地。此后，公路集装箱运输标准化，起草和制订公路集装箱运输的政策法规，改装试制引进集装箱运输车辆及装卸机械，组织公铁水集装箱联运及公路直达集装箱运输试点线等工作陆续展开。短短的 5 年时间，在各项工作毫无基础的情况下，我国的公路集装箱运输有了良好的开端并快速发展起来。到 1982 年底，开展公路集装箱运输、装卸业务的省市达 20 余个，公路运输承担了当年上海、天津、青岛等 8 个港口的 2/3 集装箱集疏运任务。

第二阶段是推广发展阶段（1983～1990 年）。在此期间，交通部①公路司组建了"集装箱运输处"专职管理机构，加强了对全国公路集装箱运输的推广发展工作。在沿海省份和东北—华北地区组建了一批公路集装箱运输企业，重点建设了上海、天津、广州、青岛、大连口岸的内陆国际集装箱公路中转站；企业改装、引进了一批集装箱运输车、牵引车、大型装卸机械；组织制订了国际、国内《集装箱汽车运输收费规则》、《集装箱公路中转站站级划分及设备配备》等专业规章和技术标准；扩大了对公路专用集装箱直达运输和甩挂运输试运线的试点范围等，公路集装箱运输得到了进一步发展和壮大。1990 年，当年通过公路完成的港口国际集装箱集疏运量为 84.7 万 TEU，占港口吞吐总数的 79.5%，比 1982 年的集疏运量提高了12.3 倍。

第三阶段是巩固提高阶段（1991～2000 年）。这一时期是我国公路集装箱运输能力持续发展和经营管理水平全面提高时期。国家在沿海等重点省市继续组建专业集装箱运输企业，兴建不同规模的公路集装箱中转站或货运站，并加速站场技术装备配套工作。到 2000 年，全国从事集装箱业务的汽车运输企业有 1 600 多户，集装箱公路中转站有 250 座，拥有国际集装箱专用汽车 2 万余辆，各种集装箱装卸机械 1 600 余台。同时，公路运输部门陆续修订、制订并颁布了多项综合性、系统性的公路集装箱运输的管理规章、规程和技术标准，并且依靠技术进步与科技创新，成功实现了 EDI 系统的开发与应用等。这些成果推动了公路集装箱运输的持续发展，使我国集装箱运输的经营管理水平提高到一个新的发展阶段。

2. 水路集装箱运输

我国集装箱运输始于 20 世纪 70 年代。1973 年 9 月开始用件杂货船从天津、上海载运小型集装箱（8ft ×8ft ×8ft）至日本的横滨、大阪、神户，虽然起步较晚，但发展的速度却较快。自 1973 年天津港接卸了第一个国际集装箱，历经了 70 年代的起步、80 年代的稳定发展、90 年代的快速发展几个阶段，到 21 世纪初我国集装箱运输引起全世界航运界的热切关注。随着我国国民经济和对外贸易、外向型经济的不断发展，我国集装箱运输发展很快，拥有一支现代化的集装箱船队，建成了一批集装箱专用深水泊位，建立了较为顺畅的集疏运系统，培养了一批集装箱运输经营管理队伍，集装箱化水平明显上升。

近些年来，水路集装箱运输的发展状况呈现出以下特点。

---

① 交通部已于2008 年3 月改名为交通运输部。

(1)集装箱船舶运力发展迅速,航线不断增多。

2005年1~11月我国港口集装箱吞吐量累计达到6 767.78万TEU,是上年同期累计的123.7%,其中9、10月的吞吐量相对较大,分别为665.95万TEU、662.54万TEU。全国内河口岸集装箱吞吐量为405.19万TEU,与2004年同期相比增长128.8%。而全国内河口岸集装箱吞吐量最多的月份为9月,吞吐量为38.84万TEU。我国沿海集装箱吞吐量累计达到了6 362.59万TEU,累计为上年同期的123.7%。

按船舶所属母公司所在地统计,2006年中国拥有集装箱船261艘,其中本国旗船138艘,外国旗船为123艘,共有集装箱位45.2万TEU,占世界集装箱位的5.8%,集装箱船拥有量居世界第6位。2006年上半年,全国主要港口完成集装箱吞吐量4 212.11万TEU,同比增长22.4%,依然保持着较高增长态势,增幅较去年同期小幅回落2.6个百分点。其中,沿海主要港口完成集装箱吞吐量3 928.37万TEU,同比增长21.4%;内河主要港口的集装箱吞吐量283.74万TEU,同比增长39.3%。2006年全年,全国港口共完成集装箱吞吐量达9 361万TEU,比2005年增长23.76%。上海、深圳两港主枢纽地位不可动摇。截至2006年底,上海港和深圳港集装箱吞吐量分别居于世界第三和第四位,其集装箱吞吐量分别为2 172万TEU和1 847万TEU,排在第一、第二位的分别为新加坡和香港,吞吐量分别为2 479万TEU和2 354万TEU;连云港、广州港上半年集装箱吞吐量增幅与上年相比领先于其他各大港口,分别达到64.2%和50.7%。随着各船公司新船相继交付使用,班轮公司继续新辟外贸航线,加大航班密度。据统计,截止到2006年6月,上海港国际航班达1 002班。

(2)加强基础设施建设,港口条件和内陆集疏运系统明显改善。

深圳、广州、天津、青岛、宁波、厦门、大连等地区的港口建设也将快速发展,基础设施条件明显改善,港口吞口能力得到大幅提升。表1-3为近5年中国大陆地区港口集装箱吞吐量的前十位排序。

近5年中国大陆港口集装箱吞吐量排序(单位:万TEU)　　表1-3

年　份	第1位	第2位	第3位	第4位	第5位	第6位	第7位	第8位	第9位	第10位
2002	上海	深圳	青岛	天津	广州	宁波	厦门	大连	中山	福州
	861.3	761.1	340.5	240.8	217.3	185.8	175.0	135.2	64.3	48.2
2003	上海	深圳	青岛	天津	宁波	广州	厦门	大连	中山	江门
	1 128.2	1 061.5	423.9	301.5	276.3	276.2	233.1	167.9	75.6	74.4
2004	上海	深圳	青岛	宁波	天津	广州	大连	—	—	—
	1455.72	1361.52	513.97	400.55	381.40	330.82	221.12	—	—	—
2005	上海	深圳	青岛	宁波	天津	广州	大连	—	—	—
	1 808.4	1619.7	630.7	520.8	480.1	468.3	265.6	—	—	—
2006	上海	深圳	青岛	宁波-舟山	广州	天津	厦门	大连	连云港	苏州
	2 171.9	1 847.0	770.2	713.5	665.6	595.0	401.3	321.2	130.2	124.2

注:—表示当年只排到前七位。

(3)长江干线内河集装箱运输发展迅速。

我国内河集装箱运输主要集中在长江水系和珠江水系。近年来,长江内河集装箱运输发展十分迅速,尤其是内支线运输带动了长江内陆地区的集装箱多式联运的发展。长江干线共

有港口216个，其中13个是经过国务院批准对外开放的港口。长江内河集装箱泊位经过20年的建设，取得了很大的成绩，港口装卸能力大大提高，初步形成了上、中、下游全线开展内河集装箱运输业务的格局。

2006年长江干线港口集装箱吞吐量为380万TEU，同比2005年增长46.2%；2002～2006年历年的增长率都高达25%以上，见表1-4。

2002～2006年长江内河干线港口集装箱吞吐量增长趋势　　表1-4

年　份	全国港口吞吐量（万TEU）	长江干线港口吞吐量（万TEU）	占全国港口吞吐量比重（%）	长江港口吞吐量同比增长（%）	全国港口吞吐量同比增长（%）
2002	3 721	106	2.84	33.0	35.4
2003	4 867	140	2.87	32.1	30.8
2004	6 160	182	2.95	28.1	26.6
2005	7 564	260	3.43	42.9	22.8
2006	9 300	380	4.08	46.2	22.9

在国家大力发展长江黄金水道的战略机遇下，以上海港为龙头的长江集装箱内支线运输得到长足发展。2006年上半年，上海港内支线航班数达724班/月，长江主要集装箱港口南京、武汉、重庆港内支线吞吐量分别为16.6万TEU、15.3万TEU、8.6万TEU，同比增长30.6%、43.7%、32.7%，增幅在全国港口中位于前列。内贸集装箱运输也维持了快速发展的势头，主要港口内贸集装箱吞吐量同比增长明显。广州港以192.4万TEU的成绩位居内贸集装箱吞吐量第一，同比增长48.3%；上海港完成内贸吞吐量143万TEU，位居第二。2007年上半年，在强劲的贸易形势带动下，我国国内水路集装箱运输市场也呈现出持续繁荣的态势，内河主要港口集装箱吞吐量283.74万TEU，同比增长39.3%，增幅较上年同期上升19个百分点。长江、沿海以及渤海湾地区内贸、内支线运输市场进一步成熟，集装箱船舶的大型化与港口专业化趋势日益鲜明。这些数据都表明我国内河水运的集装箱支线运输发展势头很好。

3. 铁路集装箱运输

回顾铁路集装箱运输的发展历程，从1955年开始发展铁路集装箱运输，至今已有50多年的历史。2005全年，铁路集装箱货物发送量已达到277.2万TEU，比2000年增长了25.4%，货物发送吨数2005年达到5564.9万吨，比2000年净增长了68.6%。2004年以来，由铁道部牵头、集装箱公司参股，与其他股份合作者合作，在全国18个港口中心城市开发建立了18个集装箱办理站，顺利完成了18个分公司和26个运营部的组建，以及对大连铁龙股份有限公司的股权收购，实现了铁路专业运输投融资模式的突破，为集装箱公司今后发展创造了有利的条件。2004年，全路共有集装箱办理站609个，拥有1t、10t集装箱，20ft、40ft国际通用集装箱和折叠式台架集装箱、板架式集装箱、双层汽车集装箱、罐式集装箱、散装水泥箱、干散货集装箱等专用集装箱共计20.3万TEU，拥有集装箱专用平车8 930辆，双层集装箱专用车190辆，集装箱运输里程约3万km，占铁路总运营里程的52%。近年来，铁路集装箱运输系统基础设施建设步伐加快。2004年昆明和上海芦潮港集装箱中心站已开工建设，2005年西安、武汉、青岛、郑州、大连、重庆和深圳集装箱中心站也陆续开工建设。目前完成了集装箱追踪系统的升级，中央查询软件进入试运行阶段，开发了集装箱专用车动态查询系统，建立了统一的集装箱票据管理及清算系统，特种集装箱管理系统正式投入使用，推出了集装箱动态因特网和手机短信查询服务。

2004 年全路共开行集装箱班列 6 758 列，其中，北京—上海双层集装箱列车共开行 160 列；开行特种箱班列 245 列；开行到俄罗斯和欧洲等国家的国际箱班列 2 477 列。2004 年我国铁路集装箱发送量达 5 952 万 t，,比 1990 年增加 4 845 万 t，年均增长速度达 12.8%。

毫无疑问，我国铁路集装箱发展取得了长足进步。然而，与其他运输方式以及与国外铁路集装箱运输相比还存在明显差距。

与其他运输方式相比，铁路集装箱运输增长速度较慢。2005 年公路集装箱发送量 2 464.9 万TEU，比 2000 年增长了 218.2%，是铁路同期的 8.9 倍，公路集装箱货物发送吨数达 27 060.4 万 t，比 2000 年增长了 248.1%，是铁路同期的 4.8 倍。2005 年水运集装箱发送量 1940.0 万 TEU，比 2000 年增长了 155.3%，是铁路同期的 7.0 倍，水运集装箱货物发送吨数为 21 991.6 万 t，比 2000 年增长了 205.2%，是铁路同期的 3.9 倍。从运输市场占有情况看，公路集装箱市场占有率由 2000 年的 46.0% 上升到 2005 年的 49.5%，上升了 3.5 个百分点，水运的市场份额从 2000 年的37.7% 到2005 年的 40.27%，上升了 2.57 个百分点，而同期铁路集装箱运输市场占有率却由 2000 年的 16.3% 下降到 2005 年的 10.2%，下降了 6.1 个百分点，铁路集装箱市场占有率呈明显下滑态势。

与国外铁路集装箱运输发展相比，我国铁路集装箱运量占全路货物发送总量不足 3%，大量的适箱货物仍以铁路整车等方式运输。而发达国家铁路集装箱运输占铁路运输的比重大约为 20% ~40%。如：德国铁路集装箱运量达到其总运量的 20%，英国达到 30%，法国达到 40%，并以 6% ~9% 的年均速度增长。日本也基本上把全部适箱货物都纳入集装箱运输，印度的铁路集装箱运量也高达 27.5%，我国铁路适箱货物入箱率远远低于国际平均水平。

三、我国集装箱运输发展趋势

随着世界经济的发展和国际贸易的不断增长，集装箱运输仍将保持持续发展的势头。今后集装箱运输将出现以下的发展趋势。

1. 集装箱运输量继续增长

究其原因，主要是由于发展中国家一方面依靠科技进步发展经济，从传统的单纯原材料进出口转变为科技含量高的工业成品与半成品的进出口；另一方面，不断增加投资，完善集装箱运输系统，件杂货运输逐步实现集装箱化，从而使适箱货比例增加。与此同时，发达国家出口结构更趋高级化，高、精、尖产品不断增加，适箱货源增多，从而促使集装箱运量不断提高，集装箱运输持续发展。

科学技术的进步，外贸商品结构的变化，国际间贸易和技术交流的扩大，将加速全球集装箱化的进程。发达国家基本上实现集装箱化，发展中国家和地区将逐步采用集装箱运输，集装箱化比例将增长至 60% 左右，集装箱化由发达国家向发展中国家和地区扩展，集装箱班轮航线由“北—北”日益向“南—南”推进，集装箱运输的重心逐步从欧美地区向亚太地区转移。

2. 集装箱船舶向大型化、高速化发展

20 世纪 50 年代，集装箱船问世以来，以载运集装箱能力和吨位等数据为划分标准，集装箱船型从第 1 代已经发展到了第 6 代，各代集装箱的参数如表 1-5 所示。

集装箱船型发展演变 表1-5

营运年代	载运能力(TEU)	船舶吨位(GT)	长度(m)	宽度(m)	吃水(m)
第1代(1957)	750	14 000	180	25.0	9.0
第2代(1968)	1 500	30 000	210	30.5	10.5
第3代(1972)	3 000	40 000	275	32.2	11.5
第4代(1988)	4 500	55 000	298	39.2	12.5
第5代(1995)	6 000	72 000	315	42.8	14.0
第6代(1997)	8 000	89 000	338	46.5	14.5

第1代集装箱船的载运能力仅为750～1 500 TEU,吨位不超过14 000 GT。20世纪80年代后期,集装箱更新换代的时间大幅缩短,第3代和第4代间隔长达16年,而第4代和第5代间隔缩短到7年,随后仅间隔2年时间,就出现了以8 000TEU为代表的第6代集装箱船。

2006年全世界全集装箱保有量居前20位的航运公司中,有17家船公司的艘均箱位数均超过2 000TEU,其中台湾的长荣海运公司、丹麦的马士基航运公司、美国的总统轮船公司、香港的东方海外货柜航运有限公司着力于开辟环球航线,使用的都是大船,平均箱位数超过3 000TEU。截至2005年底,我国的中国远洋运输总公司的载运能力位居第六,其拥有127艘全集装箱船,总箱位逾32万TEU,年箱运量达到400万TEU;"新上海"轮2006年10月9日正式交船,投入中海集装箱运输公司与法国达飞公司合作开辟的欧洲7线的运营,连接亚欧的主要港口。"新上海"船长336.7m,宽45.6m,深27.2m,载重量为11.1万t,主机马力为68 520kW,海上航速为25.8kn,可装载9 572TEU。

3. 集装箱码头不断现代化,港口的中转作用日益重要

集装箱运输船舶的大型化,要求有现代化的集装箱港口(码头)相配合。为了进一步降低集装箱运输成本,集装箱船舶越大,允许停靠在码头的时间相对越短。因此,现代化的集装箱码头至少要具备三个条件:第一,要有足够的泊位水深,才能停靠大型、超大型集装箱船舶;第二,要有现代化的装卸机械和设备,以达到快装、快卸;第三,集装箱码头管理系统要现代化、科学化,才能使码头业务人员的工作快速、高效地进行。由于件杂货运输的集装箱化,集装箱吞吐量占港口吞吐总量的比例日益增加。因此,现代化的集装箱码头往往成为国际枢纽大港口。

船运公司在主要航线上配置大型集装箱船,这些大型集装箱船只在少数货源稳定可靠的拥有深水泊位的港口之间航行,这些港口则将其他港口的货源通过支线船吸引过来加以中转。这种情况导致了一些集装箱港口地位的变化,即过去在装箱吞吐量名次中位居前列的一些港口被其他一些港口超越而退居其后。如鹿特丹港、纽约港等,原来都拥有广阔的腹地及充足的货源,集装箱吞吐量不断增加,曾保持领先地位,但由于周围港口的竞争及中转量有限,集装箱吞吐量难以有较大幅度增加。而另有一些港口则由于其优越的地理位置和其他有利条件,吸引了大量中转箱,从而使集装箱吞吐量飞跃上升。从2006年集装箱吞吐量居世界前20位的港口统计资料可以看出(见表1-2),新加坡、香港两港已跃居世界第一、二位,其原因是中转箱量占其总吞吐量的比例已高达50%～60%。类似这样的港口,国外有的专家称之为大中心港,这些大中心港的特点是半数以上的集装箱吞吐量来自其他港口的中转箱。而一般的干线港虽在吸引本港腹地货源及在自己的集疏运网络内起枢纽港的地位和作用,但对大中心港来说,它不免仍有支线港的作用。

4. 集装箱船的班次频率不断增高

集装箱船班次频率增高的原因主要有两个。首先,增加船舶班次能提高集装箱、底盘车、集装箱码头各种设施的利用率。因为集装箱运输的投资不仅限于船舶,而且还包括上述各种设备与设施。其次,增加船舶班次能更好地为客户提供服务,对高价值货物的货主来说更是如此。这些客户群更注重船公司的班次密度服务,如开航与到达时间。在世界最主要的航线,有些船公司增加船舶班次,奉行"高服务、高运价"的经营方针,目的就是为了吸引更多的高价值货物,所以增加航线上的班次也是船公司出于竞争上的考虑。

5. 集装箱箱型大型化、专业化

为了充分利用各类运输工具的载运能力和进一步提高集装箱运输系统各环节的效率,近些年来,一些发达国家多次在国际标准化组织(ISO)的会议上提出修改集装箱有关标准的要求和建议,其主要内容是增大集装箱尺寸和总重量标准。在实际投入营运的集装箱中,40ft 的集装箱及各类专用箱(冷藏、罐式、开顶等)的比例正逐年增长,45ft 的集装箱开始投入使用。在一些统计数字中,也出现了以 40ft 为标准箱单位(FEU)来代替 20ft 箱(TEU)的变化。在一些特殊和特种货物运输中,超长、超高、超宽的非标准集装箱的数量也有所增加。实际使用的集装箱在现行标准范围内的大型化和可能发生的集装箱尺度和重量标准的变化,将对整个集装箱运输系统(包括基础设施、各类运载工具、装卸机械和集疏运系统)产生重大影响,可能导致系统设施和设备的大量更新和变化,因此在系统规划和建设中必须给予足够的重视。到目前为止,集装箱运输系统中的一些大型设备的设计和选型已经考虑了可能发生的变化,如一些大型集装箱装卸桥的载荷已由 30.5t 增加到 50t。

6. 集装箱运输信息管理的现代化

随着自动扫描、识别技术的应用,管理信息系统的不断完善和全球范围计算机通信网络系统及电子数据交换(EDI)技术在运输业中日益发挥重要的作用,与集装箱运输有关的各单位、部门、企业各内部和相互间信息的采集、处理、存储、通信及集装箱动态跟踪都将出现根本性的变化。信息的即时性处理和传递的速度与质量都将进一步提高,电子单证将取代现行的纸面单证,各种业务手续将大大简化,从而可以大大提高运输效率、运输服务质量和运输管理水平,使集装箱运输优越性得以充分发挥。

7. 集装箱多式联运将进一步发展和完善

便于组织多式联运是集装箱运输的优点之一,现代集装箱运输从产生时起就与多式联运紧密联系在一起。目前在一些发达国家,海运船队、专用码头及内陆集疏运网络已配套形成了较为完善的综合运输系统,同时也加强了多式联运的正规化和国际化的工作,制定和通过了与集装箱运输有关的国际公约和国内法规,建立了全球性的货运代理和多式联运经营网络。这一切为多式联运的发展创造了良好的硬、软件环境,使集装箱运输已基本上实现了多式联运化。而在发展中国家,由于各方面条件的限制,多式联运仍处于起步和发展阶段。但多式联运的优越性和必然性使这些国家加快了引进先进的硬、软件技术,发展本国综合运输网和多式联运事业的步伐。发展中国家经济的发展及世界范围内的多式联运经营网络及硬、软件环境的改善,将进一步促进集装箱货物多式联运的发展。

8. 各大班轮公司经营战略将明显改变

由于运输市场激烈的竞争,使各大班轮公司的经营战略发生了很大变化。

首先,在经营体制和现代化管理上逐步向联营和合作经营方向发展,以强化经营机制,并争取成为全球承运人。全球联盟是在舱位互租的基础上发展起来的一种高层次的资源优化配置方式。它能使航线设置和派船在更大的规模和范围上进行,统一调整后的航线网络覆盖面更广,交货期更短,船舶利用率更高。为了扩大经营规模,在激烈的竞争中寻求生机,不少班轮公司纷纷进入联盟化的全球承运人的组织之中。例如,美国总统轮船、东方海皇、现代商船与大阪三井商船结成了全球联盟;赫伯罗特、日本邮船、东方海外以及铁行渣华已结成了伟大联盟;马士基与海陆公司也重组合并。目前宣布参加全球联营体的班轮公司达20多家,建立了全球联盟、伟大联盟、新三洲等五大联营体。联营体由来自不同国家或地区的船公司组成,联营体成员公司之间进行取长补短,优势互补,在广泛区域内的多条航线上进行合作,以实现船队的最优配置。联营体各成员公司之间是平等合作的关系,所占有的份额应基本相等,当然选择联营伙伴是极为重要的,否则,将影响联营成果。船公司之间联营,可以提高船舶舱位利用率,开辟自己尚未涉足的航线。在航运联盟完成航线及运力优化组合的基础之上,联盟内各公司将进一步结合,以增强竞争力,提高航运经济效益,以至于形成拥有巨大实力的、航线无所不及的、市场占有率很高的所谓的全球承运人。

其次,为了争取充足、稳定、特别是高运价的货源,许多船公司提出了"一切为货主"的经营思想,即不仅为货主提供"高质量、高效率"的运输服务,而且也提供更全面、更方便的与运输有关的服务(如装卸、报关、转运、理货、仓储、保险等)。从某种角度来讲,多式联运是这种经营思想的产物。在多式联运下运输经营人的业务范围由单纯运输扩大到运输服务领域,其运输组织的范围由"点"(货物交接、中转地点)和"段"(陆上、海上运输区段)的组织发展到"线"(由点和段组成运输全程)的综合组织。随着这种经营思想的发展,运输经营人的业务和经营组织范围将进一步扩大到商品生产过程中的流动(半成品运输)和流通的全过程(包装、装卸、运输、仓储、批发销售和资金融通等环节),形成多种经营的格局。从经营组织范围来看,这是在多式联运全"线"组织的基础上,在横向(从单一方式、单一行业到不同方式、不同行业)和纵向(从运输全过程到流通全过程)的扩展,使经营人的经营组织扩大到"面"的范围。这种经营战略思想,一般称为"综合物流服务"。

目前,许多大型船公司已经开始实行这种经营战略。不难想象,这将成为更多运输公司的发展趋势。

复习思考题

1. 开展集装箱运输需要什么条件?
2. 比较集装箱运输与普通货物运输的异同。
3. 简述集装箱运输的优点。
4. 国际集装箱运输发展的主要标志有哪些?
5. 简述国际集装箱运输的发展趋势及经营特点。
6. 简述我国铁路集装箱运输的发展现状。
7. 简述我国集装箱运输的发展趋势。

第二章 集装箱标准化及其种类与结构

集装箱运输作为一种新的运输组织模式，在应用过程中必然会产生各种各样的问题和争论，在20世纪50年代后期开始的集装箱化复兴过程中也不例外。随着集装箱化的发展，出现的主要问题之一就是标准化。从集装箱运输的产生来看，集装箱标准化是运输生产机械化、自动化、规模化的必然结果。从集装箱运输的实践来看，集装箱运输涉及铁、水、公、航等各个运输领域，而且在整个运输过程中，需要从一种运输工具换装到另一种运输工具，而集装箱标准化是实现国际间或国内各地区与部门之间的"门到门"运输的需要。同时，集装箱规格的统一也是发挥集装箱运输优势的基本条件。因而，制订一个统一适用的集装箱标准是至关重要的，即集装箱标准化是集装箱运输发展壮大的生命线。本章将主要介绍集装箱标准化及其种类与结构。

第一节 集装箱标准化的必要性

任何产品的技术都离不开该产品标准的发展，集装箱的发展也同样如此。标准化是组织现代化生产的重要手段，也是提高经济效益不可或缺的技术基础。没有标准化，就没有专业化，就没有高质量、高效益，也就没有集装箱运输今天的巨大成就。因此，本节将专门阐述标准化的定义、集装箱标准化的必要性等。

一、标准与标准化的定义

从原始时代开始，人类为了共同生活，使用共同的语言、共同的物品，并且互相商定共同的规则，这些都可以认为是标准化的活动。现在所制定的一些法规和社会上形成的一些惯例，也都可以认为是标准化的一个过程。所谓标准化，一般是指标准的制订，并运用这种标准的有组织的活动过程。为规范标准和标准化的定义，本书以我国国家标准和国际标准化组织的定义为准。

1. 标准

我国国家标准中，对"标准"所下的定义是："标准是对经济、技术、科学及其管理中需要协调统一的事物和概念，所作的统一技术规定。这种规定是为了获得最佳的、全面的经济效果，最佳的秩序和社会效益，根据科学、技术和实践经验的综合成果，经各有关方面协商同意，由主管机构批准，以特定形式发布，作为共同遵守的准则。"

2. 标准化

国际标准化组织（ISO）对标准化的定义是："标准化是为了所有有关方面的利益，特别是为了求得最佳的、全面的经济效果，并适当考虑到产品使用条件与安全要求，在所有有关方面的协作下，进行有秩序的特定活动、制订并实施各项规则的过程。”

二、集装箱标准化的必要性

对于集装箱标准化的必要性，美国一位制造集装箱的技术人员说过：“集装箱化这样快速地发展着，现今正需要用标准化来抑制，正像抑制一个发育太快的孩子，以免他成长成为一个不可束缚的巨人那样。”此外，1933 年，美国洲际交通委员会在依斯特曼报告书中表明了公共机关的意向：“本委员会应向运输界指出，集装箱设备缺乏统一性的这种现状将会更加严重，因此，必须在集装箱固有的经济性尚未被抽调相当程度的精髓之前，实现集装箱的标准化。”后来，到 20 世纪 50 年代的后半期，美国集装箱标准化活动的一位领导人在宣传标准化的必要性时说：“我们应从广阔的视野来考察集装箱化，只从海上运输角度来考察是不够的。要想产生好的效果，就必须把所有的运输机构，即从生产者到最终消费者作为一个完善的直达运输系统来考察。这样就必然要涉及集装箱标准化问题。为什么美国标准协会、美国海运管理署和其他许多官民团体都致力于开展集装箱标准化工作，正是因为集装箱化的成败将取决于标准化。”

集装箱运输在短短 30 多年中之所以能风靡全球，在交通运输中引起一场革命，其中集装箱标准化起到了巨大的作用。标准化对集装箱化的意义，表现在以下几个方面。

1. 集装箱运输专业化的要求

如果集装箱没有标准化，那么集装箱就有各种各样的尺寸、重量和形状，集装箱的机械和运输工具也随之没有了发展方向，即集装箱的标准化给集装箱的运输设备提供了选型的依据。因此，没有集装箱的标准化，就没有集装箱运输的专业化，集装箱运输就不会产生这么大的经济效益，同时集装箱运输的发展速度也不会这么快。

2. 集装箱运输系统性的要求

集装箱运输的牵涉面很广，如果没有集装箱标准化，则在整个流通领域内就不能形成一个整体。集装箱标准化的目的，就是为了从生产者到消费者之间，利用公路、铁路、水路和航空运输，达到最大的经济性、通用性和互换性。

3. 国际间运输的必然要求

集装箱运输是一种国际间的运输方式，应保证所经过的各个国家、地区都能通过，使各个国家的装卸设备、运输工具均能适应。

4. 多式联运方式的必然要求

集装箱运输本质上是一种多式联运，所以集装箱的外形和结构必须标准化，以便能方便地在船舶、火车、货车、飞机之间实施快速地换装，并且便于紧固和绑扎。

5. 集装箱运输自身特点的必然要求

集装箱运输是一种消除了具体运输货物的物理、化学特性区别的运输方式。在这种运输方式中，外形、特征各异的具体货物，都演变成了千篇一律的金属箱子，这就要求集装箱有一些标准化的标记，便于相互识别，便于记录与传递信息。

从需求的角度来看，为了便于使用，对集装箱必须有以下要求：

(1)有便于存装货物的较大的内部容积和几何形状；

(2)有便于在场地堆存和充分利用船舶等运输工具内部容积的外在几何形状;

(3)能方便地使用各种装卸机械进行高效装卸;

(4)能方便地与各种运输工具(船舶、货车、火车等)相配合,容易进行紧固和绑扎;

(5)具有一定的强度,适应一定程度的堆高、摇晃、冲击;

(6)有易于区别的外部标记,以弥补其外部几何形状千篇一律所造成的识别上的困难,便于运输、装卸与堆存的管理;

(7)能适应运输不同的货物,如需保温、冷藏、液体、活体或异形货物。

从制约的角度来看,集装箱运输本身必然受到各种技术、经济、社会条件的限制,这就对集装箱设备本身提出了一系列制约性的要求,如不能太重、不能太高、不能太宽。

6. 集装箱运输过程安全的必然要求

集装箱是用来运输货物的,本身必须承载较大的负荷。集装箱经常需要在较为恶劣的环境下运营,如:远洋运输途中船舶的剧烈摇晃;火车、货车启动与制动的冲击;装卸过程中的冲击等。所以集装箱在强度上也必须有相应的标准规定,并有必要的检验与准用程序和规定。

第二节 集装箱标准化的发展过程

集装箱标准化并非是集装箱运输发展过程突然发生的,而是一直伴随着集装箱运输的发展,并不断推进。从其发展历史来看,可以分为两个大的时期:一是地区标准化时期;二是国际标准化时期。所谓地区标准化时期是指在尚未成立专门的集装箱国际标准化组织时,各地区各自制订标准的过程;所谓国际标准化时期是指成立了专门的集装箱国际标准化组织后,全球统一制订标准的过程。但两者密切相连,无法割裂。前者是后者的基础,后者又使前者得到了扩展和提升。

一、地区标准化时期

这一时期是各地区自身制订集装箱标准的时期,主要包括欧洲的集装箱标准化活动、美国的集装箱标准化活动等。

1. 欧洲的集装箱标准化活动

1)欧洲各国的集装箱运输概况

在欧洲,1926 年以后确定了以集装箱作为杂货运输辅助手段的地位。其使用总数从 1949 年到 1954 年增加了 1 倍,继而从 1954 年到 1960 年,由 150 000 个发展到 274 132 个,几乎又增加了 1 倍。发展速度很快,但也带来了许多问题。

(1)英国状况。

当时,英国的大部分集装箱属于英国铁路运输公司和英国公路运输公司所有,主要用于国内运输。这些企业直接经营或由其附属公司经营集装箱船或滚装船,航行于大陆之间或爱尔兰与苏格兰之间,进行近距离的海上集装箱运输。另外,在国外航行的船舶中,使用美国的集装箱较多,其种类是十分繁杂的。

(2)联邦德国状况。

无论是大型的和小型的集装箱,大部分都属于联邦铁路运输(Federal Railways)所有,大型

集装箱多采用轨道滑行系统，即采用小轮车架装置进行换装。铁路和私有的拖车货箱总计约有4 000个以上，海上运输用的集装箱约有5种尺寸，主要在美国航线上使用。

(3)法国状况。

在法国，主要的集装箱拥有者是法国国铁保护下的创新集装箱公司(Compagnie Nouvelle des Cadres：C. N. C)和公路铁路联合机构技术组织(Groupement Technique des Transportteurs Mixtes：GTTM)，其他私有的集装箱也不少。大型集装箱中也有一些货箱型集装箱。海上运输用的集装箱除杂货集装箱外，罐状集装箱也很多。

(4)其他国家。

丹麦、瑞典在近距离海上运输中使用了集装箱。比利时、荷兰在远距离海上运输中也使用了集装箱。

2)欧洲有关集装箱标准化机构及其活动

在国际标准化组织开展集装箱国际标准化活动之前，欧洲就存在着相关的标准化机构，并开展了大量的集装箱标准化活动。

(1)联合国欧洲经济委员会内陆运输委员会(United Nations，Eommission for Europe，Inland Transport，Committee：UN-ECE-ITC)。该组织有关集装箱标准化的主要活动如下。

①定义及术语的确定。

内陆运输委员会承认了有关集装箱的各种术语和定义，特别是关于集装箱的定义，在集装箱海关公约中已被采纳，后来国际标准化组织第104技术委员会也采纳此定义作为国际标准。

②集装箱海关公约。

为促进国际集装箱运输的发展，使海关办理集装箱的运输手续实行国际标准化，故拟定了集装箱海关公约。其内容要点有两个方面，其一是在加盟国相互间免除集装箱进口税，消除了禁止和限制进口；其二是规定了海关铅封后即可进行运输的集装箱技术条件。

③集装箱的安全标准。

对集装箱安全标准进行了研究，并于1956年通过了国际运输用集装箱的一般安全标准。

④集装箱形式的统一。

对这一问题，在研究了各非政府间国际机构的成果以后，根据需要，对研究方法提出了建议。

⑤编制多式联运设备要览。

把欧洲各国各种有关集装箱技术方面的记载，编制成多式联运设备一般报告书。

(2)国际铁路联盟(International Union of Railways)。

国际铁路联盟于1931年在欧洲铁路界着手进行集装箱标准化，1933年通过了国际铁路联盟的集装箱标准。

(3)欧洲国家运输部长会议(European Council of Ministers of Transport：EC)。

本会议除了干预广泛的各种运输问题外，特别对大型集装箱的标准化极为关心。

(4)国际集装箱局(International Container Bureau：ICB)。

国际集装箱局是由国际商会(International Chamber of Commerce：ICC)和国际铁路联盟

于1933年建立起来的，起了集装箱协调机构的作用。其有关领域扩大到包括成组运输、托盘和公路、铁路运输设备。在多式联运的有关事务中，它成为西欧流通界和政府机构的咨询机构。

(5)国际货运协调协会(International Cargo Handling Coordination Association: ICHCA)。

国际货运协调协会每隔一年召开一次以讨论集装箱化和多式联运为主要议题的大会。

2. 美国的集装箱标准化活动

在美国开展集装箱标准化工作的组织很多，涉及军队、科研单位、船公司、集装箱制造公司等，各自的集装箱标准化工作活动如下。

1)美国陆军运输工程研究指挥部(U. S. Army Transportation Research & Engineering Command)

该机构为使美国陆军运输完成在世界范围内的军事运输任务，曾对确定最佳的集装箱形状和尺寸进行了研究，主要包括：装载能力、运输工具内装载底面积的尺寸、可利用的有效高度、总重和容积关系、装卸设备等。

2)麦逊航运公司(Matson Navigation Company)

该公司的集装箱标准化工作活动主要有：1957年，以美国西岸和夏威夷之间的往复航线为调查对象，着手对集装箱运输系统的经济性进行了实地调查和研究；详细地研究了公路运输、海上运输和铁路运输方面的限制，特别是按照加州高速公路的限制条件，确定该航线应使用的集装箱最佳尺寸是高为8½ft，宽为8ft，长为24ft。

3)集装箱制造企业

(1)德拉沃公司(Dravo Corporation)，在第二次世界大战后的第二年，以采用大批量生产来降低成本和根据一般的需要为目标，发展了一种称为“运输货箱”(Transportainer)的海上运输用的标准集装箱。

(2)弗吕霍夫拖车公司(Fruehauf Trailer Company)，研究了高速公路的限制，参考美国标准协会(ASA)和国防运输协会(NDTA)的研究，认为各种运输形态间具有互换性的集装箱最佳尺寸是8ft×8ft×20ft、8ft×8ft×24ft、8ft×8ft×40ft三种。

4)造船技术人员的研究

阿吉里迪斯(Doros A. Argyriadis)先生提出目前研究的集装箱尺寸有40ft、35ft、27ft、24ft、17ft等8种。另外，认为高速公路上专用的集装箱要转为船用，一般是不合适的。

5)国防运输协会(National Defense Transportation Association: NDTA)

1958年11月，该组织在圣路易的年会上组成了集装箱化和标准化特别小委员会，为统一开展集装箱标准化工作提供了基础；对美国标准协会集装箱委员会的货箱集装箱小委员会和美国商务部海运管理署货箱委员会的共同结论，即宽为8ft，高为8ft，长为12ft、17ft、20ft、24ft、35ft和40ft的集装箱加以研究，建议以8ft×8ft×20ft及8ft×8ft×40ft作为普通的货箱集装箱标准。

6)美国标准协会集装箱委员会

美国标准协会集装箱委员会(ASA－MH5分科委员会)成立于1958年6月30日，其集装箱标准化工作内容有：

(1)确定了美国集装箱标准的制订程序；

(2)确定了货箱集装箱公称尺寸标准,即宽为8ft、高为8ft,长为10ft、20ft、30ft、40ft 4种规格;

(3)要求国际标准化组织设立货物集装箱的组织机构,美国一直是后来成立的国际标准化组织货物集装箱技术委员会的干事国。

7)其他标准化活动

除了上述组织外,还有其他许多机构也十分关注集装箱标准化工作的开展。如美国拖车协会、州际贸易委员会、卡车拖车制造者协会、国际货运协调协会美国国家委员会等机构组织的专家会议;美国陆军运输本部、海军部等军队系统;美国商务部海运管理署;加利福尼亚大学;船货运输联合会等。

二、国际标准化时期

1961年9月11~14日,国际标准化组织在纽约成立了集装箱技术委员会(ISO/TC104),开展了一系列国际集装箱标准化工作。首先对集装箱的基本尺寸和重量等进行了研究,1964年确定和发布了国际上第一个集装箱统一规格尺寸的标准,对促进国际集装箱联运发展起到了巨大的作用。自此后,着手制订了一系列有关集装箱的标准。这些标准主要包括下列几方面:

(1)集装箱分类、外部尺寸和总重;

(2)集装箱名词术语;

(3)集装箱角件的技术条件;

(4)通用和专用集装箱技术条件和试验方法;

(5)集装箱的装卸和固定;

(6)集装箱的代号、识别和标记等。

在上述标准中,《集装箱外部尺寸和总重》是最基本的,也是最重要的标准。

近十几年来,随着国际集装箱多式联运和陆桥运输的发展、国际集装箱运量的增长、使用区域的扩大、对集装箱运输技术经济效益提高途径的不断探索,集装箱标准逐步得到完善,其相关科学领域也得到了较快的发展。目前将集装箱高度由8ft提高到9ft~9 ft 6 in,重量也由20t提高到24t。这说明制订标准的基础是实践的总结和积累,并具有一定的经济性和科学性。

国际标准化组织(ISO)自1961年成立了有关集装箱的专门委员会——104技术委员会以来,该委员会以建立新的国际运输系统为目标,着手进行集装箱的标准化工作。在各方面的支持下,标准化工作进行得很顺利。

但要把不同地区和公司的标准统一为一个国际标准,是一件很不容易的事情。因为涉及大量不符合新国际标准的集装箱及有关设备、设施的淘汰和因标准的改变而产生的一系列新的要求等。为照顾当时的现状,最初制定的国际标准以3个系列作为基本尺寸。其中I系列用于国际运输,II系列用于欧洲,III系列用于前苏联和东欧各国。以此为基础制订的集装箱的国际标准,包括集装箱定义、术语、规格尺寸、总重量、试验方法及强度要求、角件结构、标志方法、操作方法等一系列标准和规定。

集装箱国际标准的推行和被普遍接受,促进了集装箱国际间的交流。但最初标准中的II、III系列标准因仍属于地区性标准,违背了国际间相互交流的初衷,在后来举行的会议中被降格为地区标准，不再作为国际标准。

随着国际运输中集装箱化程度的不断提高，在集装箱运输过程中，装卸、堆放、载运等的安全及海关手续、维修保养等方面产生了一些新的问题。各国政府站在各自的立场上制定了自己国家的法规。这些以自己国家和地区为单位制定的法规，限制了集装箱在国际市场上的顺利流通。为了解决这个问题，联合国政府间海事协商组织（UN/IMCO）于1972年召开集装箱会议，通过了《国际集装箱海关公约》（Custom Convention on Containers，CCC）和《集装箱安全公约》（International Convention for Safe Containers，CSC），对国际运输的集装箱在试验、检查、认可、结构、安全条件、试验方法、海关手续及保税运输等方面做了规定。

三、我国的集装箱标准化

我国集装箱标准化工作开始于1976年，随着国际和国内集装箱运输的发展，需要制订一个能促进集装箱运输发展的标准。在国家标准总局领导下于1976年1月组成了我国集装箱标准化联合工作组，于1978年8月15日正式颁布了我国第一个集装箱规格尺寸国家标准。同年，集装箱标准化联合工作组还相继组织制订了《集装箱标记代号》、《集装箱角件技术条件》、《集装箱名词术语》和《通用集装箱最小内部尺寸》等国内标准。

1978年9月1日，我国重新加入了国际标准化组织（ISO）。为了加强国际间交往，及时了解和掌握国际集装箱标准化工作的动态和发展趋势，促进国际集装箱联运的发展，我国于同年以积极成员的身份参加了ISO/TC 104集装箱技术委员会。

为了便于开展集装箱国际标准化活动和加强对我国集装箱标准化工作的领导，于1980年3月28日成立了全国集装箱标准化技术委员会。该会以铁道部为主任委员会单位，原交通部和原商业部为副主任单位。该委员会主要负责集装箱国家标准组织制订和修订工作，以及ISO/TC 104的技术归口工作。

1992年6月，全国集装箱标准化技术委员会进行了换届工作，主任委员单位改为原交通部，副主任委员会改为铁道部、原商业部和中国民航总局。在这一时期，海运集装箱的发展很快，港口集装箱吞吐量急剧上升，海运集装箱运输的地位越来越突出；铁路集装箱运输近10多年来发展也很快；民航集装箱运输日益在加强，我国集装箱多式联运和海铁联运的新格局正在形成。因而，集装箱标准的制订和执行就显得更加重要。

四、集装箱标准的种类

集装箱标准根据其使用范围，分为国际标准、地区标准、国家标准、公司标准4种。标准集装箱是国际标准集装箱的简称。

1. 国际标准

国际标准集装箱是指根据国际标准化组织（ISO）第104技术委员会制订的国际标准来建造和使用的国际通用的标准集装箱。现行的国际标准为第Ⅰ系列共13种，其宽度均一样（2 438mm）、长度有4种（12 192mm、9 125mm、6 058mm、2 991mm）、高度有4种（2 896mm、2 591mm、2 438mm、2 438mm）。

现行的集装箱国际标准为第Ⅰ系列共13种，如表2-1所示。其中，1AX、1BX、1CX、1DX4种箱型基本被淘汰。

国际标准集装箱现行箱型系统　　表 2-1

箱　型	长　度		宽　度		高　度		总　重	
	mm	ft/in	mm	ft/in	mm	ft/in	kg	1b
1AAA	12 192	40/	2 438	8/0	2 896	9/6	30 480	67 200
1AA	12 192	40/	2 438	8/0	2 591	8/6	30 480	67 200
1A	12 192	40/	2 438	8/0	2438	8/0	30 480	67 200
1AX	12 192	40/	2 438	8/0	<2438	<8/0	30 480	67 200
1BBB	9 125	29/11.25	2 438	8/0	2 896	9/6	25 400	56 000
1BB	9 125	29/11.25	2 438	8/0	2 591	8/6	25 400	56 000
1B	9 125	29/11.25	2 438	8/0	2 438	8/0	25 400	56 000
1BX	9 125	29/11.25	2 438	8/0	<2438	<8/0	25 400	56 000
1CC	6 058	19/10.5	2 438	8/0	2 591	8/6	24 000	52 920
1C	6 058	19/10.5	2 438	8/0	2 438	8/0	24 000	52 920
1CX	6 058	19/10.5	2 438	8/0	<2438	<8/0	24 000	52 920
1D	2 991	9/10.5	2 438	8/0	2 438	8/0	10 160	22 400
1DX	2 991	9/10.5	2 438	8/0	<2438	<8/0	10 160	22 400

A、B、C、D 四类国际标准集装箱长度之间的关系如图 2-1 所示。

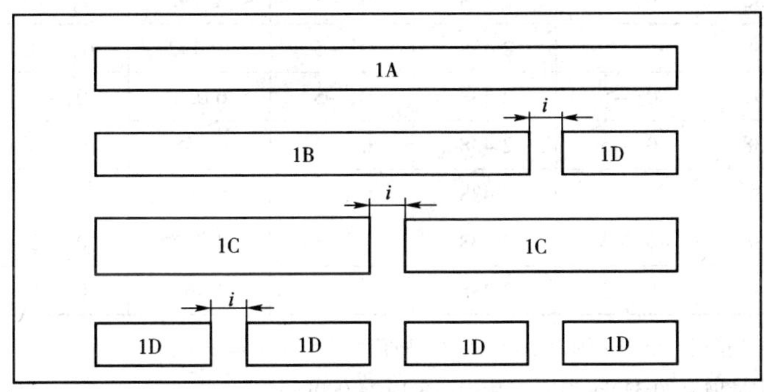

图 2-1　国际标准集装箱长度之间的关系

1A 型 40 ft(12 192 mm)、1B 型 30 ft(9 125 mm)、1C 型 20 ft(6 058 mm)、1D 型 10 ft(2 999 mm),间距 i 为 3in(76 mm),各种集装箱箱型之间的关系为:

$$1A = 1B + i + 1D = 9\,125 + 76 + 2\,991 = 12\,192(\text{mm})$$

$$1B = 1D + i + 1D + i + 1D = 3 \times 2\,991 + 2 \times 76 = 9\,125(\text{mm})$$

$$1C = 1D + i + 1D = 2 \times 2\,991 + 76 = 6\,058(\text{mm})$$

2. 地区标准

此类集装箱标准,是由地区组织根据该地区的特殊情况制订的,此类集装箱仅适用于某一地区。在国际标准集装箱中的第 II 系列集装箱标准是引用了国际铁路联盟(VIC)的标准,是欧洲铁路上使用的标准,因此此集装箱属于地区标准的集装箱。集装箱的尺寸如表2-2 所示。

第 II 系列标准集装箱尺寸　　表 2-2

箱型	长　度		宽　度		高　度		总　重	
	mm	ft/in	mm	ft/in	mm	ft/in	kg	1b
1A	2 929	9/7	2 300	7/6.5	2 100	6/10.5	7 100	15 689
2B	2 400	7/10.5	2 100	6/10.5	2 100	6/10.5	7 100	15 689
2C	1 450	4/ 9	2 300	7/6.5	2100	6/10.5	7 100	15 689

3. 国家标准

各国政府参照国际标准并考虑本国的具体情况，制订本国的集装箱标准。1978 年 10 月，我国由国家标准总局发布的国家标准《货物集装箱外部尺寸和重量系列》(GB 1413—78) 中，规定集装箱重量系列为 5t 、10t 、20t、30t 4 种，其相应的型号为 5D、10D 、1CC 和 1AA。1985 年该标准又修改为《集装箱外部尺寸和额定重量》(GB 1413—85)，并增加了 1A、1AX 和 1C、1CX4 种箱型，共 8 种箱型。此标准即为我国的国家标准。GB 1413—85 各种型号的外部尺寸、公差及其总重见表 2-3。

GB 1413—85 各种型号的外部尺寸、公差及其总重　　表 2-3

型　号	高度(mm)		宽度(mm)		长度(mm)		额定重量(最大重量)kg
	尺寸	极限偏差	尺寸	极限偏差	尺寸	极限偏差	
1AA	2 591	0, -5	2 438	0, -5	12 192	0, -10	30 483
1A	2 438	0, -5	2 438	0, -5	12 192	0, -10	30 483
1AX	1 438		2 438	0, -5	12 192	0, -10	30 483
1CC	2 591	0, -5	2 438	0, -5	6 058	0, -6	20 320
1C	2 438	0, -5	2 438	0, -5	6 058	0, -6	20 320
1CX	2 438		2 438	0, -5	6 058	0, -6	20 320
10D	2 438	0, -5	2 438	0, -5	4 012	0, -5	10 000
5D	2 438	0, -5	2 438	0, -5	1 968	0, -5	5 000

注：1. 5D 和 10D 两种箱型主要用于国内运输，其他 6 种箱型主要用于国际运输；
2. C 型箱额定重量仍为 20 320kg，实际使用中已采用 24 000kg。

其他国家，如美国、日本、原联邦德国、法国、英国也都有各自的国家标准。

4. 公司(行业)标准

某些大型集装箱船公司，根据本公司的具体情况和条件而制订的集装箱船公司标准，这类箱主要在该公司运输范围内使用。如美国海陆公司的 11.4m(35ft) 集装箱，马托松公司拥有大量 7.9m(24 ft) 的集装箱。

另外，在有的国家，各种运输方式根据自己的特点，设计制造了行业标准的集装箱。作为集装箱运输形式，它总是跨行业的，涉及几种运输方式，所以对行业标准来说，不外乎有两种结果，一种是被其他运输方式认可，纳入国家标准，另一种是逐渐被淘汰。

此外，目前世界上还有不少非标准集装箱，如非标准长度集装箱有美国海陆公司的 35ft 长度集装箱、总统轮船公司的长度 45ft 及 48ft 集装箱；非标准高度集装箱，主要有 9ft 和 9.5ft 两种高度集装箱；非标准宽度集装箱有 8.2ft 宽度集装箱等。由于经济效益的驱动，目前世界上

出现了非标准重量的集装箱,20ft 集装箱总重能达到 24ft 集装箱的总重。而且这类集装箱越来越多,普遍受到欢迎。

五、关于集装箱的定义

集装箱的定义是集装箱标准化的重要内容,也是确定集装箱各个参数的基础。但由于种种原因,在集装箱标准化过程中对集装箱的定义一直没有一个统一的认识。迄今为止,不同的组织机构、不同的地区、不同的国际性条约对集装箱定义的认识都有所不同。其中最具有权威性的有国际标准化组织、《集装箱海关公约》和《国际集装箱安全公约》给出的定义。而其中国际标准化组织的定义被最为广泛地接受。目前,中国、日本、美国、法国等国家采用的都是国际标准化组织的定义。

1. 国际标准化组织的定义

在 1968 年,国际标准化组织(International Organization for Standardization/Technical Committee 104,简称 ISO)第 104 技术委员会起草的国际标准(ISO/R 830—1968)《集装箱术语》中,对集装箱做了定义。该标准后来做了多次修改。国际标准(ISO/R 830—1981)《集装箱名词术语》的定义为:

"集装箱是一种运输设备:

(1)具有耐久性,其坚固程度足以能反复使用;

(2)在一种或多种运输方式中运输时无需中途换装;

(3)装有便于装卸和搬运的装置,特别是从一种运输方式转移到另一种运输方式时;

(4)设计时注意到便于货物装满或卸空;

(5)内容积为 $1m^3$ 或 $1m^3$ 以上。

(6)集装箱这一术语,不包括车辆和一般包装。"

2.《集装箱海关公约》的定义

1972 年制订的《集装箱海关公约》(Customs Convention on Containers,缩写 CCC)中,对集装箱的定义为:

"集装箱一词是指一种运输装备(货箱、可移动货罐或其他类似结构物):

(1)全部或部分封闭而构成装载货物的空间;

(2)具有耐久性,因而其坚固程度能适合于重复使用;

(3)经专门设计,便于以一种或多种运输方式运输货物,无需中途换装;

(4)其设计便于操作,特别是在改变运输方式时便于操作;

(5)其设计便于装满或卸空;

(6)内部容器 $1m^3$ 或 $1m^3$ 以上。

集装箱一词应包括有关型号集装箱所适用的附件和设备,如果集装箱带有这种附件和设备。集装箱一词不包括车辆、车辆附件和备件,或包装。"

该定义与国际标准化组织的定义有如下几点不同:

(1)具体指出集装箱是货箱、可移动货罐及其他类似结构物。

(2)增加了一条"全部或部分封闭而构成装载货物的空间"作为主要条件之一。

(3)把国际标准化组织定义中"集装箱这一术语的含义不包括车辆和一般包装"一句,改为

"集装箱应包括有关型号集装箱所适用的附件和设备,而不包括车辆、车辆附件和备件,或包装。"

3.《国际集装箱安全公约》的定义

1972年制订的《国际集装箱安全公约》(International Convention for Safe Container,缩写CSC)中,对集装箱的定义:

"集装箱是指一种运输设备:

(1)具有耐久性,因而其坚固程度足能适合于重复使用;

(2)经专门设计,便于以一种或多种运输方式运输货物而无需中途换装;

(3)为了紧固和便于装卸,设有角件;

(4)四个外底角所围闭的面积应为下列两者之一:至少为$14m^2$($150ft^2$);如顶部装有角件,则至少为$7m^2$($75ft^2$)。

集装箱一词不包括车辆及包装,但集装箱在底盘车上运送时,则底盘车包括在内。"

该定义与国际标准化组织的定义的不同之处:

(1)把国际标准化组织定义中的"具有快速装卸和搬运的装置,特别便于从一种运输方式转移到另一种运输方式"一句,改为"为了紧固和便于装卸,设有角件",从而明确了该"装置"是指角件。

(2)省略了国际标准化组织定义中"便于货物装满和卸空"一句。

(3)把"具有$1m^3$或$1m^3$以上的容积"改为"四个外底角所围闭面积至少为$14m^2$($150ft^2$);如顶部装有角件,则至少为$7\ m^2$($75ft^2$)"。这就是说把原来规定的集装箱应具有一定内容积,改为具有一定尺寸的底面积了,无形中打破了集装箱是一种"容器"的概念,从而奠定了后来把平台集装箱也包括在集装箱中的基础。这一变化可以说是一个重大突破。

六、集装箱标准化发展的新动向

1. 新一代集装箱标准

近些年来,国际集装箱运输在世界范围内得到了广泛的运用。使用区域在扩大,运量在上升,货物运输集装箱化已成为改革货物运输方式、保证货物运输质量、加快货物送达、提高运输效率的努力目标。在总结国际第I系列集装箱规格尺寸(ISO 668—1993)标准实施效果的基础上,ISO/TC104第16次全会和1993年6月在丹麦哥本哈根召开的第17次全会上进行了讨论。该系列尺寸是以与箱内集装单元(包括包装模数、托盘模数)相适应为出发点来考虑的,使集装箱内底板的有效面积能得到充分利用。新系列II的特点突出表现在以下两个方面。

(1)拓展了集装箱的宽度。

在此之前,制订的任何集装箱标准均未打破8ft(2 438mm)的框框,一直保持在"2 438mm"的定数内。而新系列II则突破了这一点,展宽到8ft 6in多(2 595mm)。这样就可以使国际标准托盘单元并排放2个,大大提高了装载量,增大了内部容积的利用率。

(2)延伸了集装箱的长度。

新系列II集装箱规格尺寸,比系列I集装箱的长度增加量为:

2AAA比1AAA长2 743(14 935-12 192(见表2-1))mm;

2CC(见表2-4)比1CC(见表2-1)长1 372(7 430-6 058)mm。

这也是从能放置的集装单元成倍数关系考虑的,以充分利用集装箱内部有效长度。新系

列 II 集装箱规格尺寸见表 2-4。

新系列 II 集装箱规格尺寸(单位:mm)　　表 2-4

箱　型		高	宽	长
外部尺寸	2AAA	2 896	1 595	14 935
	2AA	2 591	2 595	14 935
	2CCC	2 896	2 595	7 430
	2CC	2 591	2 595	7 430
内部尺寸	2 AAA	集装箱外部高度减 241mm	2 460	14 765
	2AA		2 460	14 765
	2CCC		2 460	7 264
	2CC		2 460	7 264

新系列 II 集装箱的最大总重均为 30 480kg。由于该系列 II 集装箱规格尺寸涉及各港口、铁路、公路现有配套设施的巨大改造和投资,因此,经过 ISO/TC 104 数次全会讨论尚未通过,目前仍为“委员会文件”,责成第 4 工作组继续进行研究。

目前新一代集装箱的研究工作,在国际标准化领域中已纳入了议事日程,局面正在逐步打开。参加该项工作的国家共有 16 个,这些国家是:澳大利亚、比利时、加拿大、丹麦、法国、德国、印度、爱尔兰、意大利、日本、韩国、荷兰、瑞典、英国、美国和俄罗斯。

2. 集装箱自动化运营管理标准

目前,正在开展代码和通信标准方面的研究工作。集装箱数据交换、集装箱自动识别及其有关标准的制订正在进行中。

为了更好地开展集装箱自动化运营管理标准的制订工作,ISO/TC 104 集装箱技术委员会将原 ISO/TC 104 第 3 工作组改为 ISO/TC 104 第 4 分委员会(SC4),专门从事对集装箱自动化识别和信息传递系统的研究工作。自 1990 年起,ISO/TC 104 已先后制订和颁布了有关集装箱设备数据交换、集装箱船上信息、集装箱自动识别和保温集装箱遥控监测等 6 项国际标准。其中 ISO 10374《集装箱自动识别》国际标准,规定了该标准适用 ISO 668 所规定的集装箱;规定了可通过电子装置将集装箱的信息传递给自动化处理系统的集装箱识别系统;规定了集装箱上所设的标牌和自动识别设备的有关操作性、可靠性、安全性和物理特性等要求。

3. 我国的集装箱标准发展方向

20 多年来,我国集装箱标准化工作取得了很大成果,制订了有关集装箱运输的一系列标准,为今后集装箱标准化工作的开展打下了一定的基础,而且正在逐步和国际标准接轨。

目前,集装箱标准化工作范围在继续扩展,无论是从基础标准到方法标准,还是从硬件标准到软件标准都在其列。除了对已颁布的各项标准进行有计划地补充和修订外,还正在进一步加强对集装箱设备、管理和信息系统三大系统建设的理论化、规范化和标准化研究,以使我国集装箱运输的经营管理技术达到世界先进水平,实现经营管理系统的电子化和自动化。

第三节　集装箱的种类

集装箱的种类繁多,从运输家用物品的小型折叠式集装箱直到 40ft 标准集装箱,以及航空集装箱等,不一而足。在这里将从不同角度对集装箱进行分类,以便我们能更深入地了解集装箱这种运输设备。

一、按是否符合国际标准分类

1. 国际标准集装箱

国际标准集装箱是指根据国际标准化组织(ISO)第104技术委员会制订的国际标准来建造和使用的国际通用的标准集装箱。现行的国际标准为第I系列共13种,其宽度均一样(2 438mm),长度有4种(12 192mm、9 125mm、6 058mm、2 991mm),高度有4种(2 896mm、2 591mm、2 438mm、2 438mm),详见表2-1。第II系列和第III系列均降格为地区标准。

2. 非国际标准集装箱

(1)非标准长度的集装箱。

美国海陆公司的35ft(10.67m)型集装箱、麦逊公司的24ft(7.32m)型集装箱和海铁公司的27ft(8.24m)型集装箱均为典型的非标准长度的集装箱,其中最多的是海陆公司的35ft型集装箱;1976年在美国华盛顿召开的104技术委员会第9次全体大会上,美国代表发言提出要求把35ft型箱列入国际集装箱标准中,会上对此展开了激烈的争论。许多代表发言承认美国的海陆公司是集装箱运输的先驱者,它具有长期经营集装箱运输的历史和经验,在国际上对集装箱化的扩大和发展作出了重大贡献。尽管该公司当时拥有的35ft型集装箱占世界总箱量的2.5%,但认为这些因素都不能作为35ft型集装箱成为国际标准集装箱的理由。1978年6月,在意大利热那亚召开的104技术委员会第10次大会上,确定了35ft型箱将作为非标准集装箱处理。

(2)非标准宽度的集装箱。

从全集装箱船舱内的箱格结构来看,集装箱的高度的变化对箱格结构没有什么影响,长度的改变在一定范围内也是可以的,但是宽度一变就会造成很大的影响。所以,尽管集装箱有各种不同的长度和高度,但是宽度仍保持为8ft(约为2.44m)。

在德国、法国和瑞典等欧洲各国的铁路上,为了与公路汽车运输进行竞争,使用了宽度为2.5m的集装箱。这些超宽集装箱用于国内和欧洲各国之间运输水果、蔬菜和欧洲型托盘。欧洲型托盘的尺寸为1.2m×1.2m,使用2.5m宽的集装箱可以并排装2列。宽度为2.5m的集装箱不能装在集装箱船的箱格内,但是可以在滚装船上装载。

(3)非标准高度的集装箱。

在国际标准中,集装箱最初采用的高度为8ft(2.44m),后来在1969年召开的国际标准化组织104技术委员会的第6次全体大会上,40ft型集装箱改为8.5ft(2.59m)的高度(即1AA型)。接着20ft型集装箱也采用了8.5ft的高度,现在国际标准中还有大于8ft的减高集装箱(Reduced height container),主要有9ft(2.74m)和9.5ft(2.9m)两种高度集装箱。

在1991年召开第16次全体大会以前,9ft(2.74m)和9ft 6 in(2.9m)高的集装箱为非标准高度,第16次全体大会上通过了将9ft6in高的集装箱纳入ISO 668的标准化中,目前9ft 6 in高集装箱已定为1AAA和1BBB型,成为标准高度。

据资料表明,现在还有比2.9m更高的集装箱,例如可以装载2层小汽车高度为3.2m的汽车集装箱,这种汽车集装箱的宽度和长度仍为8ft和20ft。在日本航线上,由于运输特种货物的需要,还出现过3.97m高的集装箱。

二、按使用材料分类

1. 铝合金集装箱

通常所说的铝集装箱,并不是纯铝制成,而是各主要部件使用最适量的各种轻铝合金,故又称铝合金集装箱。一般都采用铝镁合金,这种铝合金集装箱的最大优点是重量轻,铝合金的相对密度约为钢的 1/3,20ft 的铝集装装箱的自重为 1 700kg,比钢集装箱轻 20% ~25%,故同一尺寸的铝集装箱可以比钢集装箱能装更多的货物。铝集装箱不生锈,外表美观。铝镁合金在大气中自然形成氧化膜,可以防止腐蚀,但遇海水则易受腐蚀,如采用纯铝包层,就能对海水起很好的防蚀作用,最适合于海上运输。铝合金集装箱的弹性好,加外力后容易变形,外力除去后一般就能复原。因此最适合于在有箱格结构的全集装箱船上使用。此外,铝集装箱加工方便,加工费低,一般外表需要涂其他涂料,维修费用低,使用年限长,一般为 15 ~16 年。

铝合金集装箱的优点是自重轻,因而提高了集装箱的装载能力,具有较强的防腐能力,弹性好;主要缺点是铝合金集装箱的造价相当高,焊接性也不如钢制集装箱,受碰撞时易损坏。

2. 钢制集装箱

钢制集装箱的优点是强度大、结构牢固、焊接性和水密性好、能反复使用、价格低廉;主要缺点是防腐能力差、箱体笨重、自重大,相应地降低了装载能力。钢集装箱的外板用钢板,结构部件也均采用钢材。这种集装箱每年一般需要进行两次除锈涂漆,使用期限较短,一般为11 ~12 年。

3. 玻璃钢制集装箱

用玻璃钢做成的集装箱主要优点是强度大,刚性好,具有较高的隔热、防腐和耐化学侵蚀能力,易于清洗,修理简便,维修费较低;主要缺点是自重大,造价高。玻璃钢的隔热性,防腐性、耐化学性都比较好,能防止箱内产生结露现象,有利于保护箱内货物不遭受湿损。玻璃钢板可以整块制造,防水性好,还容易清洗。此外,这种集装箱还有不生锈、容易着色的优点,故外表美观,并且其维修简单,维修费用也低。玻璃钢集装箱的主要缺点是重量较大,与一般钢集装箱相差无几,价格也较高。

4. 不锈钢制集装箱

一般多用不锈钢制作罐式集装箱。它是用玻璃纤维和合成树脂混合在一起制成薄薄的加强塑料,用粘合剂贴在胶合板的表面上形成玻璃钢板而制成的集装箱。不锈钢制集装箱的主要优点是不生锈、耐腐性好、强度高;主要缺点是价格高、投资大。

三、按结构分类

1. 内柱式与外柱式

这里的“柱”指的是集装箱的端柱和侧柱。内柱式集装箱即侧柱和端柱位于侧壁和端壁之内;反之则是外柱式集装箱。一般玻璃钢集装箱和钢集装箱均没有侧柱和端柱,故内柱式和外柱式集装箱均指铝集装箱而言。内柱式集装箱的优点是外表平滑,美观,受斜向外力时不易损坏,印刷标记时比较方便。外板和内衬板之间隔有一定空隙,防热效果较好,能减少货物的湿损。外柱式集装箱的优点是受外力作用时,外力由侧柱或端柱承受,起到了保护外板的作用,使外板不易损坏。由于集装箱内壁面平整,有时也不需要有内衬板。

2. 折叠式和固定式集装箱

折叠式集装箱是侧壁、端壁和箱门等主要部件能很方便地折叠起来,反复使用时可再次撑开的一种集装箱。反之,各部件永久固定的组合在一起的称固定式集装箱。折叠式集装箱主要用在货源不平衡的航线上,为了减少回空时的舱容损失而设计的。目前,使用最多的还是固定式集装箱。

3. 预制骨架式集装箱和薄壳式集装箱

集装箱的骨架由许多预制件组合起来,并由它承受主要载荷,外板和骨架用铆接或焊接的方式连为一体,称之为预制骨架式集装箱。通常是铝质和钢质的预制骨架式集装箱,外板采用铆接或焊接的方式与骨架连接在一起,而玻璃钢的预制骨架式集装箱,其外板用螺栓与骨架连接。薄壳式集装箱则把所有构件结合成一个刚体,优点是重量轻,受扭力作用时不会引起永久变形,所以集装箱的结构一般或多或少都采用薄壳理论进行设计。

四、按用途分类

1. 干货集装箱(Dry Cargo Container)

干货集装箱也称杂货集装箱,这是一种通用集装箱,用以装载除液体货、需要调节温度货物及特种货物以外的一般件杂货。这种集装箱使用范围极广,常用的有20ft和40ft两种,其结构特点是常温封闭式,一般在一端或侧面设有箱门,如图2-2所示。

2. 保温集装箱(Insulated Container)

(1)冷藏集装箱(Reefer Container)。

冷藏集装箱是以运输冷冻食品为主,能保持所定温度的保温集装箱。专为运输如鱼、肉、新鲜水果、蔬菜等食品而特殊设计。目前国际上采用的冷藏集装箱基本上分两种:一种是集装箱内带有冷冻机的,叫机械式冷藏集装箱;另一种箱内没有冷冻机而只有隔热结构,即在集装箱端壁上设有进气孔和出气孔,箱子装在舱中,由船舶的冷冻装置供应冷气,这种叫做离合式冷藏集装箱(又称外置式或夹箍式冷藏集装箱)。冷藏集装箱造价较高,营运费用较高,使用中应注意冷冻装置的技术状态及箱内货物所需的温度,其外观如图2-3所示。

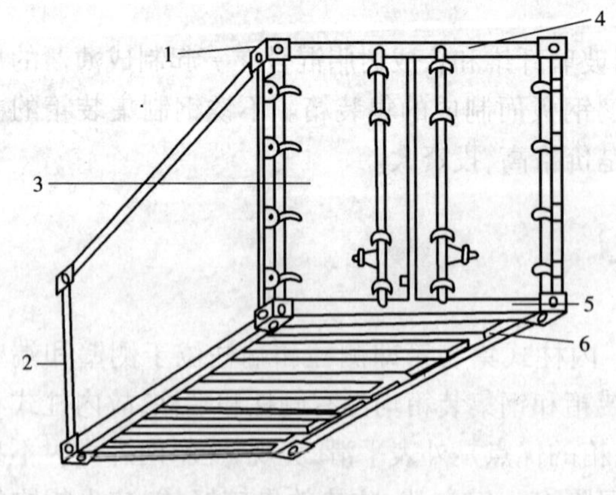

图2-2 干货集装箱

1-角件;2-角柱;3-端门;4-门楣;5-门槛;6-底梁

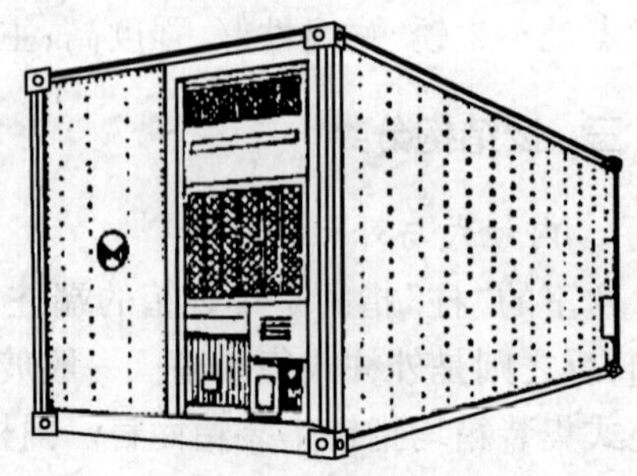

图2-3 冷藏集装箱

(2)隔热集装箱(Insulated Produce Container)。

隔热集装箱的特点是能与外界温度隔绝,在集装箱的前端壁和箱门上各有几个通风窗口,可以通风,并装有百叶窗进行开闭。它是为载运水果、蔬菜等货物,防止温度上升过高,以保持货物鲜度而具有充分隔热结构的专用集装箱。通常用干冰作制冷剂,保温时间为72h左右。

这种集装箱的箱内温度,虽说不受外界气温的影响,但是长时间在阳光照射下,也可能升高;而在一般情况下,箱内温度保持不变。因此,隔热集装箱最适合装载对温度十分敏感的货物,如精密仪器、油漆、石蜡等。这种集装箱还适合装载在运输途中不允许温度上升而需要通风的货物,如水果罐头、糖果、葱头等蔬菜类食品。在通风时,只要把前后端壁上的通风窗口打开,就能充分发挥其通风和换气的效果。

(3)通风集装箱(Ventilated Container)。

通风集装箱一般在侧壁或端壁上设有通风孔,适于装载不需要冷冻,且具有呼吸作用的水果、蔬菜等类货物,以及兽皮等在运输中会渗出液汁的货物和会引起潮湿的货物等。如将通风孔关闭,可作为杂货集装箱使用。这种集装箱通常以设有通风孔的冷藏集装箱代用。

3. 特种集装箱(special container)

(1)散货集装箱(Solid Bulk Container)。

它是一种密闭式集装箱,有玻璃钢制和钢制的两种。前者由于侧壁强度较大,故一般装载麦芽和化学品等相对密度较大的散货,后者则用于装载相对密度较小的谷物。散货集装箱顶部的装货口应设水密性良好的盖,以防雨水侵入箱内。散货集装箱除了有箱门外,在箱顶部还设有2~3个装货口,适用于装载粉状或粒状货物,使用时要注意保持箱内清洁干净,两侧保持光滑,便于货物从箱门卸货。其外观如图2-4所示。

(2)罐式集装箱(Tank Container)。

这种集装箱专门用来装运液体货,如酒类、油类、液体化学品等液体货物。由罐体和箱体框架两部分组成,如图2-5所示。罐体用于装液体货,框架用来支撑和固定罐体,用保温材料以使罐体隔热,内壁一般要研磨抛光以避免液体残留于壁面。为了降低液体的黏度,罐体下部还设有加热器,罐体内温度可以通过安装在其上部的温度计观察到。罐顶设有装货口,罐底设有排出阀。装货时货物由罐顶部装货口进入,卸货时则由排货孔流出或从顶部装货孔吸出。

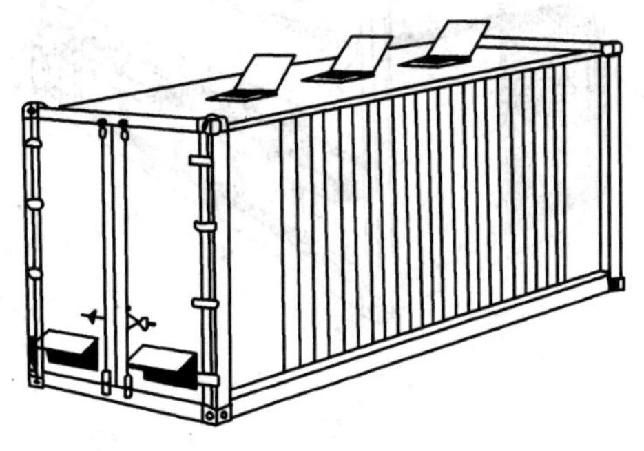

图2-4　散货集装箱

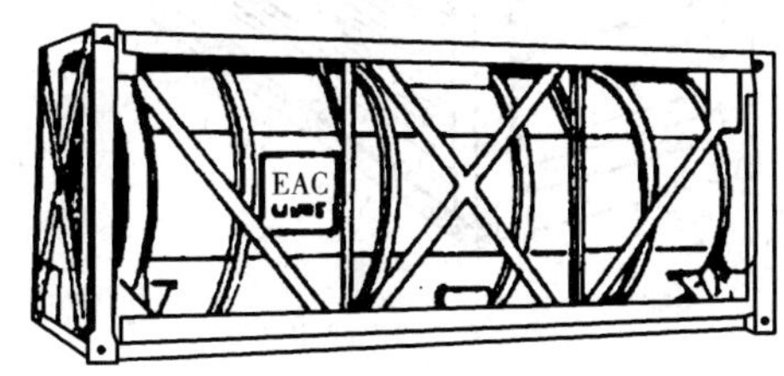

图2-5　罐式集装箱

(3)敞顶式集装箱(Open Top Container)。

这种集装箱也称敞顶集装箱,这是一种没有刚性箱顶的集装箱,但有可折叠式或可折式顶梁支撑的帆布、塑料布或涂塑布制成的顶篷,其他构件与通用集装箱类似。这种集装箱适于装

载大型货物和需吊装的重货，如钢铁、木材，特别是像玻璃板等易碎的重货，利用吊车从顶部吊入箱内不易损坏，而且也便于在箱内固定。

(4) 台架式集装箱和平台集装箱(Platform Based Container & Platform Container)。

台架式集装箱又称板架式集装箱，它是没有箱顶和侧壁，甚至连端壁也去掉而只有底板和四个角柱的集装箱，如图 2-6 所示。这种集装箱可以从前后、左右及上方进行装卸作业，适合装载长大件和重货件，如重型机械、钢材、钢管、木材、钢锭等。台架式的集装箱没有水密性，怕水湿的货物不能装运，或用帆布遮盖装运。平台式集装箱是指在台架式集装箱上再简化，各角柱被去除或可折叠，主要由具有较强承载能力(有些 40ft 的额定总承载重达 54t)的下底板组成的一种特殊结构集装箱。平台式集装箱主要用于装载重大件货物。在集装箱船的舱面上，若将多个平台式集装箱组成一个大平台，则适合于装载更重、更大件货物。平台的长度与宽度，与国际标准集装箱的箱底尺寸相同，可使用与其他集装箱相同的紧固件和起吊装置。这一集装箱的采用，打破了过去一直认为集装箱必须具有一定容积的概念。

台架式集装箱有很多类型。它们的主要特点是：为了保持其纵向强度，箱底较厚。箱底的强度比普通集装箱大，而其内部高度则比一般集装箱低。在下侧梁和角柱上设有系环，可把装载的货物系紧。台架式集装箱没有水密性，怕水湿的货物不能装运，适合装载形状不一的货物。台架式集装箱可分为：敞侧台架式、全骨架台架式、有完整固定端壁的台架式、无端壁仅有固定角柱和底板的台架式集装箱等。

(5)动物集装箱(Pen Container or Live Stock Container)。

这是一种装运鸡、鸭、鹅等活家禽和牛、马、羊、猪等活家畜用的集装箱，如图 2-7 所示。为了遮敝太阳，箱顶采用胶合板露盖，侧面和端面都有用铝丝网制成的窗，以求有良好的通风。侧壁下方设有清扫口和排水口，并配有上下移动的拉门，可把垃圾清扫出去，还装有喂食口。动物集装箱在船上一般应装在甲板上，因为甲板上空气流通，便于清扫和照顾。

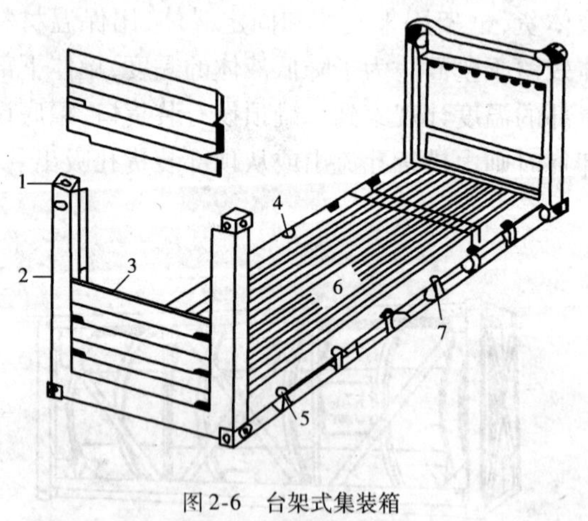

图 2-6　台架式集装箱

1-角件；2-角柱；3-插板；4-立柱插座；5-绳钩；6-底板；7-系环

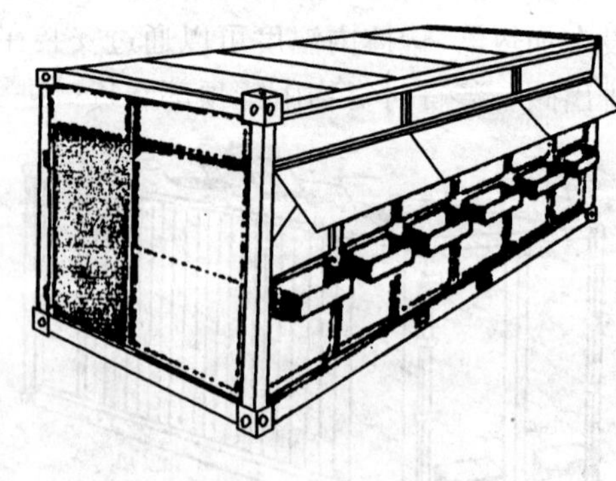

图 2-7　动物集装箱

(6)汽车集装箱(Car Container)。

这是一种运输小型轿车用的专用集装箱，其结构特点是无侧壁，仅设有框架和箱底，可装载一层或两层小轿车，如图 2-8 所示。这种集装箱分为单层的和双层的两种。因为小轿车的高度为 1.35m～1.45m，如装在 8ft(2.44m)的标准集装箱内，其容积要浪费 2/5 以上，因而出现了双层集装箱。这种双层集装箱的高度有两种：一种为10.5ft(3.2m)，一种为8.5ft高的2倍。因此汽车集装箱一般不是国际标准集装箱。由于集装箱在运输途中常受各种力的作用和环境的影响，因此集装箱的制造材料要有足够的刚度和强度，应尽量采用质量轻、强度高、耐用、维修保养费用低的材料，并且材料既要价格低廉，又要便于取得。

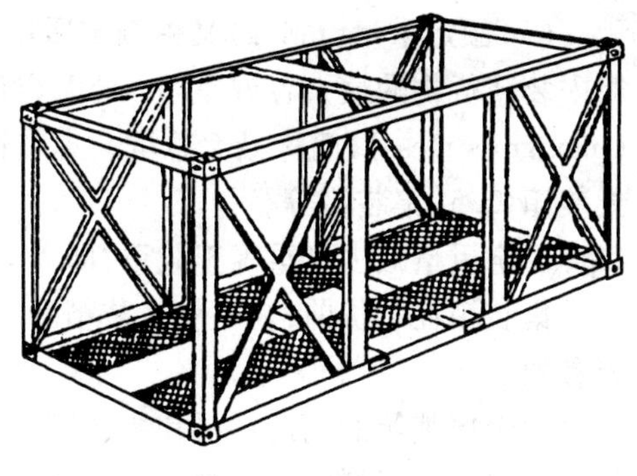

图2-8　汽车集装箱

(7)服装集装箱(Garment Container)。

这种集装箱的特点是在箱内上侧梁上装有许多根横杆，每根横杆上垂下若干条皮带扣、尼龙带扣或绳索，成衣利用衣架上的钩，直接挂在带扣或绳索上。这种服装装载法属于无包装运输，它不仅节约了包装材料和包装费用，而且减少了人工劳动，提高了服装的运输质量。

第四节　集装箱的结构和标记

一、集装箱基本术语

1. 集装箱的方位术语

这里的方位性术语主要是指区分集装箱的前、后、左、右以及纵、横方向位置的定义。占集装箱总数85%以上的通用集装箱均一端设门，另一端是盲端。对这种类型的集装箱规定是：

前端(front)是指没有箱门的一端；后端(rear)是指有箱门的一端。

如果集装箱的两端结构相同，则应避免使用前端和后端这两个术语，若必须使用时，应依据标记、铭牌等特征加以区别。

确定了集装箱的前后方以后，即可区分集装箱的左右了，即左侧(left)是从集装箱后端向前看，左边的一侧；右侧(right)是从集装箱后端向前看，右边的一侧。

由于集装箱在公路上行驶时，有箱门的后端都必须装在拖车的后方，因此有的标准把左侧称为公路侧，右侧称为路缘侧。如果按照车辆行驶的方向来看：路缘侧(curbside)是当集装箱底盘车在公路上沿右侧向前行驶时，靠近路缘的一侧；公路侧(roadside)是当集装箱底盘车在公路上沿右侧向前行驶时，靠近马路中央的一侧，即路缘侧的对侧。

除此之外，集装箱在具体使用中还需要区分其横向和纵向，即纵向(longitudinal)是指集装箱的前后方向；横向(transverse)是指集装箱的左右方向。

2. 集装箱的重量

集装箱的重量分为自重、载重和额定重量3种。

(1)自重(tare weight)又称空箱质量(tare mess)，以T表示，它是包括各种集装箱在正常工作状态下应备有的附件和各种设备，如机械式冷藏集装箱的机械制冷装置以及其所需的燃油；台架式集装箱上两侧的立柱；敞顶集装箱上的帆布顶篷等。

(2)载重(payload)又称载货质量，以P表示，它是集装箱最大容许承载的货物重量(货物质量)，包括集装箱在正常状态下所需的货物紧固设备及垫货材料等在内的重量(质量)。

(3)额定重量(rating)又称额定质量,以 R 表示,它是指集装箱的空箱重量(空箱质量)和箱内装载货物的最大容许重量(最大容许质量)之和,即最大工作总重量(最大工作总质量)(max gross mess),简称最大总重。集装箱按总重分,有 30t 集装箱、20t 集装箱、10t 集装箱、5t 集装箱、2.5t 集装箱等。

额定重量减去自重等于载重,即 $P = R - T$。

集装箱在装货前,为了使集装箱的容积和重量能充分利用,必须仔细参阅集装箱上述各主要参数。

由于集装箱的制造材料和制造厂不同,就是同一类的集装箱,其尺寸和重量参数也是不同的,即使是同一材料、同一制造厂制造的集装箱,其制造时间不同,尺寸和重量参数也有差异。因此,在选用集装箱时,必须引起注意。

3. 集装箱尺寸和计算单位

集装箱尺寸是指集装箱的长度、宽度、高度和箱门有效尺寸。集装箱的长、宽、高尺寸又分为外部尺寸和内部尺寸。

(1)集装箱外部尺寸(container's overall external dimensions)包括集装箱永久性附件在内的集装箱外部最大的长、宽、高尺寸。它是确定集装箱能否在船舶、底盘车、货车、铁路车辆之间进行换装的主要参数,是各运输部门必须掌握的一项重要技术资料。

(2)集装箱内部尺寸(container's internal dimensions)是按集装箱内接最大矩形平行六面体确定的长、宽、高净空尺寸,不考虑顶角件凸入箱内部分。它决定了集装箱内容积和箱内货物的最大尺寸。其中高度为箱底板至箱顶板最下面的距离;宽度为两侧衬板之间的距离;长度为箱门内侧板至端壁内衬板之间的距离。

(3)集装箱的容积是集装箱内部长、宽、高的乘积。同一规格的集装箱,由于结构和制造材料的不同,其内容积略有差异,在装箱前必须掌握这些技术资料。

(4)集装箱计算单位(twenty-feet equivalent units 简称:TEU),又称 20ft 换算单位,是计算集装箱箱数的换算单位。目前各国大部分集装箱运输,都采用 20ft、40ft 长的两种集装箱。为使集装箱箱数计算统一化,把 20ft 集装箱作为一个计算单位。40ft 集装箱作为两个计算单位,以利统一计算集装箱的营运量。

4. 集装箱能力和性能的定义

(1)集装箱能力。

这里的集装箱能力,不包括各种类型集装箱的所有能力,而仅仅指那些需要加以定义的能力,主要有堆码能力、拴固能力和箱底承载能力等。

①堆码能力(stacking capability)。是指相同尺寸的集装箱在堆码的条件下,承受动、静载荷的能力。集装箱在舱内或场地上堆码时,都可能产生不整齐堆码状态。按国际标准的规定,其容许偏离值纵向为 38mm,横向为 25.4mm。

②拴固能力(restraint capability)。是指集装箱用底角件拴固时,箱底结构能承受在运输中可能产生的纵向加速度力的能力。

③箱底承载能力(floor loading capability)。是指箱底承受载重或拆装箱用机具的轮压所产生的动、静载荷的能力。

(2)集装箱性能。

集装箱的性能主要是指刚性和风雨密性。

①刚性(rigidity)。是指集装箱在运输中(特别是在船舶摇摆时)抵抗横向和纵向挤拉载荷的能力。

②风雨密性(weather proofness)。是指具有按规定喷水试验所要求的严密性。

二、通用集装箱的结构

集装箱的结构,根据制造材料及用途不同而有不同的形式。通用集装箱各构件名称,如图2-9所示。

通用集装箱是一个矩形箱体,由两部分组成:一部分是承受货物重量和冲击等外力的主要构件,其中包括角柱、上横梁、下横梁、上桁材和下桁材等,这些主要构件都采用高强度材料制造;另一部分主要用于防护货物日晒雨淋的外表面,包括箱顶板、侧壁、端壁和箱门等。

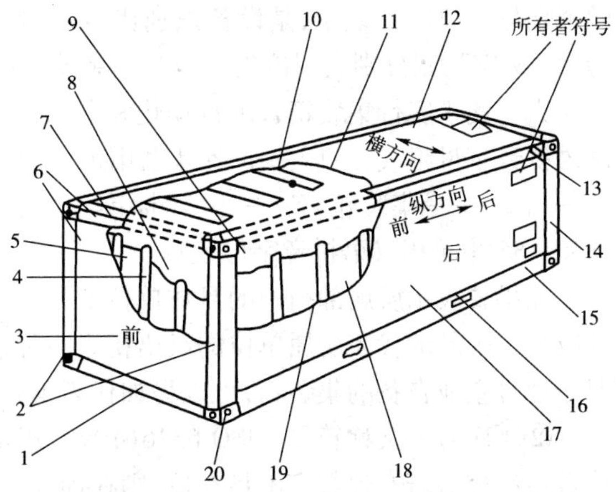

图2-9　集装箱结构及各构件名称

1-下横梁;2-角柱;3-端壁;4-端柱;5-端壁板;6-端框架;7-上横梁;8-端壁内衬板;9-侧衫板;10-顶梁;11-顶板;12-箱顶;13-上桁材;14-角柱;15-下桁材;16-叉槽;17-侧壁;18-侧壁板;19-侧壁柱;20-角件

集装箱由于承受运输途中、装卸作业等各种载荷的作用,必须具有既能保护货物又能承受外力的足够强度,根据国际标准化组织的规定,集装箱的强度分为外部强度和内部强度两种。

外部强度是指满载的集装箱在移动、换装时,或在舱内、场地上堆装时所受的外部载荷,主要有堆码强度、吊装强度、箱顶强度、栓固强度、系紧强度、叉槽强度和抓臂起吊槽强度等。

内部强度是指货物装在箱内时,箱底承受的负荷,以及在装卸、运输过程中所受的外力使货物对侧壁或端壁所产生的负荷,主要有箱底强度、端壁强度和侧壁强度等。

三、集装箱的标记

为了便于对集装箱在流通和使用中识别和管理,便于单据编制和信息传输,国际标准化组织于1968年制订了集装箱标记标准。1969年10月,在ISO/TC104技术委员会第6次大会上通过后正式使用。该标准在1973年、1981年和1984年曾进行了三次修订,目前国际上使用的是1984年修订后的《集装箱的代号、识别和标记》(ISO 6346—1984)。国际标准化组织规定的标记有必备标记和自选标记两类,每一类标记中又分为识别标记和作业标记。

我国的集装箱标记标准是1980年7月1日制订的,由国家标准局颁布执行,其名称为GB 1836—80《集装箱标记代号》。该标准于1985年又修改为GB 1836—85。它是参照国际标准ISO 6346—1984修订的。

1. 必备标记

(1)识别标记。

识别标记用于集装箱的识别,包括箱主代号、顺序号和核对数字三部分。

①箱主代号。国际标准化组织规定,箱主代号由4个大写的拉丁文字母表示。前三位由箱主自己规定,为箱体注册码,用于一个集装箱箱体持有的唯一标识,标明箱主、经营人的相关信息。如中远为COS、中海为CCL、东方海外为OOL。为防止箱主代号出现重复,所有箱主在使用代号之前应向国际集装箱局(BIC)登记注册。目前,国际集装箱局已在16个国家和地区设有注册机构,在我国的注册机构设在北京。该机构每隔半年公布一次在册的箱主代号。第四个字母一律用U表示,是设备识别代号,主要是为了与其他运输设备区别。若第四位字母为"J"或"Z",则分别表明该集装箱为集装箱配件或拖车平板。

为了便于实行集装箱管理自动化和向国际统一标记代号过渡,我国标记代号也采用4个汉语拼音字母组成,最后一个字母也用U表示,如铁道部集装箱为TBJU,其中,T——铁路,B——部,J——集装箱,U——国际标准规定的集装箱识别标记和代码。箱主代号在GB 1836—85中采用汉语拼音字母表示。

如果要表示所属部门中的具体单位的代号,则可将上述代号中的前三个汉语拼音字母全部改成一个新的代表所属单位的汉语拼音字母或拉丁字母,具体代号由各所属部门自行规定。对于地方企业自备的集装箱,可以另加代表本企业的辅助标记。

②顺序号。又称箱号。ISO 6346(1995)规定,凡符合ISO编码规则的集装箱,其箱号由6位数字组成。若有效数字不足6位,则在前面加"0"补足6位。如:有效数字为1234,则集装箱号应为001234。

③核对数字。又称检验号,是按规定的科学方法计算出来的一位阿拉伯数字,专门用于电子计算机核对箱主代号和顺序号记录的准确性,避免抄错箱号。核对数字必须由带有方框的阿拉伯数字组成,以区别箱号。核对数字的计算方法如下。

第一,为计算用,人为地规定了箱主代号所能选用的26个拉丁字母的等效数值,将字母A~Z分别对应等效数字值10~38(扣除其中的11,22和33)。

第二,箱主代号~箱号共10位符号,其代表的数值从第1位到第10位,依次乘以2^0~2^9加权系数。

第三,根据乘积的总和,除以模数11。

第四,总和除以模数11得出的余数即为核对数字。因为数字0为余数10和0两者都适用的核对数字,为避免重复,一般不使用10作为核对数字。铁路集装箱号取消了核对数字为10的箱号。

例如:某集装箱箱号前10位为XYZU123456,则其核对数字验算如表2-5所示。

核对数字验算示例　　表2-5

位序 i	1	2	3	4	5	6	7	8	9	10
箱号	X	Y	Z	U	1	2	3	4	5	6
对应值	36	37	38	32	1	2	3	4	5	6
2^{i-1}	1	2	3	8	16	32	64	128	256	512
乘积	36	74	152	256	16	64	192	512	1 280	3 072
乘积累计	36	110	. 262	518	534	598	790	1 302	2 582	5 654

以乘积累加数 5 654 对 11 取模,得到核对数字为 0(5 654/11 = 514 余 0),故核对数字为 0,因此该集装箱的标准箱号为 XYZU123456 0。

在集装箱运行过程中,每次交接记录箱号时,在将"箱主代号"与"箱号"录入电脑时,电脑就会自动按上述原理计算"核对数字"。当记录人员键入最后一位"核对数字"与电脑计算得出的数字不符时,电脑就会提醒箱号记录"出错"。这样,就能有效避免箱号记录出错的事故。

(2)作业标记。

作业标记主要用于标记集装箱作业中的参数或需要特别告知的事项,主要有以下三个。

①额定重量和自重标记。额定重量即集装箱总重,是指其自重与载重之和,以 R 表示。自重即包括永久性附件的集装箱空箱质量(或空箱重量),以 T 表示。ISO 688 规定其单位使用公斤(kg)和磅(lb)同时标注。载重是指集装箱内装载货物的最大容许重量,以 P 表示。

②空陆水联运集装箱标记。空陆水联运集装箱是指可在飞机、船舶、货车、火车之间联运的集装箱,其容积为 $1m^3$ 或 $1m^3$ 以上,装有顶角件和底角件,具有与飞机舱内栓固系统相配合的栓固装置,箱底可全部冲洗并能用滚装装卸系统进行装运。为适用于空运,这种集装箱自重较轻,结构较弱,强度仅能堆码两层。因而国际标准化组织对该集装箱规定了特殊的标志,该标记为黑色,位于侧壁和端壁的左上角,并规定标记的最小尺寸为:高 127mm,长 355mm,字母标记的字体高度至少为 76mm。

③登箱顶触电警告标记。该标记一般设在罐式集装箱上,位于登箱顶的扶梯处,以警告登箱者有触电危险。其三角标志内底色为黄色。

2. 自选标记

自选标记也包括识别标记和作业标记两类。

(1)识别标记。

①国家和地区代号,如中国用 CN;美国用 US;香港用 HK 等。

②尺寸和类型代号(箱型代码),尺寸与类型代号用 4 位阿拉伯数字表示,前两位表示尺寸,后两位表示类型。

我国铁路集装箱不使用国家及地区代号和尺寸与类型代号。

(2)作业标记。

①超高标记。该标记为在黄色底上标出黑色数字和边框,此标记贴在集装箱每侧的左下角,距箱底约 0.6m 处,同时贴在集装箱主要标记的下方。凡高度超过 2.6m 的集装箱应贴上此标记。

②国际铁路联盟标记。凡符合《国际铁路联盟条列》规定的集装箱,可以获得此标记。该标志是在欧洲铁路上运输集装箱的必要通行标志。

3. 通行标记

集装箱在运输过程中为能顺利地通过或进入其他国境,箱上必须贴有按规定要求的各种通行标志,否则必须办理繁琐证明手续,延长集装箱的周转时间。集装箱的主要通行标记有:安全合格牌照、集装箱批准牌照、检验合格徽等。

复习思考题

1. ISO 对集装箱是怎样定义的?
2. 集装箱标准化对集装箱运输有何意义?
3. 集装箱标准化发展有哪些新动向?
4. 集装箱按用途有哪些分类?
5. 集装箱的基本术语有哪些?
6. 集装箱的识别标记有哪些?
7. 集装箱的作业标记有哪些?
8. 计算 COSCO 的集装箱 COSU800121 的核对数字。

第三章　集装箱运输系统

集装箱运输是一种先进的现代化运输组织方式，是交通运输现代化的产物和重要标志，是件杂货运输的发展方向，是运输领域的重要变革，因此世界各国都把集装箱运输称为20世纪的“运输革命”。经过发展，它已经形成了完整的运输系统，只有从系统的角度把握集装箱运输，才能为集装箱运输管理奠定基础。本章主要从集装箱运输系统的构成、集装箱运输工具、集装箱运输设施及相关机构几个方面来介绍集装箱运输系统。

第一节　集装箱运输系统的构成

集装箱运输系统是运输大系统中的一个十分重要的子系统，也是一个涉及面最为广泛的复杂系统，集装箱货物的整体流通途径如图3-1所示。集装箱货物的流通途径体现了集装箱运输系统的高度整体性与组织性。

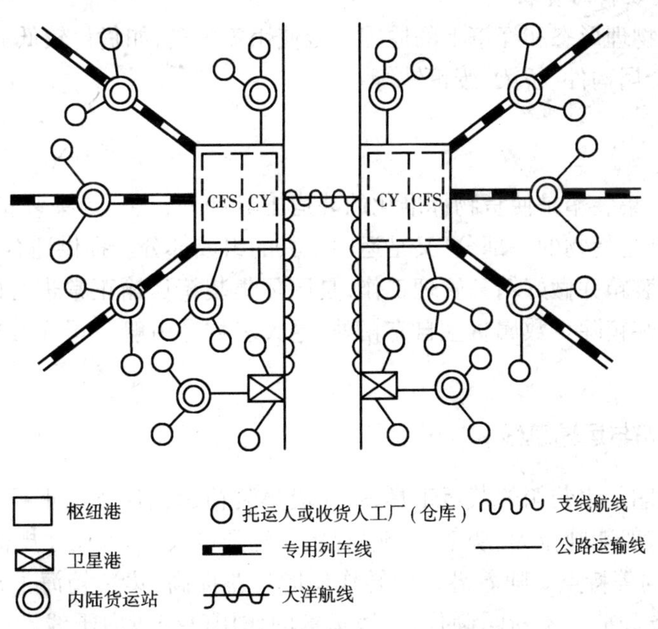

图3-1　集装箱货物整体流通途径示意图

为顺利完成集装箱货物的流通，随着集装箱运输的不断发展和完善，目前已形成了世界范围的规模庞大的完善集装箱运输系统，其基本组成要素包括以下几个方面。

一、适箱货物

运输,货当先。为了保证集装箱运输顺利进行,首先必须具备足够的适箱货源。一般来说,并不是所有货物都适合于集装箱运输,只有那些物理及化学属性适合于装箱,并且货价高、运输费率较高、承受运价能力大的货物,才属于适合装箱的货物。适箱货物是集装箱运输系统的运输主体,是各运输经营人竞争的对象。适箱货物的位移构成了集装箱运输系统中的主物流。做好适箱货源的组织工作,提高揽货工作质量,为国际集装箱运输提供充足而稳定的货源,是保证国际集装箱运输正常进行的关键。

从集装箱运输货物的经济性、物理性角度分析,集装箱运输的货物可分为 4 大类。

1. 最适合集装箱的货物

这类货物在物理属性方面完全适合于集装箱运输,而且这类货物的货价一般都很高,因此承受运价的能力也很大,是集装箱运输公司激烈争夺的"抢手货"。

2. 适合于集装箱的货物

这类货物通常是指物理属性与运价均可为集装箱运输所接受的货物。但与最适合于集装箱的货物相比,其价格和承受运价的能力相应要低一些。因此,利用集装箱运输这类货物的运输利润不是很高。

3. 临界于集装箱的货物

这类货物使用集装箱运输,在物理属性及形态上是可行的,但其货价较低,承担运价也较低,若采用集装箱运输在经济上不一定盈利,甚至亏损。

4. 不适合于集装箱的货物

这类货物由于物理形态和经济上的原因不能使用集装箱,如货价较低的大宗货,长度超过 1 219cm(40ft)的金属构件、桥梁、废钢铁等。

二、集装箱

集装箱运输中,集装箱是使货物标准化的装运工具和外包装,是集装箱运输的基本单元。在运输过程中,它既是货物的一部分,又是运输工具的组成部分。提供适合于各种适箱货物要求的各种类型的集装箱并做好箱务管理工作,是国际集装箱运输正常进行的重要环节。在运输过程中使用的集装箱除少数属货主自有箱外,绝大多数是由船公司或其他集装箱运输经营人提供的。

三、集装箱船舶与运输航线

集装箱运输船舶是集装箱的载运工具,是完成集装箱运输任务的重要手段。集装箱船与传统货船相比,具有船舶吨位大、功率大、航速高、货舱开口大、货舱尺寸规格化、船体形状比较"瘦削"、稳性要求高等特点。随着港口中转作用的日益提高,集装箱海上运输线路的概念发生了很大变化,干支线分工不断明确化,支线运输的作用已变成向干线港(中心港)集疏运货物。因此,当前对海上主要运输线路的理解一般是指海上干线运输航线。

海上干线运输航线的设置,各干线上挂港数及船型、班期的确定,一般由各船公司根据集装箱货物的流量与流向、港口的地理位置和泊位能力(水深、装卸能力等)、使用船型及腹地与

周边的集疏运(支线等)条件等因素,考虑自己公司运输组织的合理性、经济性以及本公司在该线路上能占有的市场份额等因素来综合确定的。各公司海上运输干线的形式有钟摆式的,也有环形(甚至环球)航线。

目前各船公司在自己的航运干线上使用的船舶基本上以大型全集装箱船(第4代以上)为主体,一般都以固定的船型和班期投入营运。这些船舶载箱量较大、航速较高、营运成本较低、经济性能较好。随着国际贸易量的不断增长,各船公司出于竞争的需要,在干线上配备的船舶均有大型化的趋势。世界上各大船公司均以大型集装箱船为主体,配合以中小型集装箱船舶,构成了覆盖世界各主要贸易区的干支线运输网。

四、集装箱码头与装卸作业设施

集装箱码头是集装箱装卸、堆存与分拨的地方,是集装箱不同运输方式换装的枢纽,是集装箱运输系统的重要组成部分。因此,集装箱码头在整个集装箱运输系统中,具有重要地位和作用。做好集装箱码头的各项工作,对于加速车、船和集装箱的周转,降低运输成本,提高整个集装箱运输系统的效率和经济效益,均具有极其重要的意义。

随着国际集装箱运输及多式联运的迅速发展,"集装箱化"的比例不断提高,集装箱运量不断上升,集装箱船舶日趋大型化和高速化,因而要求集装箱码头具备现代化的硬件和软件系统,实现装卸作业高效化、自动化,管理工作现代化、标准化和规范化,以满足国际集装箱运输系统对集装箱码头的要求。

五、内陆集疏运系统

在集装箱运输系统中,内陆集疏运(包括沿海支线)子系统是由众多的运输线路(包括铁路、公路、内河航线、沿海支线等)、运输工具(包括铁路车辆、公路车辆、内河运输船舶、沿海近洋运输船舶等)和若干集装箱货物集散点(包括码头堆场、货运站、内陆货站、铁路办理站、公路中转站、内河码头、支线港、货主工厂仓库等)组成的覆盖枢纽港及其周边地区的网络系统,一般具有多级结构。其主要功能是完成集装箱货物的起运地(或目的地)与枢纽港码头堆场之间的集运或疏运任务。该系统是系统运输中不可缺少的重要环节。从目前集装箱运输的发展来看,该系统是集装箱运输能否发挥出高效率、高质量特点的关键环节。集装箱运输系统的内陆集疏运系统一般包括以下方面。

1. 公路运输及中转站子系统

连接集装箱码头、集装箱货运站、集装箱内陆货站、各级集装箱中转站之间和连接这些集散点与广大货主的工厂和仓库之间的公路运输在集装箱运输系统中占有重要的地位。公路运输使用的运输工具是汽车。目前运输集装箱的汽车一般是由牵引车和挂车组成的。集装箱运输专用车(集卡),牵引车功率一般在220kW左右。挂车主要有全挂车和半挂车两种形式。整车加上载满货物的集装箱后重量可达40~45t。集装箱公路中转站一般作为港口码头、铁路办理站向腹地延伸的后方基地和公路运输枢纽,是内陆腹地运输的一个重要作业点。公路中转站的主要功能是承担港口、车站、内陆货站与货主之间的集装箱中转和"门到门"的运输,并起着上述集装箱内陆货站的作用。公路中转站根据其在运输网中的位置亦可分为不同层次和级别。

2. 铁路运输及办理站子系统

集装箱运输系统中的铁路运输是指连接港口(枢纽港或支线港或内河港)与其腹地广大地区的铁路线,使用的运输工具是由牵引机车和车箱组成的列车。铁路集装箱专用车长度主要有80ft、60ft和40ft,一般60ft专用车可装载3只20ft或1只40ft和1只20ft的集装箱。

多年来,随着集装箱运量的不断增加,各国都在不断地研究和改善集装箱专用车箱(单层、双层),使运输效率不断提高。许多国家已在集装箱运量较大的线路上,在内陆铁路枢纽或大的货主专用线或集装箱内陆货站与集装箱港口码头之间采用专用列车,以定班或定期形式运输集装箱货物。

集装箱办理站是铁路上办理集装箱运输的车站,一般根据其能办理集装箱的尺度、重量分成不同级别,如我国分1t、5t、10t或20ft、40ft等级别。铁路集装箱办理站的作用是组织集装箱的铁路运输,办理集装箱的装、卸、到、发、集并、装拆、存储、修理、清洗等业务。

3. 航空运输及办理站子系统

航空运输是一种现代化的运输方式,其特点是:运送速度快,安全性能高,货物破损少,节省包装费、保险费和储存费,航行便利,不受地面条件的限制,可通往世界各地,将货物运送至收货人的所在地。随着航空工业技术的发展,加之国际贸易市场对货物供应的要求,航空货物运输在国际贸易货运中所占的比例越来越大。

航空办理站是机场办理集装箱运输的地点,设在机场附近或空港内。

4. 沿海与内河支线运输子系统

在集装箱运输系统中,随着干支线运输的出现和发展,一些大的枢纽港发展成为干线港。集装箱运输的集疏运系统一般围绕这些枢纽港来建设和布局。另外一些港口成为集装箱货物的喂给港(支线港),通过海上航线向枢纽港集疏货物。在有内河集疏运条件的干线港,许多处于这些河流内陆地区的河港也通过内河航线向枢纽港集疏货物。这些支线港和内河港的码头堆场也是集装箱集疏运系统中重要的集散点,其作用、功能和结构与干线港类似,只是规模小一些,中转功能弱一些。

位于河口的枢纽港(或支线港)与内陆之间的集疏运可以通过内河航线来进行。内河集疏运的工具是由拖船与驳船编组(也有采用机动驳)组成的。现在,内河驳船也已专业化。随着干支线分工越来越明确,连接枢纽港(干线港)与周围地区港口的每条支线也成为集疏运系统中的重要集疏线路。大量的集装箱货物由各支线港中转。支线运输一般采用相对小的集装箱专用船舶。随着干线船舶的大型化,许多原来用于远洋运输的船舶被使用于各支线上。

5. 集装箱码头堆场

枢纽港的集装箱码头堆场(CY),是集装箱货物集运的终点和疏运的起点,是集装箱货物交接地点之一。经干线运输到该港的集装箱货物由这里经各方的运输线路和陆上支线向目的地疏运,或在这里投入干线运输。

6. 集装箱货运站

集装箱码头附近的集装箱货运站(CFS)可能是码头的组成,也可能由其他运输经营人或运输代理人建立和经营。该类货运站的主要功能是完成拼箱货物的交接、保管及拆、装箱业务,并承担集装箱的堆存、修理、清扫等业务。集装箱内陆货站(ID),是集装箱码头在内陆地区的延伸和发展,其基本功能一般是上述集装箱码头堆场与集装箱货运站两者的总和。集装

箱内陆货站一般设置在内陆地区的交通枢纽之处，它与集装箱码头之间，与该地区的主要货主之间都应有便捷的运输线路。

围绕各干线港（枢纽港）建立的集疏运网络系统是集装箱运输系统的重要环节，其覆盖面和规模都是十分庞大的。建立、改造和完善内陆集疏运系统，需要投入大量的资金、设备和其他资源，发展中国家与发达国家集装箱运输系统的最大差距也在于这一方面。

六、集装箱运输管理系统

前面已对集装箱运输系统的基础设施和技术装备作了简要介绍，这些都是集装箱运输系统的"硬件"组成部分。要充分发挥这些现代化"硬件"的优越性与效率，必须有相应的现代化"软件"即管理系统与之相适应。集装箱运输管理的内容相当广泛，它既包括行业管理，也包括企业管理；既有生产管理，又有经营管理；既有对"硬件"设备设施的管理，又有对人员、信息科学方法和现代化信息手段等"软件"方面的管理。集装箱运输管理系统一般包括以下几个方面。

1．集装箱运输行业管理机构

这些机构一般是指国家和地区对集装箱运输进行行业管理的机构。通过行政管理的手段，对集装箱运输活动进行宏观政策调控，对集装箱运输企业进行监督管理，并通过制订相应的政策、规定、规划等对集装箱运输行业进行指导、协调和管理，从而实现和执行政府对集装箱运输企业及机关企事业单位的管理。在我国，交通运输部、铁道部、各省（市）交通厅、各铁路局、各市（县）交通局及三大水系的航务管理部门、各口岸管理部门都是这类机构。

2．集装箱运输法规及标准体系

为保证集装箱运输不断发展，充分发挥其优越性，有效协调承托双方的责任、义务、权利，目前在集装箱运输中已经形成了较为完善的法规与标准体系。这些法规与标准根据其适用的地域和范围可分成国际与国内（地区）两大类。

有关集装箱运输的国际公约有多个，如《集装箱安全公约》、《国际多式联运公约》等，这些公约一般是在联合国、国际商会等组织的协调组织下制订的。集装箱运输的有关标准化的规则一般由 ISO 制订，并且已得到大部分国家的承认。这些国际法规和标准，对集装箱在全世界范围内的使用、维护，对集装箱运输优越性的充分发挥起到了重要作用。

针对集装箱运输在各国（或地区）的开展情况，许多国家和地区也都制订了相应的国内法规与标准。这些法规、标准与国际法规、标准一般是一致的。我国有关法规和标准一般是由国务院和交通运输部等部委颁布的，如《海运条例》、《港口法》、《海商法》等。其他国家和地区也大多有相应的法规与标准。

3．集装箱运输经营人及代理人子系统

该子系统主要包括从事集装箱运输的企业（水路、公路、铁路、航空企业和无船承运人、多式联运经营人等）及其机构和接受他们（或货主）委托从事集装箱运输业务的代理人及机构。这些经营人或代理人是对集装箱运输企业营运管理的人。集装箱运输中涉及的各项活动和业务是由他们完成或组织完成的。该系统是集装箱运输的具体管理者。

4．集装箱运输信息系统

在集装箱运输过程中，集装箱运输量很大，流动频繁，环节众多。伴随集装箱货物的流动而产生的信息及信息流，无论从数量上还是从频数上讲都比传统件杂货要复杂得多，这种现代化的运输组织与管理，很自然要与高效、准确、及时的信息管理结合在一起。国际集装箱运输管理信息系统是一种人机结合的，为集装箱运输管理机构的行业管理工作、企业的营运与作业管理及决策活动提供必要信息的计算机管理信息系统。它的基本任务是采集、存储、分析、处理及传递与集装箱运输有关的各类信息，及时、准确地掌握集装箱运输的基本情况，向有关管理机构、运输企业和相关部门提供可靠的信息，为统计分析、运行组织和管理决策等不同层次的活动提供服务。

不同的管理机构、运输企业和相关部门承担不同的管理业务和职能，对各自的管理信息系统有不同的要求。但一般来讲，集装箱运输管理信息系统应具备以下功能：集装箱动态跟踪；运量、流向统计与分析及报表生成；单证信息处理、制作，通过数据通信网传递单证；获取各部门信息与向其他企业、部门传递信息等。

集装箱运输信息系统是随着集装箱运输迅速增长和运输管理实际需要而逐步发展起来的。在其发展过程中，首先是各运输企业根据自身的需要在本企业范围内建立起独立的系统并逐步完善。一些大型企业由于其业务遍及世界各地，其 MIS 是得到全球性计算机网络系统支持的。随着规模的不断扩大和集装箱运输现代化、标准化的日益完善，在集装箱运输过程中，各企业之间，各企业与政府机构或其他支持、服务机构之间的信息交换越来越频繁。自 20 世纪 80 年代以来，在许多重要口岸陆续建立起多种企业和部门机构联合的管理信息系统，如日本东京等港的 SHIPNETS 系统，德国汉堡港的 DOKOHY 系统，荷兰鹿特丹的 INTIS 系统等。这些系统除由多个运输企业参加外，还包括与运输相关的单位（货主、运输市场、代理、港口、内陆场站等），甚至有些系统中已包括银行、海关、保险等机构和公司。这些系统加快了信息在不同企业、机构之间的流转，在运输管理中发挥了重要作用。

集装箱运输信息系统除了呈现出由单一企业、机构的独立系统向多企业、机构联合的信息系统发展这一趋势外，在各企业内部也出现了向管理的高层次发展的趋势。在初期建立的系统中，其主要功能是支持操作和管理层次的工作。随着管理决策在企业管理中的地位不断提高，各公司的信息系统在高层决策支持方面都有了很大发展，对决策的科学化发挥了重大的支持作用。

目前，集装箱运输管理信息系统正在与贸易方面的信息系统联网。通过电子数据交换 EDI 网络，把运输企业同生产企业、贸易伙伴、各流通环节乃至金融、保险、海关等有机地联系在一起。EDI 技术的应用在世界范围内已取得了显著效果。国外一些已使用 EDI 的公司和企业都要求他们的贸易及运输伙伴使用 EDI 进行单证传递、预定舱位、海关申报等工作，这就要求服务于国际贸易的集装箱运输信息系统必须与 EDI 有紧密的联系。我国各类集装箱运输信息系统的发展必须适应这种形式。

七、集装箱运输辅助子系统

集装箱运输辅助子系统是指那些对集装箱运输的运行、管理有重大影响，但又不是专门为集装箱运输而建立的事物和实体。它们对集装箱运输的正常运行起到了支持和保障作用。集装箱运输辅助子系统主要包括以下内容。

（1）相关工业，特别是集装箱运输所涉及的集装箱、设备、工具和固定设施的制造、建设和

修理等。

(2)金融业。银行是集装箱运输系统建设资金的主要提供者,并承担资金流动、结算等业务。特别是在涉及信用证贸易的运输中,银行要承担集装箱运输单证的传递工作。

(3)保险业。为集装箱、运输工具和系统中的其他设备及货物提供运输所需要的保险,以减少运输经营人和货主的风险。

(4)国家机构,如海关、商检、边防、海事、理货等国家机构及一些有公证性质的机构。

(5)通信业与计算机通信网络,承担集装箱运输中信息交换、单证传递等工作。

集装箱运输是一项系统工程,集装箱运输系统是一个规模庞大的、范围遍及世界各主要地区的、涉及众多方面的系统。这个系统的建立、完善、运行都需要投入大量的资金、人力、物力和其他资源。这个系统的规划、设计、建造和运行管理必须根据系统工程的思想和方法来进行。在我国,当前对集装箱运输系统的建设、完善,必须有一个整体的规划和逐步实施的过程。

第二节　集装箱运输工具

集装箱运输工具是指装运集装箱的车辆、船舶和飞机。在集装箱运输发展初期,通常是采用通用的运载工具装运,辅以适当加固。但由于集装箱在运载工具上有其特殊的结构以及特定的外部尺寸和额定质量,所以随着集装箱运输的逐步发展,一般都采用集装箱专用运载工具。

一、集装箱船

1. 集装箱船的发展

在海上集装箱运输的发展初期,通常是在普通货船甲板上装载集装箱。1956 年 4 月,泛大西洋轮船公司将一艘 T-2 型油轮("理想"号)改装,在甲板上设置了装载集装箱的平台,增加了集装箱的载箱量,在美国的纽约—休斯顿之间运行,取得了良好的效果。

随着集装箱运输的发展,只在甲板上装卸集装箱已不能满足要求。为此,泛大西洋轮船公司于 1975 年又把 C-2 型货船改装成专用集装箱船("盖脱威城"号)。该船能装载 226 个 11.4m(35ft)的集装箱,航速为 16kn,是世界第一艘全集装箱船。1966 年 4 月,该公司改装了另一艘集装箱船"费尔兰德"号。之后,各个国家的船公司根据自己的情况,把一些普通货船改装成全集装箱船或半集装箱船。在吊装式船改装的同时,也有少量滚装船改造滚装式集装箱船,载箱量为 600TEU 左右,几年后又出现了 1 200 ~ 1 500TEU 的滚装式集装箱船。

20 世纪 60 年代末,美国、日本和欧洲各国相继制造了载箱量为 700 ~ 1 000TEU、航速达 22kn 的中型全集装箱船,并作为专用集装箱船的第一代产品遍布世界主要海运国家。20 世纪 70 年代初,大量发展了载箱量为 1 500TEU 左右的第二代集装箱船,并且还有一部分载箱量为 2 500 ~ 3 000TEU 的第三代集装箱船投入使用。在 20 世纪 80 年代末期到 90 年代初期,相继投入一批载箱量超过 4 000TEU 的第四代集装箱船。20 世纪 90 年代中期,德国船厂建造的 5 艘 APLC-10 型集装箱船可装载 4 800TEU,这种集装箱船的船长与船宽之比为 7/8,使船舶的复原力增大,被称为第五代集装箱船。1996 年春季竣工的 Rehina Maersk 号集装箱船,最多可装载 8 000TEU,该型船已建造了 6 艘,拉开了第六代集装箱船的序幕。据有关方面的预测,不久的将来,可装载10 000个集装箱的巨轮将会在欧洲问世。

关于集装箱船的分级,国际上通用的术语是:第一代集装箱船、第二代集装箱船、第三代集装箱船、第四代集装箱船、第五代集装箱船、第六代集装箱船,还会出现第七、第八代集装箱船。第一代~第六代集装箱船的主要技术特征见表3-1。

集装箱船分级　　表3-1

等　级	载箱量(TEU)	载重量(t)	船长(m)	船宽(m)	吃水(m)	船速(kn)
第一代集装箱船	700~1 000	14 000~24 000	170~180	25	8~9	22左右
第二代集装箱船	1 500~2 000	30 000~35 000	225	29	11.5	22~23
第三代集装箱船	2 500~3 500	>40 000	230~275	32.2	11.5~12	20.5~23
第四代集装箱船	>4 000	>50 000	290	32.2	12~13	23~33
第五代集装箱船	>5 000	>50 000	275	39.4	12.7	30~40
第六代集装箱船	>6 000	60 000~80 000	300	>40	13	40~50

2. 集装箱船的类型

集装箱船按装卸方式分类,主要有吊装式集装箱船、滚装式集装箱船和浮装式集装箱船三类,其中每一类又可分为若干种,具体分类如表3-2。

集装箱船的分类　　表3-2

集装箱船	吊装式集装箱船	集装箱—杂货两用船 半集装箱船 全集装箱船(集装箱专用船)
	滚装式集装箱船	多层甲板滚装船 尾角跳板滚装船 滚装—吊装两用船
	浮动式集装箱船	普通载驳货船(拉西型船) 海峰式载驳货船(西比型船) 浮坞式载驳货船(巴可型船)

应该指出,通常所称的"集装箱船",一般系指吊装式集装箱船中的全集装箱船。此外,集装箱船按航行区域分类,还可分为海船、内河船和江海直达船三类。

(1)吊装式集装箱船。

吊装式集装箱船是指利用船上或岸上的起重设备将集装箱进行垂直装卸的船舶,可分为集装箱—杂货两用船、半集装箱船和全集装箱船三种。

①集装箱—杂货两用船。

这是一种既可以装普通杂货又同时可以装载集装箱的两用船舶,其特点是大舱口、平舱盖,舱盖上也可以装载集装箱,并备有换装的专门设备。目前世界上的多用途船可归入此种。

②半集装箱船。

半集装箱船是将部分船舱(一般在中部)作为集装箱专用舱,而其余船舱为普通杂货舱,船上一般不设装卸集装箱的起重设备。由于集装箱和杂货混装在一个船内,通常需要在不同码头上装卸,既增加港口使用费,又降低营运效率,故除特殊航线外很少被采用。

③全集装箱船。

这是一种专门用于装载集装箱的船舶，又称为集装箱专用船。舱内设有永久性的箱格结构，以便于集装箱装卸作业及定位。目前大多数全集装箱船不设装卸设备。

(2)滚装式集装箱船。

滚装式集装箱船是利用船侧、船首或船尾的外口，通过跳板将集装箱与牵引车一起，沿水平方向进行滚动装卸的船舶。远洋航线上使用的滚装船可分为多层甲板滚装船、尾角跳板滚装船和滚装—吊装两用船三种。

①多层甲板滚装船。

它是一种包括上甲板在内的多层甲板船，集装箱拖拉挂车通过跳板和斜坡道进出，各层甲板均设有集装箱系紧装置。

②尾角跳板滚装船。

它是一种设有尾角跳板的船舶，集装箱拖挂车进出时，斜跳板可使跳板与码头平面夹角不致过大，同时又不扩大码头作业面积。

(3)滚装—吊装两用船。

这是一种舱内利用跳板进行滚动装卸，而甲板上用岸边集装箱起重机进行垂直装卸的一种特殊船型。出于两种方式同时进行，可加速集装箱的装卸。为配合这种船型的装卸作业，国外还设有滚装—吊装两用船的专用码头。

(4)浮装式集装箱船。

这是一种把驳船作为"浮动集装箱"，利用推船顶推驳船在水面上浮进浮出母船，或利用母船上的起重设备把驳船由水面上吊起，然后放入母船舱内的一种船舶，统称为载驳货船。许多载驳货船的甲板上载有集装箱。

典型的载驳货船有下列四种：

①普通载驳货船，又称拉西型载驳货船，舱内设有许多驳格，利用船上的驳船起重机进行装卸，每一驳格可堆装4层，甲板上堆装2层。

②海峰式载驳贷船，又称西比型载驳货船，其特点是在多层(一般为3层)全通甲板上，不设舱口，利用尾部升降平台和小车水平滚动装卸驳船。

③双体载驳货舱，又称巴卡特型载驳货船，系首部封闭而尾部分开的双体结构，依靠升降平台和甲板上的滚轮装卸驳船。

④浮坞式载驳货舱，又称巴可型载驳货船，系采用母船沉入一定水深，用浮船坞方式将驳船浮进浮出，并可多层装载驳船。

(5)内河集装箱船。

内河集装箱船包括自航驳、自航驳顶推船组和分节驳顶推船队三类。一般常将用于装载集装箱的自航驳称为内河集装箱船。

①自航驳，是指具有简单上层建筑的大开口机动驳船，一般为尾机型，多为吊装式。内河双体船可归属于此类。

②自航驳顶推船组，是由一艘自航驳通过连接装置顶推一艘或两艘驳船船组。驳船可为大开口槽型驳或甲板驳。

③分节驳顶推船队，是由多艘驳船整齐排列，通过连接装置构成整体，采用推船进行顶推

的一种运输方式。

上述三类船与普通内河船的区别主要是设有集装箱定位和系紧装置，载面尺寸受标准集装箱尺寸制约。

(6)江海直达集装箱船。

江海直达集装箱船，按航区的不同，可以分为两类。

①江船出海型，它是在自航驳基础上发展起来的一种新船型，一般用于河段运距较长或河段远距大于海段运距的航线。它也可以用顶推船组形式。

②海船进江型，它是在小型海船基础上发展起来的一种新船型，一般用于海段运距较长或海段运距大于江段运距的航线，通常采用小型集装箱船或多用途船。

滚装船可以在江海直达航线上应用。

3．集装箱船的特点

与普通杂货船相比，集装箱船在外形、结构、性能和动力等方面，都有其特点。

(1)集装箱船的外形特点。

绝大多数集装箱船本身没有起重设备，所以船上没有林立的吊杆和绳索，甲板上只有堆放整齐的一排排集装箱。

(2)集装箱船的结构特点。

①货舱为格栅结构。为了在货舱内堆放集装箱，货舱设计为格栅结构，即货舱隔成固定的格槽，装有垂直的导轨，集装箱沿导轨放下，因四角受格槽的制约，所以能稳固地堆放、防止集装箱倒塌。

②具有宽大的舱门。为了便于集装箱的装卸和充分利用货舱的容积，要求集装箱船的舱口尽可能地宽而长。与普遍杂货船比较，集装箱船的舱口宽度和长度均大得多。其舱口比值见表 3-3。

集装箱船舱口的比值　　表 3-3

船　种	b/B(舱口宽/船宽)	l/L(舱口长/船长)	a/A(舱口面积/甲板面积)
普通杂货船	0.35～0.40	0.43～0.50	0.20～0.25
集装箱船	0.70～0.80	0.75～0.80	0.50～0.65

③具有方整的货舱。为了适应集装箱的装载，要求集装箱船的货舱，特别是靠近船侧和船底的艉部，应尽可能地方整。为此，集装箱船的船舷、横舱壁和船底设计成双层(或部分双层)结构。

④装有超高速、功率大的主机。集装箱船的航速高、功率大，因此对主机的要求也高。

(3)集装箱船的船体性能特点。

①船体比较“肥胖”。为了尽可能地多装载集装箱，要求货舱宽大而方整，这样船体就势必要设计得“肥胖”一些，而“肥胖”型船的阻力与高速化的矛盾就显得很突出了。

②稳定性要求高。集装箱船的装载状态，直接影响到全船的重心，因此一定要合理配载，严格控制全船的重心位置，以确保船舶的稳定性。另外，由于集装箱经常堆放在舱盖上和甲板上，多者可达六层，致使船舶的受风面积大为增加，对船舶的稳定性造成不利影响，因此其抗风能力要求比一般船舶要高。

③要有良好的防摇性能。货舱内的集装箱有导轨等构件防止其倒塌，但舱盖板上和甲板

上的集装箱虽有钢索、支柱、框架等紧固装置加固，也会由于过大的摇摆对集装箱的货物和紧固装置受力不利，因此要求集装箱船具有良好的防摇性能。

二、公路集装箱车辆（集卡）

1. 类型

(1)按驾驶室的形式分：有平头式和长头式。

平头式牵引车的优点是驾驶室短，视线好；轴距和车身短，转弯半径小。缺点是由于发动机直接布置在驾驶员座位下面，驾驶员受到机器振动影响，舒适感较差，如图 3-2a)所示。长头式(又叫凸头式)牵引车(如图 3-2b)所示)。这种牵引车的发动机和前轮布置在驾驶室的前面，其优点是：驾驶员舒适感较好；撞车时，驾驶员较为安全；开启发动机罩修理发动机较方便。主要缺点是：驾驶室较长，因而整个车身长，回转半径较大，如图 3-2b)所示。由于各国对公路、桥梁和涵洞的尺寸有严格的规定，车身短的平头式牵引车应用日益增加。

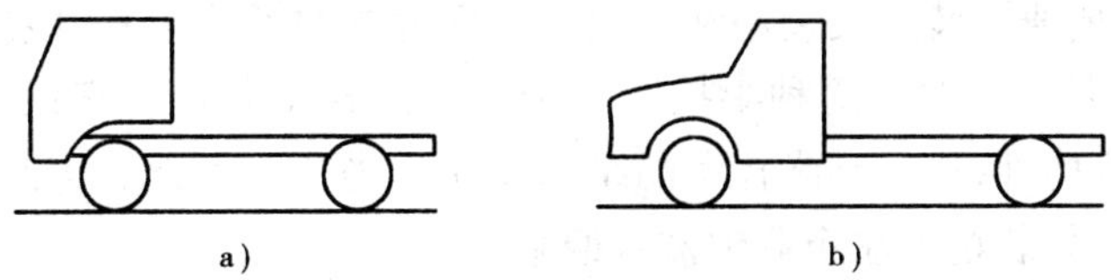

图 3-2　集装箱牵引车

a)平头式牵引车；b)长头式牵引车

(2)按拖带挂车的方式分：有半拖挂式、全拖挂式和双拖挂式。

半拖挂方式是用牵引车来拖带装载了集装箱的转车，如图 3-3a)所示。由图可见，集装箱的重量由牵引车和挂车的车轴共同分担，故轴压力小；另外由于后车轴承受了部分集装箱的重量，故能得到较大的驱动力；这种拖挂车的全长较短，便于倒车和转向，安全可靠；挂车前端的底部装有支腿，便于甩挂运输。

全拖挂式是通过牵引力杆架与挂车连接，牵引车本身可作为普通载重货车使用，挂车亦可用支腿单独支承，如图 3-3b)所示。全挂车是仅次于半拖挂车的一种常用的拖带方式，操作比半拖挂车困难。

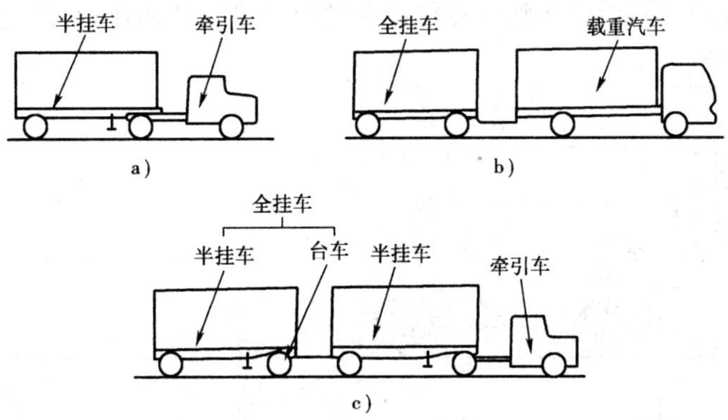

图 3-3　集装箱牵引车拖带挂车的方式

a)半拖车方式；b)全拖车方式；c)双联拖挂方式

双拖挂方式是半拖挂方式后面再加上一个全挂车,实际上它是牵引车拖带两节底盘车,如图 3-3c)所示。这种拖挂方式在高速行进时,后面一节挂车会摆动前进,后退时操纵性能不好,故目前应用不广。

集装箱牵引车按其车轴的数量分,有 3 轴至 5 抽的,有单轴驱动至 3 轴驱动的不等;按用途分有箱货两用的、专用的、能自装自卸的;按挂车结构分,有骨架式、直梁平板式、阶梯梁鹅颈式、凹梁底床式、带浮动轮的摆臂悬架式、车架可伸缩式。

2. 结构特点

现重点介绍一下集装箱半挂车和集装箱自装自卸车的结构特点。

(1)平板式集装箱半挂车。这种半挂车除有两条承重的主梁外,还有若干横向的支撑梁,并在这些支梁上全部铺上花纹钢板或木板。同时在应装设集装箱固定装置的位置,按集装箱的尺寸和角件规格要求,全部安装旋锁件。因而它既能装运国际标准集装箱,又能装运一般货物。在装运一般货物时,整个平台承受载荷。平板式集装箱半挂车由于自身质量较大,承载面较高,所以只有在需要兼顾装运集装箱和一般长大件货物的场合才采用它。

(2)骨架式集装箱半挂车。这种半挂车专门用于运输集装箱。它仅由底盘骨架构成,而且集装箱也作为强度构件,加入到半挂车的结构中予以考虑。因此,其自身质量较轻,结构简单,维修方便,在专业集装箱运输企业中被普遍采用。

(3)鹅颈式集装箱半挂车。这是一种专门运载 40ft 集装箱的骨架式半挂车。其车架前端拱起的部分称做鹅颈。当半挂车装载 40ft 集装箱后,车架的鹅颈部分可插入集装箱底部的鹅颈槽内,从而降低了车辆的装载高度,在吊装时还可起到导向作用。鹅颈式半挂车的集装箱固定转锁装置与骨架式半挂车稍有不同。

(4)集装箱自装自卸车。这种车辆按其装卸形式的不同可分为两类:一类是后面吊装型,如图 3-4 所示。它是从车辆的后面通过特制的滚道框架和由液压电动机驱动的循环链条将集装箱拽拉到车辆上完成吊装作业的,卸下时则相反。另一类是侧面吊装型,如图 3-5 所示。它是从车辆的侧面通过可在车上作横向移动的变幅式吊具将集装箱吊上吊下的。由于集装箱自装自卸车具有运输、装卸两种功能,在开展由港口和车站至货主间的"门到门"运输时,无须其他装卸机械的帮助,而且使用方便,装卸平稳可靠,又能与各种牵引车配套使用。除了装卸和运输集装箱外,它还可以将大件货物放在货盘上进行运输和装卸作业,因此深受各国的重视,应用范围也日趋广泛。

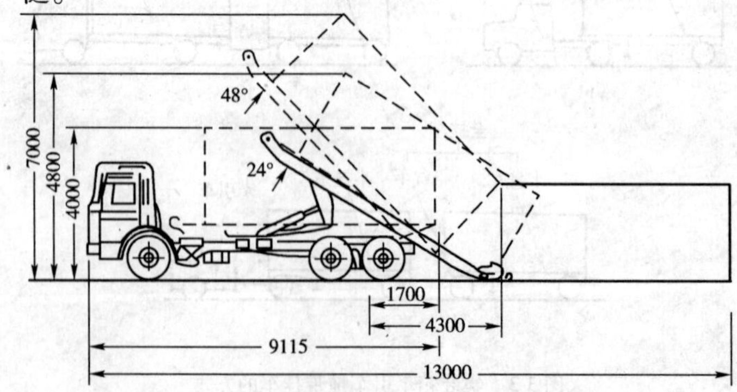

图 3-4　后面吊装型集装箱自装自卸车组

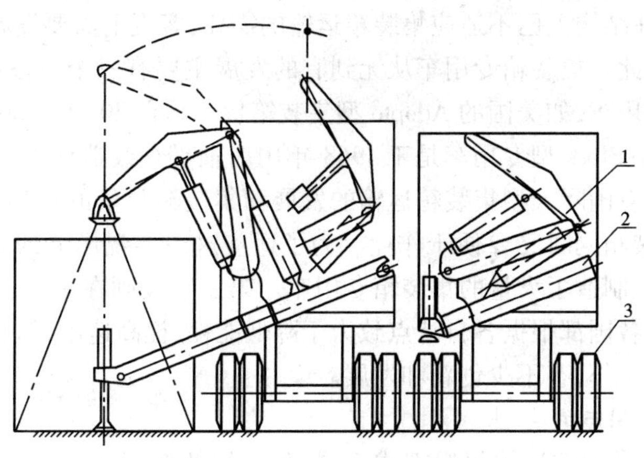

图3-5 侧面吊装型集装箱自装自卸车组
1-吊具;2-支腿;3-半挂车

3. 集装箱车辆运用的技术条件

(1)集装箱的规格尺寸和额定总重量对车辆的要求。

按照ISO/TC104委员会的标准规定,集装箱的宽度均为8ft;高度有8ft、8.6ft、<8ft、9.6ft 4种,以8.6ft为主;长度有40ft、30ft、20ft和10ft 4种,主要是40ft和20ft 2种。因此,配备车辆要以40ft和20ft车为主,半挂车的结构以直梁骨架式和平板式为主,运输9.6ft高的集装箱时,则需采用鹅颈式半挂车,以保证不超过城市道路的运输装载限界。40ft集装箱的额定总重量为30.48t,20ft箱为24t。由于集装箱每次装载各类商品的单位容重不同,包装尺寸也不同,故货物装箱后集装箱的实际总重量是不相等的。如果集装箱车辆的吨位结构只按照集装箱的额定总重量来配置,必将由于重箱的实载率过低而出现亏吨现象。为了合理确定配置集装箱运输车辆的吨位结构,首先要对20ft和40ft集装箱的实际总重量进行统计分析,并将其划分成若干吨级档次,从中找出各档次之间的比例关系,以此作为配置车辆的依据。所谓合理配置车辆,是指在某段时期内的相对合理,因为集装箱实际总重量的吨级比例,是随进出口商品结构的变化而变化的。因此,要根据这种变化,对所配置车辆的吨位结构比例做必要的调整。

(2)集装箱运量和运距对车辆的要求。

集装箱运量和运距是确定所需运输车辆的数量和结构形式的重要依据。当集装箱运量不大时,为提高车辆的利用率,宜采用平板式箱货两用型车辆。当集装箱运量较大、箱源比较集中时,宜采用骨架式集装箱专用车辆。

合理运距与公路技术等级、企业经营管理水平和箱内货物的价值有关。我国接运港口国际集装箱的公路合理运距为:二级和三级公路,200~300km;一级和高速公路,300~500km。车辆的持续行驶里程一般都在400~600km。

三、铁路集装箱专用车

1. 铁路集装箱专用车的发展过程

集装箱专用车是为运送国内和国际标准集装箱而专门设计和制造的。早期的铁路集装箱运输由于集装箱数量少,用普通的铁路货车即可完成集装箱运输任务。随着集装箱运输业的

不断发展,普通货车在结构上已不适应集装箱运输的需要,客观上需要发展集装箱专用车。国外及国内的情况均如此。集装箱专用车从无到有的发展主要有三个阶段:首先是利用普通的平车改造成集装箱专用车,如美国的 Adopto 型集装箱货车是在 20 世纪 50 年代中期利用普通平车改造成的,法国的 Slpss 型专用车是于 1968 年用四轴平车改造成的。第二阶段是大量新造集装箱专用车。随着国际大型集装箱运输的发展和集装箱数量的增加,要求集装箱专用车辆速度高,能固定集装箱同时又要便于作业。为了适应这一客观形势的需要,各国铁路从 20 世纪 60 年代开始相继制造了大量的集装箱专用车。第三阶段则在集装箱专用车的结构上不断改进和创新。目前各国都根据各自特点致力于降低能耗、提高速度、简化结构、加长尺寸、双层运输等方面的研究工作,有不少创新和发展。

2. 铁路集装箱专用车的类型

集装箱专用车的类型按运输组织方式不同,分为编挂在固定车底定期直达列车运送的集装箱专用车辆、随普通快运货物列车零星挂运的集装箱专用车辆。用于编定期直达列车的集装箱专用车结构比较简单,绝大部分车辆采用骨架式,无须经过调车作业,无缓冲装置,底架有旋锁加固装置,用以固定集装箱。这种车辆通常都以固定形式编组,定期往返于两个办理站之间。而随快运列车挂运的集装箱专用车要经过调车作业,所以一般要加装缓冲装置。这种缓冲装置各国有不同特点,这是由于各国国情不同,采用的缓冲方法也不尽相同。

以尺寸规格来看,由于各国装运集装箱的货车在规格尺寸、长度和轴数等方面存在较大差异,如长度有 40ft、60ft、80ft 等几种,轴数有 2 轴车、4 轴车与 6 轴车等几种。同时,各国铁路线条件和使用条件也有所不同。所以,各国集装箱专用车的类型存在一定差异。

欧洲国际铁路联盟就对装运集装箱的货车做了有关规定,并于 1973 年 10 月对用于直达列车的专用车制订了两种标准类型:一种是长度为 60ft 的集装箱专用车,采用 2 个转向架的 4 轴车。另一种是长度为 80ft 的关节式集装箱专用车,这种车设有 3 个转向架,每个转向架有 2 个轴,为 6 轴车。

中国铁路正在积极开展集装箱专用车的研制工作,例如,已经研制的 X_{6B} 集装箱平车载重量为 60t,可装载 1 个 40ft 集装箱,或 2 个 20ft 的集装箱,或 1 个 45ft 集装箱,或 6 个 10ft 集装箱,全长 16 338mm,最大宽度 3 170mm,空车装载面高度为 1 166mm,构造速度 120km/h,自重为 22t。

3. 集装箱专用车辆发展趋势

集装箱专用车辆技术特性的发展有以下几个显著的趋势。

(1)提高速度。

铁路运送能力大,但与公路相比不够机动灵活,在公路激烈竞争的形势下,铁路要发展集装箱运输事业必须提高速度。但铁路要提高速度也受到不少的限制,如通过能力、线路构造、设备条件等,目前绝大多数的集装箱专用车辆的允许时速均达到 120km/h。要想满足飞速发展的集装箱运输需要,还应进一步提高专用车辆的最高速度。

(2)增加载重量。

集装箱平均净载重在增加,而且国际集装箱规格尺寸的标准现在又开始面临一个新的活跃时期。法国首先提议将 20ft 集装箱的总质量从 20t 提高到 24t,历经 10 年于 1986 年被采

纳。现在西欧发达国家在 ISO/TCl04 第 13 次全会上倡议将 20ft 集装箱的总质量提高到 30 480kg，以求进一步扩大集装箱的货源。美国、加拿大正在积极建议推行“高型箱”，同时也提议加宽集装箱的宽度，还提出 45ft、48ft 等超长型集装箱。鉴于这种情况，集装箱专用车必须提高轴负荷，增加载重量以及调整车辆的尺寸，才能满足集装箱增载的要求。

在美国等一些国家，目前正在推行采用负荷更大的双层集装箱专用车辆。这种车辆由南太平洋铁路公司（SP）首先研制，该车采用凹底平车，全长 19.2m，可叠放 2 个 40ft 集装箱。双层集装箱专用车结构简单，重量比普通平板车轻，可以大大节省燃料。专用车重心低，运行中空气阻力小，连接部分采用特殊装置，停车、发车和行驶中振动极小。双层集装箱专用车的运行使列车的运输能力成倍增加。

（3）充分利用铁路限界。

为了充分利用铁路限界，尽量降低车底板的高度，UIC 规定集装箱定期直达列车的专用车的车底板高度为 1 165mm，有缓冲装置的普通集装箱专用车的车底板高为 1 175mm。需要研究制造有尽可能高的装载限界的集装箱专用车，如凹底车、小车轮车等，以充分利用铁路限界的有效空间。

总之，当前铁路集装箱专用车在技术特性方面的总发展趋向为：提高速度，增加载重量和尽最大可能地利用铁路装载限界。

四、航空集装箱

国际航空运输协会（IATA）把航空运输中使用的集装箱采用了“成组器”（ULD）这一术语。实际表示它是成组装载用的一种工具。

成组器又分为航空用成组器和非航空用成组器两种。前者是指可装在飞机的机舱内，与固定装置直接接触，不用辅助器具就能把成组器固定的装载工具。这种航空用成组器又分部件组合式和整体结构式两种。部件组合式中包括托盘、货网和非固定结构圆顶三种，整体结构式中又分主货舱用集装箱、下部货舱用集装箱和固定结构圆顶三种。后者是指未满足航空用成组器条件的成组器，它可用叉式装卸车进行装卸，必须根据国际航空运输协会规定的标准规格制造，是一种标准化的装载工具。航空集装箱的分类见表 3-4。

航空集装箱分类　　表 3-4

<table>
<tr><td rowspan="10">航空集装箱</td><td rowspan="6">航空用成组器</td><td rowspan="3">部件组合式</td><td>航空用托盘</td></tr>
<tr><td>航空用货网</td></tr>
<tr><td>非固定结构圆顶</td></tr>
<tr><td rowspan="3">整体结构式</td><td>主货舱用集装箱</td></tr>
<tr><td>下部货舱用集装箱</td></tr>
<tr><td>固定结构圆顶</td></tr>
<tr><td rowspan="4">非航空用成组器</td><td colspan="2">国际航空运输协会标准尺寸集装箱</td></tr>
<tr><td rowspan="3">国际标准集装箱</td><td>航空运输专用集装箱</td></tr>
<tr><td>陆—空联运用集装箱</td></tr>
<tr><td>海—陆—空联运用集装箱</td></tr>
</table>

(1)托盘,是指具有平滑底面的一块货板,制造时要求它能用货网、编织带把货物在托盘上绑缚起来,并能方便地装在机舱内进行固定。

(2)货网,是用编织带精工编制的网,用于固定托盘上的货物。航空用的货网通常由一张顶网和两张侧网组成。货网与托盘之间利用装在网下的金属环连接,也有顶网与侧网组成一体的,这种货网主要用于非固定结构圆顶上。

(3)固定结构圆顶,是一种与航空用托盘相连接的、不用货网就能使货物不移动的固定形状的罩壳。托盘固定在罩壳上,与罩壳形成一体。

(4)非固定结构圆顶,是一种用玻璃纤维、金属等制造的与航空用托盘和货网相连的罩壳。

(5)主货舱用集装箱,又称上部货舱用集装箱,主货舱相当于客机上客舱的位置。飞机的机身是圆胴形的,其货舱分上部货舱与下部货舱,故航空集装箱的形状并不是与国际标准箱一样是长方形的,而要求与机身相匹配呈不规则形,故这种航空集装箱又称为机腹式集装箱。机腹式集装箱又分上部货舱用与下部货舱用两种,其形状不同。上部货舱用集装箱和下部货舱用集装箱中又分整体形和半体形,半体形中又分左右两种不同形状。主货舱用集装箱是指装在上部货舱内的集装箱。

(6)下部货舱用集装箱,是指装在飞机下部货舱内的集装箱。

(7)国际航空运输协会标准尺寸集装箱,是按国际航空运输协会的规定制造的集装箱。该协会对属于非航空用成组器范畴内的集装箱做了如下的定义:“所谓集装箱是指用铝、波纹纸、硬板纸、玻璃纤维、木材、胶合板和钢材等组合而制成的,可以铅封和密闭的箱子。侧壁可以固定,也可以拆卸。制成的集装箱必须能承受压缩负荷。”

(8)国际标准集装箱,是指与国际标准化组织(ISO)标准同型的集装箱,其长度分10ft、20ft、30ft、40ft 4 种。根据其结构不同,又分成以下 3 种。

①航空运输专用集装箱,其特点是集装箱上不设角件,故不能堆装。

②陆—空联运用集装箱,它适用于空运和陆运系统的装卸工具进行装卸和搬运,有的上部无角件而下部有角件,故不能堆装;有的上下部都有角件,既可吊装、也有堆装;还有的除上下部有角件外,还有叉槽,可以叉举。

③海陆空联运集装箱,其特点是上下部都有角件,可以堆装,但航空集装箱在货舱内只能堆码两层,为了减轻其重量故降低了强度的要求。因此这种航空集装箱的堆码层数受到了严格的限制。但在海陆空联运时,这种集装箱必定会流到海运来,而其强度又与海运集装箱差别很大,在装卸时必须要与海运集装箱区别开来,绝对避免装在舱底。为此,国际标准化组织对此种集装箱给予一个特别的标志,标志的位置规定在集装箱的侧壁和端壁的左上方。

第三节 集装箱运输设施

集装箱运输设施主要有集装箱码头、公路集装箱中转站和铁路集装箱办理站。本节简单地介绍它们的功能和作用。关于公路集装箱中转站和铁路集装箱办理站的具体内容将在后面的第五章中详细介绍。

一、集装箱码头

1. 集装箱码头的类型

(1)按码头所处的地理位置分,有海港集装箱码头和河港集装箱码头两类。

①海港集装箱码头。该类集装箱码头位于沿海和河口港口,码头水位随潮汐而变化。码头主要以装卸远洋和沿海集装箱船为主。

②河港集装箱码头。该类集装箱码头位于内河或湖泊沿岸港口,码头水位随河流或湖泊水位季节性变化,一般水位变化较大。码头主要以装卸内河集装箱船为主。

(2)按码头装卸集装箱专业化程度分,有集装箱专用码头和集装箱多用途码头两类。

①集装箱专用码头。该类码头只进行装卸集装箱作业,它是为满足集装箱专用船大量发展,针对港口高速装卸的要求而专门修建的,码头均配备有相应的高效装卸机械和搬运机具。目前,世界很多港口均在发展这类集装箱专用码头,特别是近十几年,得到了迅速的发展。

②集装箱多用途码头。集装箱多用途码头,是指码头除装卸集装箱外,还兼装卸其他货物,如:木材、钢铁和重件货物等。它是伴随着集装箱运输发展的新形势而产生的,是集装箱装卸量不大时的一种过渡性的码头。

2. 集装箱码头的特点和作用

集装箱码头是在国际海上集装箱运输不断发展的基础上逐步形成和发展起来的,一种适应集装箱运输需要的专业化码头。它是海上运输货物的集散地点,是海上运输同其他运输方式联运的枢纽,是一座由各种技术设备和设施通过相应手段组织起来的综合体。

集装箱码头除了具有上述一般码头所具有的特点以外,它还具有其自身的特点和作用。

货物的海上运输过程,分为两个阶段,即动态阶段——船舶运输阶段;静态阶段——货物在码头的装、卸和保管存放的阶段。表3-5反映出传统件杂货运输方式,按动态和静态划分,所需天数及劳力的比例情况。

传统件杂货物运输所需天数及劳力在不同阶段的比例　　表3-5

阶　段	所需天数的比例	所需劳力的比例
动态阶段	65%	20%
静态阶段	35%	80%

表3-5显示,货物海上运输的整个过程中有35%的时间处于“静态阶段”,在这一阶段中,要投入所需全部劳力的80%。集装箱运输的产生,其着眼点就在于此:通过实现货运单位的成组化、标准化和建造专门服务于集装箱运输的码头及其相应设备和设施,使“静态阶段”所占的天数和劳力的比例降下来,以达到提高运输效率、降低运输费用的目的。

集装箱码头的任务就是要将各种机械设备,按一定方式有机地组织起来,让它们有条不紊地运行,为实现上述目的提供必要的条件。

集装箱码头要完成上述任务,以下条件是必须具备的:

(1)必须具有足够数量和相当质量的专用设备和机械,以保证船舶装卸、货物交接和保管的顺利进行;

(2)要建立相应的组织机构,并能有效地组织和运用各种设备和机械,以使它们的能力得

以充分发挥;

(3)要建立发达的内陆运输(包括公路、铁路和内河,甚至航空),以保证能及时地集散集装箱及其货物;

(4)集装箱码头的管理人员、驾驶员和工作人员,都应具有与自己工种相应的文化水平和熟练技能,以确保集装箱码头能高效率地营运;

(5)为了保证集装箱码头装卸作业的均衡进行,集装箱码头必须具有足够的堆场(包括前方堆场和后方堆场),以便于集装箱的临时堆存;

(6)随着集装箱运输规模的日益扩大,以及新工业革命的到来,集装箱码头采用电子计算机等先进的技术手段来参与码头的管理和日常事务已成为必然趋势。

3. 集装箱码头的建造

(1)集装箱码头的选址条件。

集装箱运输是一种先进的件杂货运输方式,是一种高效率的运输生产活动。因此,在选择集装箱码头地址以及在给航线配船时,就不能像以前以进出口货运量的多少来决定,而应该把港口与商品生产地、消费地的地理位置及相应的内陆运输形式综合起来研究,这样才能实现整个运输过程的高效率运转。

在选择集装箱码头的地址时,一般要仔细考虑以下几方面的条件。

①经济条件。集装箱码头的地点,应该能被船公司、港口当局和货主都接受,并从中享受到相应的经济利益。这就要求集装箱码头尽量靠近货物的产地和销地。一般地讲,集装箱码头的地点应选择在经济条件较好,具有一定腹地,能使远洋运输、支线运输及内陆运输全部费用达到最低的地点。

由于集装箱运输是高效率的生产活动,这就要求在决定码头位置前,要进行周密的货流调查,以确保有稳定而又量大的货源,这种货源不仅为近期所能实现,而且在将来也能保持相应的稳定。

为了尽可能地降低整个运输过程的费用,运输过程的总距离应当越小越好,但这一点常常不如人愿。当一种运输方式的运距短时,另一种运输方式的运距就长。因此,集装箱码头最适宜的地点应是在远洋运输和内陆运输各自希望地点的中间。

②地理条件。集装箱码头需要保管储存集装箱及各种集装箱货物,在将来航线、船只增加时,还要相应地扩建和新建。因此,在选择或建设集装箱码头时,除要考虑近期营运的场地面积外,还要留有扩建的余地。正因为考虑到这一点,现行集装箱码头的形式,多为顺岸式,而较少采用突堤式。

在考虑集装箱码头面积时,除了考虑堆存集装箱所需要的场地面积以外,还应注意到装卸、搬运机械的移动和回转所需要的面积。当然,集装箱码头的地基也不能与普通杂货码头的地基一样,它应能承受集装箱的堆存和机械作业时的压力。

③与腹地的关系。集装箱运输是实现"门到门"运输的良好的海陆联运手段。因此,在选择集装箱码头时,必须充分考虑到码头与后方腹地之间的陆路交通问题,建立发达的内陆疏运网络,使集装箱运输的联运效能能获得充分的发挥。否则,集装箱运输就会陷于瘫痪。

④港口条件。这里的港口条件,主要是指集装箱船出入港口的条件。集装箱专用船是一

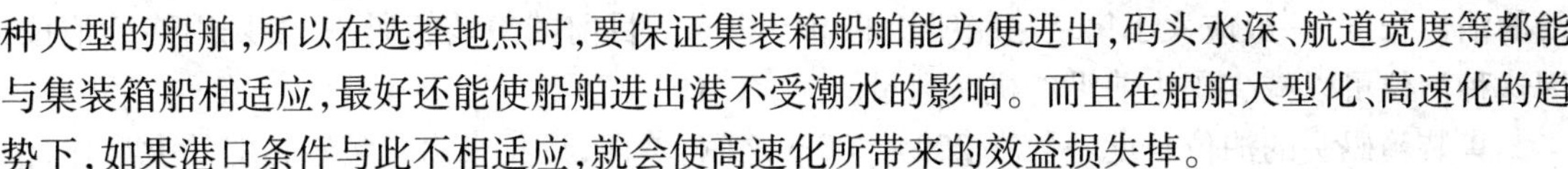

种大型的船舶，所以在选择地点时，要保证集装箱船舶能方便进出，码头水深、航道宽度等都能与集装箱船相适应，最好还能使船舶进出港不受潮水的影响。而且在船舶大型化、高速化的趋势下，如果港口条件与此不相适应，就会使高速化所带来的效益损失掉。

⑤气候条件。无论是何种码头，在码头的设计、建造过程中，气候条件是一个极为重要的因素，对集装箱码头来说也是如此。集装箱码头储存、保管的集装箱货物，包括集装箱本身都是昂贵的。因此，在储存、保管过程中，使其避免受损就显得尤为重要。集装箱码头最好位于背风隐蔽的区域，同时应尽量避免码头岸线受强风暴之袭击，对潮水的侵入也应有一定的防护措施。

⑥职工条件。集装箱码头的作业需要实现高度机械化和自动化。因此，对职工素质的要求应高于数量的要求，在集装箱码头建造时，这一点切不可忽视。

(2)集装箱码头的设施。集装箱码头是集装箱水陆联运的集散地，是各种运输方式之间的换装点。为实现集装箱码头的各项功能，集装箱码头应具备下列各项主要设施。

①码头岸线和前沿。码头岸线是供来港装卸的集装箱船舶停靠使用，其长度应满足船舶装卸和停泊安全的要求，岸边水深应满足船舶吃水要求。前沿是指沿码头岸线，从岸壁到货场前的面积，集装箱码头前沿铺有安装集装箱起重机的轨道，码头前沿要有足够的纵深，以满足所采用的装卸和搬运机械在码头前沿作业时对场地面积的要求。

②货场。货场是供装卸船舶堆放集装箱的场所，同时也是临时保管和向货主交接集装箱的地方。在货场上对集装箱进行分区分类堆放，并按照集装箱的规格尺寸，在场地上画出"箱位"线，标明号码。箱与箱之间的间距及通道的尺寸，应根据货场上采用的机械类型而定。集装箱货场上一般都应设有冷藏集装箱用的电源插座。

③货运站。货运站是拼箱货物进行拆箱和装箱的地方。在进口时，把混装的货物从箱中取出，按每个收货单位分开；出口时，把不满一个集装箱的小批零担货物，拼装成为整箱。因此，在货运站需要进行一般件杂货的装箱、拆箱和保管工作，货运站应配备拆装箱和堆码用的小型装卸机械。货运站的规模应根据拆装箱的比例来确定。

④维修车间。维修车间是对集装箱和码头上的各种装卸机械设备进行保养修理的地方。维修车间应配备维修集装箱和装卸机械所需要的设备。

⑤控制塔。控制塔是用于监视船舶装卸作业以及货场上是否按照码头控制室发出的计划和指示在进行作业。控制塔的位置，应选择在能看到货场内所有集装箱箱位的地方，以便向装卸机械驾驶员和其他装卸人员传达指令。

⑥门房。门房是集装箱码头的出入口。通过门房交接集装箱、集装箱货物和集装箱货物的各种单据，门口应设有集装箱挂车的计量地磅。

集装箱码头除具有上述主要设施外，在码头前沿、堆场和货运站等地方还应配有各种类型的机械设备，从而形成完善、高效的装卸工艺系统，满足集装箱在码头的装卸、搬运和拆箱要求。

(3)集装箱码头的主尺度。集装箱码头的主尺度，仅指泊位长度、水深、纵深和相应的码头面积。

泊位长度以该泊位所停靠的集装箱船的长度而定，一般分单个泊位和连续泊位两种长度。对单个泊位来说，其长度只需要等于集装箱船货舱部位的长度就行了，而对于几个泊位连成一线的泊位长度，一般应大于集装箱船船长的 10 ~ 20m。目前的集装箱码头，多采用连续泊位，因这种泊位可以减少码头前沿的机械数量。

集装箱码头的泊位长度一般在 200 ~ 300m 之间，然而，近年来由于集装箱船的大型化，泊位长度已扩大到 300m，且有向 350m 发展的趋势。

码头泊位的水深是由船舶吃水、船舶的倾斜度和泊位前的底质来决定的。以前，泊位水深大多是按第二代集装箱船的吃水来设计的，一般在 11 ~ 12m，而第三代集装箱船的出现使泊位水深超过了 12m，有的甚至达 15m。

在泊位长度确定以后，集装箱码头的纵深就应考虑：集装箱船的到港密度、集装箱船的载箱能力及采用的装卸工艺形式。

通常的纵深度为 200 ~ 300m，但随着集装箱船的发展，载箱数量的增加，纵深度逐渐增加到了 300m、400m，甚至 450m，并有继续向 500m 挺进的趋势。

根据经验，在通常情况下，4 000m^2 的堆场面积，约可存放 70 ~ 80 个标准集装箱，这已考虑了通道及机械回转的面积，如堆高达两层，则存放的集装箱数就能增加到 140 ~ 160 个标准箱，如果一个泊位是靠泊载箱量为 1 000TEU 的集装箱船的话，那么它的面积（包括货运站、管理所等其他设施）一般要达到 7 000 ~ 7 500m^2 左右。也就是说，泊位长 250m，纵深为 300m 左右。以后，泊位面积日益扩大，达到 105 000m^2，即 300m × 350m。人们在实践中认识到，面积越大，操作越方便，效率也就越高。因此，现在的泊位面积有向 150 000m^2（300m × 500m）发展的趋势。

由于集装箱码头需要巨大的场地面积和大量的机械设备以及坚固的码头结构，因此，建造一个集装箱码头泊位的投资是非常巨大的。

（4）集装箱码头的装卸规模。

集装箱码头装卸能力的大小不仅对设计建造有极重要的影响，而且还将影响到以后集装箱码头营运的经济性。如果对装卸能力估计过高，就容易造成大量投资，在受到货运量的约束时，这种能力就无从发挥，反而使每一个集装箱所分摊的费用变得很大。为了使集装箱码头能获得良好的营运经济性，就应该清楚地了解货运量的情况，进而正确地估计所需要的装卸规模。据经验认为，每个泊位最经济的装卸量在 200 万 t 左右，但这仅仅是理论计算值，而实际情况远没有达到这个数值，一般约在 70 ~ 80 万 t 之间。因此，如何估计集装箱码头的装卸规模，就显得极为重要。

二、公路集装箱中转站

公路集装箱中转站是具有集装箱中转运输与“门到门”运输和集装箱货物的拆箱、装箱、仓储和接取、送达、装卸、堆存的场所。

公路集装箱中转站是货物的集散点，是实现货物“门到门”运输和直接为货主和车主提供多种服务的场所。在运输市场中，它起着集散集装箱及其货物、停放车辆、运行指挥和综合服务等作用，是集装箱运输过程中至关重要的环节。

1. 公路中转站的作用及其主要功能

在国际集装箱多式联运链中，公路中转站作为港口码头、铁路货站下向腹地延伸的后方基地和运输枢纽，对促进外贸运输的发展和缓解码头前沿、车站货场的压力等方面，都起着重要

作用,也是内陆腹地运输中的一个重要作业点。

目前,我国建设中的公路中转站的主要功能包括以下几个方面。

(1)承担港口、车站、货主间的集装箱中转运输与“门到门”运输,实现集装箱在内地的CY交接方式,并为组织腹地内的干支线、长短途运输或水陆联运的衔接配合创造有利条件。

(2)办理集装箱拼箱货的拆装箱作业及货物的仓储和向货主接取送达,起到集装箱在内地的CFS作业功能。

(3)进行空、重集装箱的装卸、堆存和集装箱的检查、清洗、消毒、维修等作业,并可作为船公司箱管部门或外轮代理部门在腹地指定的还箱点,进行箱子的调度作业。

(4)对中转站的车辆、装卸机械进行检查、清洗、维修和停放。

(5)为货主代办报关、报检、理货及货运代理等业务。

(6)设立通信信息中心,通过计算机及现代化通信设施,使全国集装箱中转站形成网络,获取和运用有关信息,进行集装箱及其货物跟踪、仓库管理、运费结算、货运业务处理和运输信息交换等。

(7)集装箱中转站除开展正常的货运生产外,还应该提供与运输生产有关的服务。

2. 公路中转站站址的选择

集装箱运输的大生产方式,采用的车辆和装卸机械的大型化和专用化,决定了集装箱中转站必然是资金和技术密集型的企业。因此,在规划和建设中转站的过程中,对站址的选择十分重要。应该在可行性研究的基础上,按照国家规定的基建程序,在统筹规划、分期建设的计划指导下,合理地选择和决策,并可充分利用已有的运输企业进行技术改造。正确选择站址,应体现出技术上可行、经济上合理、建设速度快及节省投资,中转站建成投产后,可达到社会效益好、企业效益高的目的。公路中转站站址选择的原则有以下几个方面。

(1)站址应设在与港口码头或铁路车站联系紧密的位置。

(2)站址要靠近生产地或消费地,如出口商品加工区、物资仓库区等。

(3)站址应选在货流量大的交通枢纽或公路、铁路干线地区,便于开展公铁水联运和公路直达运输。

(4)要避免增加运输环节和货物倒流,要尽可能缩短车辆空驶里程,车辆进出站要比较方便。

(5)站址选定地区的地质要可行,站区地基土的容许承载力要大下$5t/m^2$,地下水的最高水位要在土的冻结深度以下,要避开断层、塌方、滑坡地带,要使开挖的土石方量最少。

(6)选择站址要能尽量利用城市供水、排水管道和供电线路,从而减少站外管线工程量,但站区内及站外10m以内不能接近高压输电线路。

3. 公路中转站生产工艺典型平面布置

公路中转站的总平面布置,按一般设计程序是根据生产工艺流程和企业管理模式等情况,将全站划分成若干个区域,以便于管理,方便生产生活,然后在各区内根据生产工艺流程来布置建筑物和构筑物等设施。一般中转站总平面布置大体可划分为以下4个区域:

(1)堆存、拆装箱作业区,包括空重箱堆场、拆装箱库、拆装箱作业场等;

(2)修理、清洗作业区,包括车辆机械保修车间、修箱间、洗箱间、工具库、配件库等;

(3)辅助生产及管理区,包括办公业务调度楼、食堂、锅炉房、水泵房、变电室、加油站、洗车台、检车台、验箱间等；

(4)生活区，包括单身宿舍、家属宿舍、托儿所等生活福利设施。

根据中转站的任务和业务范围，各作业区可分别组成若干个车间(队)，如运输车队、装卸车间，集装箱拆装车间、集装箱修理车间、车辆机械保修车间等。在规划建设公路中转站时，属于新建站，要考虑今后发展的需要，避免因布局欠合理，造成二期工程时不必要的拆迁；属于改扩建站时，应尽量保留利用原有建筑物，结合用途分片布置，以尽量形成不同功能的区域，避免生产上互相干扰。工程设计时总平面布置的内容主要包括以下几个方面：

(1)按照工艺总流程和安全消防等要求，合理划分作业区域，布置建筑物和构筑物的位置及确定其相互间的距离。

(2)按照站内外运输道路及站内车辆的流向，合理确定各区域的进出口和通道以及中转站大门的位置，尽量避免站内外车辆交叉流动，站内一般采用单向环形道，路面宽4m，如采用双行道，则路面宽取7～8m，为便于汽车列车在站内安全运行，主要通道的转弯直径宜采用36m。

(3)站区的竖向布置，涉及各作业区、建筑物、构筑物室内外标高的确定，以保证场地的平整度和考虑防洪、排水等问题。

(4)综合考虑站区内水暖电各种管线的位置、高度及其间距，地下管线埋设的间距、深度及交叉点标高等。

(5)考虑站区的绿化和环境保护等要求。

三、铁路集装箱中转站(又称铁路集装箱办理站)

集装箱办理站是由车场和货场组成，配备必要的仓储、装卸、搬运、检修、维护设备和手段，是专业办理20ft、40ft集装箱为主体，近期兼容1t、10t集装箱，部分也可办理其他特种集装箱的承运、发送、装卸、中转、保管、到达、交付铁路货物运输作业的集装箱货运站。

1. 铁路办理站的设置原则

我国铁路集装箱运输实行铁道部、铁路局、铁路分局三级管理，办理站是完成集装箱运输的基层生产单位。集装箱办理站的开办与停办，由铁路局根据车站的发到货源、场地、机械和作业人员等条件进行审查，报铁道部批准和公布。我国铁路集装箱办理站目前共有352个，其中可办理1t集装箱的有275个，可办理5t集装箱的有253个，可办理10t集装箱的有219个，可办理20ft集装箱的有139个，可办理40ft集装箱的有59个。另外还有44条铁路专用线可办理20ft和40ft的集装箱。

铁路集装箱办理站设置的原则有如下几点。

(1)集装箱办理站必须有足够的集装箱运量，有稳定的货源。办理站设置前要进行货源调查与预测，要近期与远期结合。

(2)集装箱办理站一般设在铁路枢纽内进出站方便的车站，以便于集装箱运进和运出。

(3)集装箱办理站具有足够的场地供集装箱办理装卸和中转，有存放空、重箱的场地，办理站内要便于车辆的取送交接。

(4)集装箱办理站应具备进行集装箱的装卸和中转换装能力，应可靠、高效。

(5)集装箱办理站必须有健全的机构，配备具有一定水平的组织管理人员。

2. 集装箱办理站的作用

集装箱办理站的作用就是组织集装箱运输,办理集装箱的装、卸、到、发、集并与存储等。具体的职能和作用包括以下方面。

(1)集装箱办理站应调查货物的流量流向,把适箱货纳入集装箱运输,按合理集结、多装直达、均衡运输、减少回空的原则组织运输。

(2)集装箱办理站对到、发和进、出站的集装箱及中转、修理的集装箱,必须有准确的记载,保证统计正确,防止集装箱丢失。

(3)集装箱办理站对进站集装箱发现破损,应向送箱人索赔。办理站每日要与站外存箱单位核对存留箱日况表,及时催还没有按时回送的集装箱。要定期清理集装箱,应及时上报铁路分局和铁路局。

(4)集装箱办理站在集装箱装车和卸车时,应核对箱号,检查箱体和施封情况。中转站发现中转集装箱施封丢失、封印内容不符、施封失效时,应在当时清点箱内货物、补封并编制货运记录。中转集装箱破损,如不危及货物安全可继续运送,如不能继续运送,应清点和检查箱内货物进行换装、补封并编制货运记录。办理站装车时应填集装箱专用车或火车装载清单,记请箱号和对应的施封号。卸车如发现集装箱施封锁丢失、封印内容不符、施封失效时,应在当时清点箱内货物并编制货运记录。

(5)办理站应具有修箱、洗箱的能力。

3. 铁路集装箱办理站设施与设备

(1)铁路集装箱办理站的场地设施包括:装卸线、作业区场地、辅助生产及管理区设施等。

(2)铁路集装箱办理站的主要装卸设备是龙门起重机,以轨道式居多,辅以轮胎式龙门起重机、跨运车、叉车、集装箱正面吊运机等。我国铁路利用货运站直接开办成集装箱办理站的,大部分是利用通用型龙门起重机配以吊具来起吊集装箱。当改建、扩建和新建集装箱办理站时,选择轨道式集装箱龙门起重机作为主型机械。也有的集装箱办理站,由于场地、设备来源及原有设备情况等综合原因,采用集装箱龙门起重机与流动机械(叉车、正面吊运机、轮胎式起重机等)相结合的方案。叉车在办理站是常选用的辅助机械,有时倒箱搬运,特别是搬倒空箱更为方便,小型叉车作为拆装箱的装卸机械,对于办理站来说是必不可少的。国内叉车从性能、品种上已形成系列并具有批量生产能力,可供不同等级的办理站选用。为了加速实现集装箱管理现代化,应逐渐在办理站配备电子计算机和电视监控系统。

第四节 集装箱运输相关机构

一、内陆货运站

内陆货运站在集装箱运输进程中作用重大。它兼具货运站与码头堆场的双重功能。内陆货运站的主要功能有:

(1)接受托运人的整箱货与拼箱货;

(2)办理空箱的发放与回收(进口、出口);

(3)代办有关海关手续;

(4)通常设有集装箱的维修、保养设施。

内陆货运站对选址方面的要求是:交通便利,要有两种或两种以上的交通线路通过;经济发达,有充足的货源;人口相对聚集,保证货源;符合土地使用要求。它的数量与规模应视需求状况而言,可大可小。内陆货运站的经营人主要有:船公司、铁路运输经营者、公路运输经营者、无船承运人或货运代理人。

二、无船承运人

1. 联运经营人

集装箱在开展多式联运业务时,负责货物从发货人仓库到收货人仓库及到海、陆、空等运输区段,整个运输进程的安排、组织、协调与管理工作的法人,也称契约承运人。

联运经营人在全程运输过程中的职责是与托运人签订全程运输合同,并对其负责。至于各运输区段的实际运输,则由联运经营人作为契约承运人分别与各运输区段的实际承运人签订分运输合同来完成,由实际承运人对契约承运人负责。联运经营人就是依据这种方式对全程运输实行统一组织、统一管理。

在集装箱多式联运中,联运经营人可以由参与某一运输区段的实际承运人来担任,如海运承运人、陆运承运人(包括公路、铁路承运人),也可以由不参与实际运输的经营者来充当,这就是通常所说的无船承运人。

2. 无船承运人

所谓无船承运人,是指在集装箱运输中,经营集装箱货运的揽货、装箱、拆箱、内陆运输以及集装箱货运站或内陆集装箱货运站,但不经营船舶的承运人。无船承运人若根据本国法律向政府主管部门登记,并在其监督下进行活动,则在法律地位上相当于实际的船舶经营人。

根据美国和日本等发达国家国际多式联运的发展实践来看,无船承运人经营者所占的市场份额越来越大。这与它所具有的专业化优势有极大关系。

三、集装箱出租公司

这是随着集装箱运输发展而兴起的一种新行业,专门经营集装箱的出租业务。由于集装箱需求量上升,船公司投资的负担能力有限,集装箱标准化的出现,使得集装箱出租公司顺应了这一需要,发展十分迅速。2000 年,集装箱出租公司拥有的集装箱量占全世界箱量的 50% 左右。出租公司发展速度如此之快,另一个原因就是能为客户提供方便、可靠、高质量的服务。如 CIT 成立的中立站,主要从事集装箱出租、回收、存放、保管与维修等。

集装箱出租的对象,主要是规模较小的船公司。这是因为船公司可以节约集装箱闲置的非生产时间和管理费用;可以减少集装箱过时报废的风险;也可以消除货运流向、流量不平衡而发生的空箱运输;另外还可以减少生产投资。有时集装箱也出租给无船承运人或少数货主。

集装箱的租赁方式有四种。

(1)程租—可以租用一个单航次,即点到点租赁,或往返航次,或连续几个航次。这种租赁按时间计算,每次至少 30 天,或按航程另订一个包干租费。

(2)定期租赁—时间长短各公司规定不一。有的公司规定6个月到5年，而有的公司规定至少6个月，最长没有限制。

(3)活期租赁—出租公司与租箱人之间订有协议，在一定限额内可以随着租箱人的需要随时增减。ICS对此规定至少应保持25个集装箱，租期是1～8年。

(4)航区内租赁—是程租的一种，国际集装箱运输公司对此规定至少租10天。这项租赁只适用在同一航区，如欧洲各港口之间的集装箱运输。

四、集装箱船出租公司

集装箱船舶租赁业务始于20世纪60年代，是随着集装箱运输的发展而兴起的行业。由于集装箱运输市场存在供求关系变化快、航线货流的不平衡等特点，给集装箱运输企业储备运力带来了极大的不便。为了解决这类矛盾，很多集装箱运输企业就采用了租赁集装箱船的办法。租赁者有规模较小的船公司，也有需租船的货主，甚至是规模较大的船公司。目前，集装箱租船市场的份额和规模有不断上升的趋势。

目前，租船载运能力占全球集装箱船载运能力的比例以标准箱计为32%，以船舶数计为43%左右。世界上的租船公司主要集中在德国等15个国家，其中德国占34%，汉堡和伦敦为主要集中地。

五、经营集装箱运输的船公司

从事集装箱运输的船公司，在规划航线之初，首先要以公司的货运量、竞争条件、货物流向、种类、每批货物的数量及重量、货物的容积比例等为基础，慎重选择集装箱的种类、规格和数量、最适合的船型与船舶数以及集装箱码头、中转站和配套设施等。

集装箱船舶运输的经营具有以下特点，同时，这些方面也是应注意的问题。

(1)集团经营。由于需要巨额投资，为提高竞争能力及设备的使用功效，应扩大经营规模。

(2)运输责任。承运人的运输责任从船边交接延伸到陆上、内陆城市或其他港口。

(3)单证各异。在经营管理上，单证系统的签发和内容与传统海运有显著差异。

(4)船、货双方的权利、义务有所不同。

六、集装箱货运站

集装箱货运站是指为拼箱货(即不满一箱的零星货，Less than Container Load—LCL)船货双方办理交接的场所，它与集装箱码头堆场或装卸区靠在一起(整箱货直接进堆场，拼箱货进货运站)。货运站应设有仓棚、堆场和便于车辆出入、疏运和操作的充分空地，并应有海关和检疫机构等办公地点以及必要的装卸设备。

承运人在一个港口或内陆城市只能委托一个集装箱货运站的经营者，由它代表承运人办理下列业务：

(1)拼箱货的理货和交接；

(2)对货物外表检验，如有异状时办理批注；

(3)拼箱货的配箱积载和装箱；

(4)进口货物的拆箱卸货和保管;

(5)代表承运人加铅封并签发码头(或场站)收据;

(6)办理各项单证的签证和编制等。

七、集装箱装卸区(码头堆场)

集装箱装卸区是办理集装箱运输的具体经营部门。它受承运人或其代理公司的委托,办理下列业务:

(1)整箱货的交接(FCL—Full Container Load);

(2)与集装箱货运站办理拼箱货的交接;

(3)空箱的收发掌握、存放及保管;

(4)安排空箱和装货箱在堆场的堆码,每航次编制场地分配计划;

(5)安排集装箱船舶靠泊,装卸集装箱,每航次绘制配载图;

(6)办理有关货运单证的编制和签证;

(7)编制并签验集装箱出入及流转的有关单证;

(8)办理集装箱、底盘车、拖车、装卸机械的清洗、检验、维修以及空箱的清扫、熏蒸等业务。

八、全程联运保赔协会

全程联运保赔协会是1968年6月在伦敦建立起来的一种由船公司互保的保险组织,由英国三大保赔协会,即联合王国保赔协会、西英格兰保赔协会和标准保赔协会组成,对集装箱运输可能遭受的一切责任、损害、费用等进行全面统一的保险。参加的成员可以是海运集装箱承运人,也可以是海运以外的陆运、空运、沿海或内河的集装箱承运人。

该协会的补偿范围包括:

(1)货物或集装箱的灭失;

(2)其他财产的损坏;

(3)人身伤亡赔偿;

(4)集装箱运输中共同海损分摊和救助;

(5)坏箱费用;

(6)检疫熏蒸的损失;

(7)罚款;

(8)诉讼费;

(9)附带责任和费用。

九、其他有关单位

集装箱运输的相关机构一般都是与传统海运业务相通,包括进出口公司、理货公司、商检衡量单位、行政主管单位如海关、检疫所等,还有检验集装箱的行政检验或技术检验机构,在国外一般都委托验船机构代为办理。

1. 简述集装箱运输系统的构成。
2. 集装箱运输系统的内陆集疏运系统包括哪些？
3. 集装箱船舶有什么结构特点？
4. 简述各种类型拖挂车各自的优缺点。
5. 简述铁路集装箱专用车的分类及其发展趋势。
6. 集装箱码头的选址由哪些条件？
7. 集装箱出租公司的租赁方式有哪几种？

第四章　集装箱箱务管理

集装箱箱务管理是集装箱运输极其重要的环节。它涉及港、航、路、站等诸多环节，以及集装箱的使用、租用、调运、保管、发放、交接、装卸、中转、堆存、装箱、拆箱、运输、检验、修理、清洗、熏蒸、租赁等业务。做好集装箱箱务管理，对降低集装箱运输总成本，减少置箱投资，加快集装箱的周转，提高集装箱货物的装载质量和货运质量，提高企业经济效益和国际航运市场的竞争能力均具有重要意义。

第一节　集装箱的使用

为了迅速、顺利地完成货物装箱任务，必须做好装箱前的准备、集装箱的检查以及了解装箱时应注意的一般事项。这些因素对集装箱能否充分有效的利用，货物是否能安全可靠地运到目的地十分重要。

一、使用前的准备

1．明确货物的特征

(1)货物的种类和货名。

为了保证集装箱运输中货物的完整无损，只了解是什么货物是不够的。例如：对于危险货物来说，必须了解是属于哪一类危险货物，是爆炸品、易燃品还是腐蚀性货物。还要了解具体的货名，例如：鞭炮、电影胶卷、硫酸等。此外，还要了解它有无包装以及是什么包装。如果是普通货物，则要了解是清洁货还是污货等。

(2)货物的尺寸。

了解货物的具体尺寸主要是用以计算箱内能装载的数量。特别是对于那些长大件和不规则货物，由于集装箱的角件突出在箱内，集装箱内的净空高度比名义高度小，有时会出现从名义高度看，货物可以装下，但实际装载时，由于碰到箱内顶角件的突出部分而难以装载的现象。又如由于集装箱门楣的影响，箱门的最小高度也小于名义高度，从名义高度看货物可以装进去，但实际装载时，可能受到门楣的阻挡使货物装不进去。

(3)货物的重量。

任何情况下，集装箱所装货物的重量，都不得超过集装箱的载重。有时，货物的重量虽小于载重，但由于该货物是有脚支撑的，使货物对箱底形成了集中负荷，这时必须采取措施，利用货垫来分散集中负荷。

(4)货物的包装。

包装的种类很多,如纸箱、木箱、草包、布袋等,不同的包装具有不同的包装强度。货物的包装强度和包装材料应符合航线上的运输条件和装卸条件的要求,例如澳大利亚航线上,对草包包装具有特殊的检疫要求等。

(5)货物的性质。

不同的货物具有不同的特性,例如危险性、易碎性、对温湿度有敏感性,还有的货物不能与某种货物混载,如水泥不能与食糖混载、樟脑不能与茶叶混载等。

2. 了解集装箱的运输全过程

集装箱运输通常是通过几种不同运输方式进行“门到门”联运,这时应了解集装箱运输的全过程。

(1)集装箱运输的路线。

应了解完成运输任务需通过哪几种运输方式,如需要通过铁路或公路转运,则在铁路和公路上换装时,应怎样操作、采用什么机械;运输过程中的外界条件如何,是否需要通过高温、高湿地区(例如通过巴拿马运河)等。所选用的集装箱的种类和货物装箱时的方法,都与之有关。

(2)到达最终目的地需要的时间。

如果集装箱需要转换其他运输方式,则在换装地点是否需要停留,有的为了要进行结关,必须在集装箱场上有较长时间的存放,装箱时必须考虑在这些停留和存放时间内,货物会不会变质。

(3)收货与交货形式

集装箱货物的交接地点一般有三处,即集装箱场、集装箱货运站和货主仓库。集装箱运往这些交接地点时公路、铁路的设备和条件如何,路面和桥梁能否承受其负荷,铁路涵洞能否通过。

(4)拆箱地点的设备和条件。

应考虑拆箱地点采用何种装卸机械,其起重量多大,拆箱地点有何装货平台。必须注意,有的拆箱地点无法完成40ft 型集装箱的作业。

(5)有关各国特有的法令和规则。

在公路运输中,各国对车辆的容许长度、重量、净空高度等有不同的限制和规定。有的国家对动、植物检疫有特别的手续和要求。在装箱作业前必须充分掌握这些规定和要求,才能顺利地完成运输任务。

3. 集装箱的选定

掌握上述货物特性和运输过程中的条件以后,根据具体货物的要求,来选择最合适的集装箱。在选用集装箱时,必须考虑以下问题。

(1)运输线路上的外界条件与特殊要求。

①在国际多式联运中,如果要通过欧洲大陆,则集装箱从卸货港经过陆上运输进入另一国家时,必须满足“国际公路运输海关公约”(TIR 条约)的规定。该条约规定了有关公路上运行的车辆或该车辆上装载的集装箱,在国境线上进行换装和通过国境线的货物,必须办理的海关手续,其主要内容之一是要求公路上运行的车辆或集装箱,必须具有一定的技术条件,并事先

要得到有关部门的同意,方能运行通过。

②在澳大利亚航线上运输的集装箱,由于澳大利亚政府有关部门的规定,集装箱上所使用的木材,如未经防虫处理不得使用。因此选用集装箱时,必须确实掌握该集装箱上所用的木材,是否经过防虫处理。

③集装箱在横穿大陆或通过个别的山区地带时,有时其温湿度相差很大,对于运输某些对温、湿度十分敏感的货物,要尽量选用绝热性能良好的集装箱,或在箱内铺设具有吸湿性的衬垫材料,或采取其他措施,保证货物不受损坏。

(2)装货作业上的要求。

根据货物的特性,必须用木材来固定货物时,应尽量避免选用玻璃钢集装箱和箱底无木制底板的金属底集装箱,以免钉上钉子后破坏了集装箱的水密性。

(3)装卸机械上的要求。

有些重货不使用机械就不能装载,而在拆箱地点又无装货平台设备时,就需要使用敞顶集装箱以利用吊车进行装载,但必须注意敞顶集装箱无水密性。

(4)货流条件。

有些航线上由于货流的不平衡,或者来回航向上的货种不同,可能会造成某些专用集装箱回空,所以应尽可能选用回程时也能装载另一种货的集装箱,避免集装箱回空运输。

4. 装载方法和固定方法的考虑

集装箱货有整箱货和拼箱货之分。所谓整箱货是指货批量能装满 1 个集装箱以上的货物,装箱工作原则上由货主进行,货主装箱后把集装箱运到集装箱场,这种装箱方式即托运人装箱方式;另一种拼箱货是指货批量不能装满 1 个集装箱的零星小批量货,通常由货运站负责装箱。由货运站代表承运人把不同货主的、到同一目的地的货物,混装在一个集装箱内,这种装箱方式也就是承运人装箱方式。当然,也有大批量货物运到集装箱货运站去装箱的。由于装箱地点和装箱人的不同,装箱设备、装箱技术等装卸条件也就有很大不同,而且货物在箱内存放的时间和运输过程中外界运输条件,有时也有很大的差异。因此,在装箱前应根据具体条件来考虑其装载方法和固定方法。对于运输时间长、外界运输环境差的货物,要考虑箱内会不会发生水滴而产生水湿事故,固定货物的强度是否满足运输形式中技术状态的要求。在装载方法上,有时在装箱地由于有较高的技术和良好的机械设备,货物能很顺利地装入箱内,但如在偏僻的地区拆箱卸货,既没有装卸经验,又无装卸设备时,货物难以取出。如强行取出货物,有时会损坏集装箱,或者损坏货物。经常发生的情况是,在固定货物时,装货地可能很容易地固定了,但在卸货地却无法拆卸固定用具,在这种情况下,装货时即应周密、细致地考虑卸货地的具体条件,即使明知道这样装载和固定货物需要花很多时间,也要为在卸货地能顺利地取出货物创造必要的条件。

5. 装载量的确定

为使集装箱能达到最大的装载量,必须进行精确的计算。装载技术的好坏,也会影响到装载件数。如果一票货物装完了若干个集装箱以后,只剩下一小部分时,由于不能把不同卸货港的货物混装在一个集装箱内,所以即使剩下的货物件数不多,也只好另装一个集装箱,因此,装箱前必须要正确地掌握装载量。

集装箱的装载量就是集装箱的最大载货重量(P),它是集装箱的总重(R)与集装箱的自

重(T)之差,即 $P=R-T$。集装箱的总重是一个定值,按国际标准除动物集装箱外,20ft 型钢质集装箱的总重为 24 000kg,40ft 型钢质集装箱为 30 480kg。但集装箱的自重,根据不同集装箱的种类和不同的设计,即使是同一种类,同一箱型的集装箱,也有一定的差别。如上海远洋运输公司的 20ft 钢箱,其自重有 2 060kg 至 2 360kg 不等,平均为 2 210kg。40ft 钢箱平均自重为 3 850kg,而 20ft 敞顶箱的自重一般为 2 520kg,20ft 台架式集装箱一般为 2 770kg。不同种类集装箱的载货重量如表 4-1 所示。

不同种类集装箱的载货重量　　表 4-1

集装箱的种类	自重		最大载货重量		集装箱的种类	自重		最大载货重量	
	kg	lb	kg	lb		kg	lb	kg	lb
20ft 杂货集装箱	2 210	4 873	21 790	48 047	20ft 敞顶集装箱	2 520	5 557	21 480	47 363
40ft 杂货集装箱	3 850	8 489	27 630	60 924	20ft 台架式集装箱	2 770	6 108	21 230	46 812

集装箱货大多数是属于轻货,所以容积装满以后,通常达不到最大载货重量指标。

6. 货物密度

所谓货物密度是指货物单位容积的质量,简称单位容重。它是货物积载因素(单位重量容积)的倒数。

对于集装箱来说,把集装箱的最大载货重量除以集装箱的容积,所得之商就是箱的"单位容重"。要使集装箱的容积和重量都能满载,就要求货物的密度等于集装箱的单位容重。实际上集装箱装货后,箱内的容积或多或少会产生空隙,因此,集装箱内实际利用的有效容积为集装箱容积乘上箱容利用率,现以 20ft 型和 40ft 型杂货集装箱,以及 20ft 型敞顶集装箱和台架式集装箱为例,其箱的单位容重见表 4-2。

集装箱的单位容量　　表 4-2

集装箱种类	最大载货重量		集装箱容积		箱容利用率为 100% 时的单位容量		箱容利用率为 80% 时的单位容量	
	kg	lb	m^3	ft^3	kg/ m^3	lb/ ft^3	kg/ m^3	lb/ ft^3
20ft 杂货集装箱	21 790	48 047	33.2	1 172	656.3	41.0	820.4	51.3
40ft 杂货集装箱	27 630	60 924	67.8	2 426	407.5	25.1	509.4	31.4
20ft 敞顶集装箱	21 480	47 363	28.4	1 005	756.3	47.1	945.4	58.9
20ft 台架式集装箱	21 230	46 812	28.5	1 007	744.9	46.5	931.1	58.1

应用货物密度与每箱的单位容重可以衡量装箱货物是"重货"还是"轻货"。

所谓"重货"是指货物密度大于集装箱的单位容重的货物,货物密度小于集装箱单位容重的货物,称为"轻货"。

7. 集装箱数量计算

在计算集装箱所需数量之前,先要判定这批货物是重货还是轻货,再求出每一个集装箱的最大装载量和有效容积,就可以算出该批货物所需要的集装箱数量。

计算时如果货物是重货,则用货物总重量除以集装箱的最大载货重量,即得该批装箱货物所需集装箱的数量。如果货物是轻货,则用货物总体积,除以集装箱的有效容积,也可求得该批货物所需集装箱的数量。如果货物密度等于箱的单位容重,则无论按重量计或容积计,均可求得集装箱的需要量。

对于暂不能判定是重货还是轻货的那些货物,则先按容积来计算,求出每个集装箱的最大可能装载件数,用件数乘上每件货物的重量,再与该集装箱的最大载货重量相比较,如果小于集装箱的最大载货重量,则可以该重量来除该批装箱货物的总重量求出需要的集装箱数。如果箱内所装件数的总重量大于集装箱的最大载货重量,则以集装箱的最大载货重量来除该批装箱货物的总重量,求得所需要的集装箱数。

[例] 所装货物为纸板箱包装的电气制品,共750箱,体积为117.3m^3(4 141ft^3),重量为20.33t(4 482 5161b),问需要装多少个20ft杂货集装箱?

解:

(1)先求货物密度,货物密度为:

$$20\,330\text{kg} \div 117.3\text{m}^3 = 173.3\text{kg/m}^3$$

(2)从表4-2中可知,箱容利用率如为80%,20ft杂货集装箱的单位容重为820.4kg/m^3。

(3)因货物密度小于箱的单位容重,故所装之电气制品为轻货。

(4)集装箱的有效容积为$33.2 \times 0.8 = 26.56\ m^3$。

(5)所需集装箱数为货物体积除以集装箱有效容积,即:

$$117.3 \div 26.56 \approx 4.4$$

需要5个20ft杂货集装箱才能把该批纸箱包装的电气制品装完。

此外,如果集装箱是拼箱货,则装箱时应尽可能地轻重搭配,尽量使集装箱的装载量和容积都能满载。但必须注意,混装在一起的货物,应不会引起货损。巧妙地进行搭配装载,提高集装箱的装载率,减少集装箱的使用量,无论对承运人还是货主来说,都是十分有利的。

为了减少集装箱的回程空载,有时要把普通杂货装在各种特殊集装箱内。这些特殊集装箱的容积一般都比杂货集装箱小。因此,在计算集装箱数量时应特别注意。

二、船公司置箱方式的选择

船公司考虑自身的投资能力、管理能力和经济效益,通常不一定会全数置备所需的集装箱量,一般的置箱方式有以下三种。

1.全部由船公司自备

采用这种策略的船公司数量不是很多,原因是一艘船需配置的箱量通常是其满载箱量的3倍左右,船公司用于购船已花费巨额投资,为置箱又花费巨额投资,既难以负担,又增加了投资的风险;巨大的置存箱量,将给船公司带来大量繁琐的箱务管理工作任务,会在很大程度上分散船公司的管理精力。

2.部分由船公司自备,部分从租箱公司租入

这是一种灵活而合理的操作方法,多数船公司采用这种方法。根据船公司的规模、航线特点,各船公司在自备箱量与租箱量的比例上各有不同,采用的具体租赁方式也有区别。

3.全部从租箱公司租入

这是另一种极端的做法。这样做的好处是船公司可大大节约初始投资,降低投资的风险。

各国经济变数较大,尤其是国际远洋运输,往往变幻莫测。降低初始投资,规避风险,是一种聪明的选择。同时船公司可省去箱务管理的工作,专心从事航线运营。但这样做的缺点是船公司的自主经营经常会受到租箱公司的牵制,由于自己完全没有自备箱,在租箱条件的谈判中,有时会处于不利位置。

三、集装箱的检查

发货人在领取空箱时,一定要确认集装箱的技术状态是否良好。在装货前,装箱人要对集装箱进行检查。这是货物安全运输的基本条件之一。

在装货前,通过检查发现集装箱内有无不良之处是比较容易的,但如装完货铅封箱门以后,再来检查就困难了,因为这时只能看到集装箱的外表情况。在运输过程中,发货人、运输人和收货人之间集装箱的交接.一般是通过“设备交接单”这一书面文件来进行的,只要铅封未动,集装箱外表无异常现象,就可进行交接。在这种情况下,如箱内发生了货损事故,则由装箱人负责。因此,装货前装箱人一定要对集装箱进行周密细致地检查。在检查中如发现集装箱有损伤,或有不符合技术要求之处,则应与集装箱提供人协商调换集装箱,或对损伤处进行紧急修理,必须使集装箱完全符合技术要求以后才能装货。

检查集装箱时应注意以下几个方面的问题。

1. 外部的检查

首先要检查集装箱的外表面是否有损伤,如发现表面有弯曲、凹痕、擦伤等痕迹时,则应在这些损伤处的附近严加注意,要尽量发现其破口在何处,并在该损伤处的内侧也要进行特别仔细的检查。

在外板连接处,若铆钉松动或有断裂,容易发生漏水现象;箱顶部分要检查是否有气孔等损伤,由于箱顶上有积水时,如有破损就会造成货物濡损事故,而且检查时往往容易把箱顶的检查漏掉。因此,要严加注意。

对于已进行过修理的部分,检查时应特别注意检查其现状如何,有无漏水现象。

2. 内部的检查

检查人员进入箱内,把箱门关闭起来,检查箱子有无漏光处,这样就能很容易地发现箱顶和箱壁四周有无气孔,箱门能否关闭严密,这是一种最简便的检查方法。

检查时要注意箱壁内衬板上有无水湿痕迹,如发现有水迹时,则在水迹四周要严加检查,必须追查产生水迹的原因。

箱壁或箱底板上如有钉或铆钉突出,或内衬板的压条有曲损时,应尽量设法除去或修补好,如无法除去或修补,应用衬垫物挡起来,以免损坏货物。

如箱底捻缝不良,则集装箱放在底盘车上在雨水中运行时,从路面上溅起来的泥水,会从底板的空隙中渗进箱内,污染货物。因此,检查箱底时也应注意。

3. 箱门的检查

检查箱门能否顺利关闭,关闭后是否密封,门周围的密封垫是否紧密,能否保证水密,还要检查箱门把手的动作是否灵便,箱门能否完全锁上。

4. 附件的检查

检查固定货物时用的系环、孔眼等附件安装状态是否良好,台架式集装箱上的立柱是否备齐,立柱插座有无变形,敞顶集装箱上的顶扩伸弓梁是否缺少,有无弯曲变形。还应把台架式集装箱和敞顶集装箱上使用的布篷打开,检查布篷有无孔洞和破损,安装用的索具是否完整无缺。

检查通风集装箱其通风口能否顺利关闭,其贮液柜和流液小孔是否畅通(指兽皮集装箱)。要检查冷藏集装箱通风管、通风口是否堵塞,箱底部通风轨是否通风畅通,通风口的关闭装置是否完善。

5. 清洁状态的检查

检查集装箱内有无垃圾、恶臭、生锈,有无被污脏,箱内是否潮湿。如果这些方面不符合要求,应向集装箱提供人提出调换集装箱,或进行清扫、除臭作业。如无法采取上述措施,则箱内要铺设衬垫或塑料薄膜等,以防止货物污损。

要特别注意的是,用水冲洗集装箱后,从表面上看好像箱内已经干燥,但箱底板和内衬板里面却含有大量的水分,这是造成货物濡损的重要原因之一。另外,如箱内发现麦秆、草屑、昆虫等属于动植物检疫对象的残留物时,也必须把这些残留物彻底清除。

四、集装箱货物的装载

可用集装箱装载的货物千差万别,装载的要求也各不相同,但一般应满足以下四个基本要求。

1. 重量的合理分配

根据货物的体积、重量、外包装的强度以及货物的性质进行分类,把外包装坚固和重量较重的货物装在下面,外包装较为脆弱、重量较弱的货物装在上面,装载时要使货物的重量在箱底上形成均匀分布。否则,有可能造成箱底脱落或底梁弯曲。如果整个集装箱的重心发生偏移,在用扩伸抓具起吊时,集装箱有可能产生偏斜。此外,还将造成运输车辆前后轮重量分布不均。

2. 货物的必要衬垫

装载货物时,要根据包装的强度来决定对其进行必要的衬垫。

对于外包装脆弱的货物、易碎货物应夹衬缓冲材料,防止货物相互碰撞挤压。为填补货物之间和货物与集装箱侧壁之间的空隙,有必要在货物之间插入垫板、覆盖物之类的隔货材料。

要注意对货物下端进行必要的衬垫,使其重量均匀分布。

对于出口集装箱货物,若其衬垫材料属于植物检疫对象的,箱底应改用非植物对象材料。

3. 货物的合理固定

货物在装箱后,一般相互间都会产生空隙。由于空隙的存在,必须对箱内货物进行固定处理,以防止在运输过程中,尤其是海上运输中由于船体摇摆而造成的货物坍塌与破损。货物的固定方法主要有以下几种:

(1)支撑,用方形木条等支柱使货物固定;

(2)塞紧,货物与集装箱侧壁之间用方木等支柱在水平方向加以固定,货物之间插入填塞物、缓冲垫、楔子等防止货物移动;

(3)系紧,用绳索、带子等索具或用网具等捆绑货物。

由于集装箱的侧壁、端壁、门板处的强度较弱,因此,在集装箱内对货物进行固定作业时要

注意支撑和塞紧的方法，不要直接撑在这些地方，应设法使支柱撑在集装箱的主要构件上。此外，也可将衬垫材料、扁平木材等制成栅栏来固定货物。

此外，绑扎固定对于缓冲运输中产生的冲击和振动也具有明显效果。

随着新型缓冲衬垫材料不断出现，货物的固定与衬垫方式也将发生明显变化。

4. 货物的合理混装

货物混装时，要避免互相污染或引起事故。

(1)干、湿货物的混装。

液体货物或有水分的货物与干燥货物混装时，如果货物出现泄漏渗出液汁或因结露产生水滴，就有可能引起干燥货物湿损、污染、腐败等事故，因此，要尽可能避免混载。当然，如果货物装在坚固的容器内，或装在下层，也可以考虑混载。

(2)尽可能不与强臭货物或气味强烈的货物混装。

如肥料、鱼粉、兽皮等恶臭货物，以及胡椒、樟脑等强臭货物不得与茶叶、咖啡、烟草等香味品或具有吸臭性的食品混载。对于与这些恶、强臭货物混装的其他货物也应采取必要措施，以阻隔气味。

(3)尽可能不与粉末类货物混装。

水泥、肥料、石墨等粉末类的货物与清洁货物不得混装。

(4)危险货物之间不得混装。

危险货物相互混装，容易引起着火和爆炸等重大灾害，因此不能混装。

(5)包装不同的货物要分别装载。

木质包装的货物不要与纸质包装或袋包装的货物混装，防止包装破损。

第二节　集装箱码头箱务管理

一、集装箱的发放和交接

1. 集装箱发放和交接的依据

集装箱的发放和交接，应依据“进口提货单”、“出口订舱单”、“场站收据”以及这些文件内列明的集装箱交付条款，实行“集装箱设备交接单”制度。从事集装箱业务的单位必须凭集装箱代理人签发的“集装箱设备交接单”办理集装箱的提箱（发箱）、交箱（还箱）、进场、出场等手续。

2. 交接责任的划分

参加海上国际集装箱运输的企业，应对各自掌管期限内的集装箱和集装箱货物负责，加强各环节的管理，明确交接责任。承运人、港口应按下列规定办理集装箱交接。

(1)海上承运人与港口的交接由外轮理货公司代表海上承运人与港口在船边交接。

(2)经水路集疏运的集装箱，水路承运人与港口在船边交接；在船驳直取作业时，由外轮理货公司代表海上承运人与水路承运人在船边办理交接；在国内中转的集装箱，由外轮理货公司代表水路承运人与港口在船边交接。

(3)经公路集疏运的集装箱，港口、内陆中转站、货运站与公路承运人在其大门交接。

(4)经铁路集硫运的集装箱,铁路承运人与托运人、收货人或受委托的港口、内陆中转站、货运站在集装箱装卸现场或双方商定的地点交接。

集装箱交接时,交接双方应当检查箱号、箱体和封志。重箱凭封志和箱体状况交接;空箱凭箱体状况交接。交接双方检查箱号、箱体和封志后,应做记录,并共同签字确认。

集装箱的发放、交接实行"设备交接单"制度,从事海上国际集装箱运输业务的各有关单位必须凭"设备交接单"办理集装箱发放、交接手续。托运人、收贷人、内陆承运人或从事集装箱业务的有关单位,不得将集装箱用于"设备交接单"规定外的用途,必须按规定的时间、地点交箱、还箱。

集装箱提离场站后,严禁随意套箱、换箱。凡需要套箱、换箱的,必须事先征得集装箱所有人同意,否则套箱、换箱者应承担由此引起的责任和损失。

3. 重箱交接

(1)交接标准。

箱体完好,箱号清晰,封志完整无误,特种集装箱的机械、电气装置运转正常并符合进出口文件记载要求。

(2)出口重箱交箱进场的交接。

出口重箱进入港口,托运人、内陆承运人凭"场站收据"、"集装箱装箱单"到指定港口交付重箱并办理进场集装箱交接。

港口凭"场站收据"、"集装箱装箱单"和"设备交接单"收取重箱并办理进场集装箱交接。

出口重箱凡有残损或船名、航次、提单号、目的港、箱号、封志号与"场站收据"、"集装箱装箱单"或"设备交接单"所列明内容不符者,港口应拒绝收箱。因拒绝收箱而产生的费用由责任方承担。

(3)进口重箱提箱出场的交接。

进口重箱提离港区、堆场、中转站时,货方(或其代理人)、内陆(水路,公路,铁路)承运人应持海关放行的"进口提货单"到集装箱代理人指定的现场办事处办理集装箱发放手续。

集装箱代理人依据"进口提货单"、集装箱交付条款和集装箱运输经营人有关集装箱及集装箱设备使用或租用的规定,向货方(或其代理人)、内陆承运人签发"出场集装箱设备交接单"和"进场集装箱设备交接单"。

货方、内陆承运人凭"出场集装箱设备交接单"到指定地点提取重箱,并办理出场集装箱设备交接;凭"进场集装箱设备交接单"将拆空后的集装箱及集装箱设备交到集装箱代理人指定的地点,并办理进场集装箱设备交接。

4. 空箱交接

(1)交接标准。

箱体完好,水密,无漏光,清洁,干燥,无味;箱号清晰;特种集装箱的机械、电器装置无异常。如果有异常情况,应在"进(出)场集装箱设备交接单"上注明。

(2)空箱的进场和出场交接。

空箱提离港区、堆场、中转站时,提箱人(货方或其代理人)、内陆承运人应向集装箱代理人提出书面申请。集装箱代理人依据"出口订舱单"或"出口集装箱预配清单"向提箱人签发"出场集装箱设备交接单"或"进场集装箱设备交接单"。

货方或其代理人、内陆承运人凭“出场集装箱设备交接单”到指定地点提取空箱，办理出场集装箱设备交接；凭“进场集装箱设备交接单”到指定地点交付集装箱（重箱或空箱），并办理进场集装箱设备交接。

因检验、修理、清洗、熏蒸、退租、转租、堆存、回运、转运需要，空箱提离场站、中转站，由托运人、收货人、内陆承运人或从事集装箱业务的有关单位向集装箱代理人提出书面申请。集装箱所有人依据有关协议，向托运人、收货人、内陆承运人或从事集装箱业务的有关单位签发“出场（或进场）集装箱设备交接单”。

5. 收、发箱地点应履行的手续

指定的收、发箱地点，凭集装箱代理人签发的“集装箱设备交接单”受理集装箱的收、发手续；凭“出场集装箱设备交接单”发放集装箱，并办理出场集装箱设备交接手续；凭“进场集装箱设备交接单”收取集装箱，并办理集装箱设备交接手续。

集装箱交接地点应仔细认真地对进出场集装箱进行检查和记录，认真填写“集装箱设备交接单”。如发现下列情况，均应在“设备交接单”上注明：

（1）箱号及装载规范不明、不全，封志破损、脱落、丢失、无法辨认或与进出口文件记载不符；

（2）擦伤、破洞、漏光，箱门无法关启；

（3）焊缝爆裂；

（4）凹损超内端3cm、凸损超角件外端面；

（5）箱内污染或有虫害；

（6）装过有毒有害货物未经处理；

（7）箱体外贴有前次危险品标志未经处理；

（8）集装箱附属部件损坏或灭失；

（9）特种集装箱机械、电气装置异常；

（10）集装箱安全铭牌（CSC PLATE）丢失。

除了认真记录外，集装箱交接地点还应将进出场集装箱的情况及时反馈给集装箱代理人，积极配合集装箱代理人的工作，使集装箱代理人能够及时、准确地掌握集装箱的使用情况，及时安排好集装箱的调运、修理等工作。

二、集装箱的堆存与保管

集装箱进入场站后，场站应按双方协议规定，按照不同的海上承运人将空箱和重箱分别堆放。空箱按完好箱和破损箱、污箱、自有箱和租箱分别堆放。

场站应对掌管期限内的集装箱和集装箱内的货物负责，如有损坏或灭失由场站承担责任。未经海上承运人同意，场站不得以任何理由将其堆存的集装箱占用、改装或出租，否则应负经济责任。

场站应根据中转箱发送的不同目的地，按船、按票集中堆放，并严格按船公司或其代理人的中转计划安排中转。

1. 重箱堆存与保管

集装箱港口为了避免集装箱在港内大量积压，一般规定各航班装运的重箱应在指定的进港开始时间和截止时间内将重箱运至港区内指定的场地堆存。船公司应与港口箱管部门密切配合，通知货方、内陆运输人将重箱及时运至港内，并做好集装箱设备交接工作。

2. 空箱堆存与保管

(1)空箱进场操作。

码头空箱进场有两种方式：空箱卸船进场和空箱通过检查口进场。空箱卸船进场前，码头堆场计划员必须安排空箱堆存计划。该计划安排的原则为：空箱根据箱尺码的不同以及箱型的不同，按不同的持箱人分开堆存，码头与船方必须在卸箱时办理设备交接单手续。

通过检查口进场的空箱主要有两种，一种为船公司指定的用于出口装船的空箱，一种为进口重箱拆箱后返回码头。如为船公司指定用箱，则根据堆场计划员所做堆存计划与不同的尺码、不同的箱型，按出口船名、航次堆放；如为进口箱拆箱后返回码头堆场，则根据堆场计划员所做堆存计划与持箱人的不同分开堆放。空箱进检查口时，码头检查口与承运人必须办理交接手续。

(2)空箱出场操作。

码头空箱出场主要有两种方式：空箱装船出场和空箱通过检查口出场。

①装船出场的空箱主要有两种，一种为船公司指定用于出口装船的空箱，另一种为装驳船的空箱。码头箱务管理员应根据代理出具的工作联系单、空箱装船清单或船公司提供的"出口装船用箱指令"安排装船用箱计划。码头配载计划员根据箱务管理员的用箱计划以及代理提供的"场站收据"，结合船名、航次的配载情况，选择全部计划空箱或部分计划空箱配船。凡该船航次未能装船则交箱，箱务管理员应做好记录，以备下一航次装船之用。

②空箱通过检查口出场主要有三种形式："门到门"提空箱、单提空箱及因检验、修理、清洗、熏蒸、转运等原因需向码头提空箱。

"门到门"提空箱，主要是出口载货用空箱的提运。该空箱提运至装箱点进行装箱后，重箱即回运本码头准备装船出口。空箱"门到门"提离港区，货主或内陆承运人应向集装箱代理人提出书面申请。集装箱代理人根据"出口集装箱预配清单"向货主或内陆承运人签发"出场集装箱设备交接单"和"进场集装箱设备交接单"。货主或内陆承运人凭"出场集装箱设备交接单"向码头堆场提取空箱。

单提空箱，是指将空箱提运至码头外的集装箱堆场。如船公司提空箱至港外堆场、提退租箱等。码头箱务管理员应根据船公司或其代理的"空箱提运联系单"发箱，联系单上一般应写明持箱人、承运车队、流向堆场等，并注明费用的结算方法。

因检验、修理、清洗、熏蒸、转运等原因需向码头提空箱，货方或内陆承运人应向集装箱代理人提出书面申请，集装箱代理人根据委托关系或有关协议向货方或内陆承运人签发"出场集装箱设备交接单"和"进场集装箱设备交接单"。货方或内陆承运人凭"出场集装箱设备交接单"向码头堆场提取空箱，码头凭代理的工作联系单发箱。空箱出场时，码头应与船方或承运人做好集装箱设备交接单的交接手续。

3. 冷藏箱的堆存与保管

冷藏箱因所装载货物的不同而设有指定的温度，在冷藏箱存放集装箱码头的整个时间内，必须保证其指定温度要求，从而保证货物不受损坏。

(1)出口冷藏箱的堆存与保管。

出口冷藏箱进入码头检查口时，检查口人员除认真检查箱体和冷冻机设备进行交接外，还

要认真检查冷藏箱设定的温度，包括装箱单指定的温度、冷藏箱设定的温度及冷藏箱记录的温度，这三个温度应一致无误。冷藏箱应堆放于冷藏箱区，并由专人负责，在码头堆放期间应使冷冻机按规定温度处于正常工作状态。冷藏箱装船前应检查温度状况，在正常工作状态下切断电源，并卷好电源线和插头，然后按配载图装船出运。

(2) 进口冷藏箱的堆存与保管。

卸船前先检查冷藏箱制冷温度和箱体状况，如一切正常则切断电源，并卷好电源线和插头，进行卸船。冷藏箱进入冷藏箱区后，接通电源启动开关，使冷冻机按规定温度进入工作状态。冷藏箱出场前应检查温度状况后切断电源，并卷好电源线和插头，然后发箱装车。

4. 危险品箱的堆存与保管

危险品是指国际危规中列明的危险货物，集装箱码头装卸危险品箱必须事先取得船公司或船代经海事局核准签发的船舶载运危险货物申报单，码头凭船申报中列明的危险货物的不同类别实施装卸。同时对属于烈性危险货物的(如国际危规1类爆炸品、2类压缩气体和液化气体、7类放射性物品)，通常采取直装直卸方法。

(1)出口危险品箱堆存与保管。

出口危险品箱进入码头检查口时，集装箱卡车司机除递交装箱单、设备交接单外，还应递交经海关核准签发的危险货物集装箱证明书，双方认真检验箱体和危标，做好交接手续。危险品箱应堆放于危险品专用箱区，并由专职人员管理。危险品箱区要有明显的警告标志，并有与其他箱区的隔离设施以及防护设备。对进入该箱区的危险品箱，还应按国际危规的隔离要求堆放，并做好有关记录。危险品箱装运时，装卸机械设备必须处于良好状态，并有适当的功率储备，然后按配载图或船方要求谨慎装船。

(2)进口危险品箱堆存与保管。

进口危险品箱管理与出口业务基本相似，所不同的是业务流程与其相反。

需要强调的是，集装箱码头应根据本身实际情况制订严格的危险品箱管理制度，并设专人管理；无论装还是卸危险品箱，必须事先取得船申报单证，否则不能擅自装卸。

5. 特种箱的堆存与保管

对于开顶箱、框架箱、平台箱、罐装箱、通风箱等特种箱必须堆放于特种箱区。对四超箱(超高、超长、超宽、超重)通常限于堆放一层高，并采用相应的特种集装箱操作工艺作业，如高架排装卸工艺、钢丝绳底角件吊装工艺、货物拆箱分体装卸工艺等。

第三节　其他箱务管理

集装箱箱务管理是集装箱运输管理中最重要、最复杂的工作之一，除了上节介绍的箱务管理内容以外，还有许多工作要做，如集装箱的调运、逾期还箱处理、中转箱管理等，本节对此将一一介绍。

一、集装箱的调运

集装箱是集装箱运输中的主要设备之一，及时为货方、内陆承运人提供足够数量性能优良、类型齐备的集装箱，对航运公司提高服务质量、加快集装箱周转、提高企业经济效益和社会

效益等均具有重要的意义。

箱管部门(集装箱代理人)对于重箱的调运,应做的主要工作是重箱的跟踪和及时追还拆空的集装箱,而箱管部门更多的业务是对于空箱的调运工作。空箱的调运涉及到航运公司、场站、中转站、港口等部门。因此箱管部门必须掌握集装箱的利用情况,做好集装箱调运计划,力求高效率、低成本地完成集装箱的调运。空箱调运有下面几种方式。

1. 港到港的调运

(1)国际间调运。

由于货源不平衡及各航线货物流向不平衡等原因,会造成各港空箱数量的不平衡。因此必须将某港的剩余空箱调运到空箱不足的港口,以供使用。

箱管部门应与货运部门配合,尽快掌握各港的空箱数量以及各港的空箱需求量,及时做好调运计划,通过在各港的船代部门(集装箱代理人)做好报关、装运等工作,及时将根据调运计划安排的空箱按其类型、数量调运到指定的港口。一般情况下尽可能安排本公司的船舶运载空箱,特殊情况下可委托其他船公司的船舶运输,但因为要支付大量的空箱运输费用,所以尽量不用其他船公司的船舶承运,以降低成本。

(2)国内间调运。

集装箱在国内间调运时,不需海关报关手续,所以国内运输中箱管部门做好调运计划后,须安排船舶将空箱运至目的港。

通过水路运输空箱时,箱管部门一方面要与货运部门配合,掌握空箱的需求情况,另一方面必须与航运部门合作,了解船舶的配载情况,充分利用船舶的剩余舱位进行空箱的调运,尽量不影响重箱的载量,以降低运输成本,提高运输效率。

2. 港到堆场、货运站、中转站间的调运

由于经常会出现空箱在某些港口的大量积压,因此箱管部门必须及时将空箱调运到各堆场、货运站等地。箱管部门必须尽早掌握空箱的达到时间、数量,及时(提前)为各堆场、货运站、内陆运输部门签发“集装箱设备交接单”,联系运输单位,采用直取方式或尽早将空箱调运到使用空箱的地点。

此外,在港场间调运空箱时,经常是将各堆场的闲置集装箱调运至港口,所以箱管部门必须及时与集装箱代理人及各堆场进行联系,及时将调运计计划安排的空箱运至港口。

3. 堆场、货运站之间的调运

除少部分空箱在港口堆存外,大量的空箱是在堆场和货运站堆存。因此箱管部门应根据各场站的空箱需求量,进行堆场、货运站等地之间的空箱调运。

场地之间调运时,箱管部门应制订调运计划,联系运输单位(水路、公路、铁路),签发“集装箱设备交接单”,将空箱从指定的提箱地点运至指定的收箱地点。

4. 临时租用箱的调运

在集装箱运输过程中,某些地区船公司的空箱储备量不足时,可以采用前述的方法进行调运。但由于调运需要一定的时间,不能满足目前的需要,此时箱管部门必须向租箱公司临时租箱或向其他船公司临时租用集装箱。箱管部门应向租箱公司或其他船公司联系,提出租用集装箱申请,经其同意并取得“集装箱设备交接单”后,联系运输公司,到租箱公司或其他船公司指定的场地,将空箱运至本公司的协议堆场或货运站等地,并做好设备交接手续。用毕后将空

箱运至租箱公司或其他船公司指定的场地，或者与租箱公司协议将临时租用的集装箱转为期租集装箱，并支付租箱费用。

5. 还箱的调运

租用集装箱的成本是集装箱运输成本中的重要组成部分，所以船公司租用集装箱一般同时采用长期、短期和临时租箱等方式。在运输市场不景气或货源不足的情况下，及时返还部分租用的集装箱是降低运输成本的重要手段。

箱管部门应与租箱公司联系还箱的手续，按租箱公司指定的地点将空箱运还并办理交接手续。

6. 其他调运

(1)拆空的集装箱一般由货方(或其代理)、内陆承运人负责还箱运输。箱管部门应及时掌握该集装箱的动态，使空箱及时被安排使用。

(2)集装箱在修理、清洗、改装、熏蒸、检验时，箱管部门应做好调运计划，联系运输公司将集装箱运至指定地点，以使集装箱满足载货要求，加快集装箱的周转速度。

二、集装箱灭失、损坏、逾期还箱的处理

1. 集装箱灭失、损坏的处理

海上国际集装箱运输的各区段承运人、港口、内陆中转站、货运站对其所管辖的集装箱和集装箱货物的灭失、损坏负责，并按照交接前由交方承担、交接后由接方承担划分责任。但如果在交接后 180 天内，接方能提出证据证明交接后的集装箱、集装箱货物的灭失、损坏是由交方原因造成的，交方应按有关规定负赔偿责任。

除法律另有规定外，承运人与托运人应根据集装箱货物交接方式，按下列规定对集装箱货物的灭失或损坏负责。

(1)由承运人负责装箱、拆箱的货物，从承运人收到货物后至运达目的地交付收货人之前的期间内，箱内货物的灭失或损坏由承运人负责。

(2)由托运人负责装箱的货物，从装箱托运交付后至交付收货人之前的期间内，如箱体完好、封志完整无误，箱内货物的灭失或损坏由托运人负责；如箱体损坏或封志破损，箱内货物灭失或损坏由承运人负责。

(3)由于托运人对集装箱货物申报不实或集装箱货物包装不当造成人员伤亡并且使运输工具、货物自身或其他货物集装箱损坏的由托运人负责。

(4)由于装箱人或拆箱人的过失造成人员伤亡并使运输工具、集装箱、集装箱货物损坏的由装箱人或拆箱人负责。

2. 逾期还箱处理

船公司集装箱的属性通常分为自有箱和租箱两种。自有箱是船公司自己的集装箱，其一旦投入使用，就开始起算折旧成本；租箱是船公司向其他集装箱箱东租赁的集装箱，船公司须按日支付租金。无论是自有箱还是租箱，一旦被超期使用，都会影响集装箱的使用效率，甚至增加额外成本。因此，船公司必须加强对超期箱的管理，定期清理超期箱。船公司通常都有自己的集装箱跟踪系统，通过该系统，可以查出目前本公司所有集装箱的动态，从而可以查出超期箱的详细情况。通常船公司须每周清理一次超期箱，逐一核查集装箱超期的原因，然后同有

关方联系,督促其将超期箱尽快出运。

此外,船公司应制订超期使用费收取标准,采取措施,限令客户尽快归还超期箱。

收货人在超过免费使用期后归还空箱或船公司指定的货运站逾期拆箱以及发货人提取空箱后超过免费使用期将重箱运至码头堆场,均应按“集装箱超期使用费标准”(见表4-3)向船公司支付集装箱超期使用费。集装箱超期使用费按中国银行当日的美元与人民币的兑换率计收人民币。

集装箱超期使用费标准(单位:美元/天)　　表4-3

货箱种类	尺寸	1~4天	5~10天	11~40天	41天以上
干货箱	20ft	免费	免费	3.00/天	12.00/天
	40ft			5.00/天	20.00/天
开顶箱 框架箱	20ft	免费	免费	4.50/天	18.00/天
	40ft			9.00/天	36.00/天
冷藏箱、罐装箱等特殊用途箱	20ft	免费	18.00/天	24.00/天	72.00/天
	40ft		30.00/天	42.00/天	120.00/天

集装箱发生丢失和推定全损时的赔偿按“集装箱丢失和推定全损赔偿标准”(见表4-4)赔偿。国内或国外付费人一律按美元计收。

集装箱丢失和推定全损赔偿标准(单位:美元)　　表4-4

货箱种类	尺寸	集装箱价格	年折旧率	最低赔偿额
干货箱	20ft	3 200.00	5%	1 280.00
	40ft	4 300.00		1 720.00
超高箱2.9(9 ft6 in)以上	40ft	5 000.00	5%	2 000.00
开顶箱	20ft	4 000.00	5%	1 600.00
	40ft	5 000.00		2 000.00
框架箱	20ft	5 500.00	5%	1 800.00
	40ft	7 500.00		2 400.00
冷藏箱、罐装箱等特殊用途箱	20ft	25 000.00	5%	12 500.00
	40ft	33 000.00	5%	16 500.00

上述使用的集装箱都是由船公司提供的,这种集装箱称为COC(Caarrier's Owener Container)。实际中,还有可能是货主提供的用箱,主要有两种,即SOC(Shipper's Owner Container)和OWC(One Way Container)。SOC的中文意思是货主自有箱;OWC的中文意思是单程集装箱(空箱不必回运)。前者仅说明该集装箱属货主自己拥有,承运人在目的港将集装箱交收货人时,收货人是否连箱带货一起提取则根据收货人(买方)与发货人(卖方)订立的买卖合同而定。而后者则非常明确,收货人提货时必须连箱带货。因为买卖双方在订立合同时,卖方已将箱子作为货价的一部分一起出售给了买方,所以,OWC不仅意味着买方买货,也同时包括买箱在内。现行的集装箱贸易、运输业务中,不少人将SOC与OWC视作同一概念去理解,从而造成买卖双方之间、承运人与托运人之间、承运人与收货人之间,就集装箱所有权、空集装箱由谁回运、如何既交货又交箱等方面产生不同看法并引起争执。根据实际经验,收货人在应用

SOC 和 OWC 时的主要原则如下：

(1)如有关出口单证上仅注明 SOC 字样，不一定明告买方(收货人)买货又买箱。如果提货时连箱带货，则存在空箱回运问题；

(2)如有关出口单证上注明 SOC 和 OWC 字样，则明告买方(收货人)买货又买箱，提货时必须连箱带货，无须空箱回运；

(3)如有关出口单证上注明 OWC 字样，则明告买方(收货人)，提货必须连箱带货，无须空箱回运。

三、中转箱箱务管理

集装箱码头的中转箱主要包括国内中转箱和国际中转箱。国内中转箱是指在境内装货港装船后，经国内中转卸船后转运到境内其他港口的集装箱，以及在国内装货港已办理结关手续，船公司出具全程提单，经国内中转港转运至国外目的港的集装箱。国际中转箱是指由境外起运，经中转港换装国际航线船舶后，继续运往第三国或地区指运口岸的集装箱。集装箱码头设有专职中转业务员，负责码头内中转箱的箱务管理，掌握中转箱的动态，做好中转箱单证的流转管理工作。

1. 一程船卸船

国际海运中的"一程船"是指对某一中转箱而言将该箱从起运港运至中转港的船舶。码头配载计划员在收到船公司资料后，将其中的中转资料交中转业务员处理。中转业务员将中转资料输入电脑。在船舶卸船后，应将中转资料与实卸情况进行核对，发现问题立即通知有关方面协调解决。对于一程船卸船后超过一定时间(14 天)还没有出运的中转箱，码头中转业务员要主动与代理联系，及时安排二程船转运。

2. 二程船装船

国际海运中的"二程船"是指对某一种中转箱而言将该箱从中转港载运至目的港的船舶。中转业务员收到中转通知后，将中转通知书(需有海关放行章)连同外区拖进本码头的中转箱的动态表一起交配载员处理。在装船结束后，中转业务员将经由配载员注明中转箱实际装箱情况和卸船时间的中转通知书与已装船的动态表等单证一起交收费部门。外区拖进本码头的中转箱因故未能装上船的，中转业务员要妥善保管好动态表，以备使用。

3. 中转箱跨区拖运

如果中转箱一程船卸船与二程船装船不在同一码头，则在卸船后，该中转箱必须跨区拖运。拖出地码头的中转业务员在安排出场计划的同时开具中转动态表(一式三联)，附在作业申请单上交出场检查口。驾驶员拖箱时与检查口人员办理设备交接，检查口人员自留动态表一联，附在出场表上交收费部门，其余交驾驶员。在拖进地码头，检查口业务员和驾驶员办理设备交接，同时收下两联动态表，一联交中转业务员，另一联附在进场报表上交收费部门。其后的工作与卸船进场的中转箱作业相同。

4. 危险品中转箱转存

凡不宜在码头堆存的危险品中转箱，码头中转业务员应严格把关，及时通知代理安排转运，确保码头生产的安全。危险品中转箱出场，中转业务员填写作业申请单和动态表(一式三联)交检查口。检查口自留一联附在出场报表上交费收部门，其余交驾驶员。驾驶员进场将动态表交堆场业务员，堆场业务员保留以备日后进场之用。

5. 中转箱倒箱

国际中转箱如因箱体损坏、用错箱等原因需要倒箱的，船舶代理应出具联运单给码头和海关。如在码头外倒箱，码头应根据海关许可证，安排出场计划和进场计划；如在码头内倒箱，则在倒箱时，要有海关、船舶代理、理货员在场。倒箱结束后，由海关加铅封。

四、集装箱跟踪管理

在全球多式联运过程中，集装箱投入量巨大，流动路线复杂，因此集装箱跟踪管理的实际工作量很大。据统计，目前集装箱运输过程中，由于集装箱灭失所造成的经济损失，每年高达数十亿美元。在集装箱跟踪控制方面，还没有非常有效的方法。一般来说，集装箱跟踪管理，有手工跟踪管理和计算机跟踪管理两类方法。

1. 手工跟踪管理方式

手工跟踪管理方式适用于拥有箱量较少、经营规模和范围较小的船公司和租箱公司。

(1)建立集装箱档案记录卡。集装箱档案记录卡可采用表 4-5 的形式。

集装箱档案记录卡 表 4-5

箱号：			箱型：			箱尺寸：	
船　名	日　期	港　名	装　船	卸　船	满　箱	空　箱	坏　箱
购(租)箱时间：					港口：		
报废(还箱)时间：					港口：		

为便于控制与管理，集装箱档案记录卡可采用不同式样，如以不同大小的卡片表示不同尺寸的集装箱；用不同颜色卡片表示不同类型的集装箱等。船公司或租箱公司的箱务管理部门将每只集装箱的有关信息登记在相应的档案记录卡上。

(2)建立集装箱动态跟踪图表。集装箱动态跟踪图表可采用表 4-6 的形式。

集装箱动态跟踪图表 表 4-6

在　陆								在　船					
上　海		天　津		神　户		…		轮	轮	轮	轮	…	…
码头堆场	内陆	码头堆场	内陆	码头堆场	内陆	码头堆场	内陆						
□ □	□ □	□ □	□ □	□ □	□ □	…	…	□ □	□ □	□□	□ □	…	…

□表示集装箱卡片

箱务管理部门随时将业务部门和各港口的箱务代理报来的信息登入集装箱档案记录卡，再将档案记录卡插入集装箱动态跟踪图表。这样，通过集装箱动态跟踪图表，就可了解本公司集装箱的全面动态。

2. 计算机跟踪管理方式

集装箱计算机跟踪管理方式，是目前集装箱班轮公司和租箱公司普遍采用的高效管理方式。这种方式基本做法是先将集装箱必要的特征，如箱号、箱型、尺寸、购(租)箱及其地点、日期等预先存储在计算机内，然后再将这些数据进行处理，随时可直观显示或打印出集装箱管理部门盘存所需的各种类型的报表。

集装箱计算机跟踪管理方式按其信息和传递系统可分为联机和脱机两大类。

(1)联机传递系统。所谓联机传递系统，是指船公司的计算机中心与其各港代理处所设置的终端机联成计算机网络，有关的集装箱动态信息可直接由代理人随时通过终端输入至船公司计算机中心存储处理，并能将所需处理结果返回至终端的打印设备上。这种系统实时性好，信息处理迅速及时，但初期形成计算机网络的工作量较大。

(2)脱机传递系统。所谓脱机传递系统是指信息的传递由各港代理处采用普通的通信或卫星交换方式，传递给船公司，然后再由船公司计算机输入至计算机内存储处理。这种方式实时性较差，但对远距离的信息传递比较合适。

目前，利用计算机对集装箱进行管理，已由初级阶段的动态控制，即跟踪管理，发展到高级阶段的编目控制动态业务处理。船公司不仅能够掌握及跟踪分布在国内外集装箱码头堆场、集装箱货运站、货主仓库以及运输途中的有关集装箱的地理位置和使用状态变化的动态信息，而且还可以对各个运输环节的箱子需求情况作出预测。

五、箱管业务人员管理

由于集装箱管理人员所管辖的集装箱数量多，使用频繁，业务众多，所以必须做到以下几点。

(1)签发"集装箱设备交接单"时，认真细致审核提箱申请。集装箱设备交接时，认真检查，及时登记进出场集装箱的情况，并及时通知集装箱所有人，以使箱主及时掌握集装箱的动态。

(2)照顾全局。箱务管理是集装箱运输管理的一部分，必须与船方、货方等方面密切合作，保证空箱的供给、调运等工作顺利进行。

(3)加强联系。由于箱管业务涉及港、航、货、场等许多部门，有关箱务管理的单位应密切合作，加强联系，使集装箱的跟踪更准确、及时，以加快集装箱的周转。

(4)多下基层。在加强联系的基础上，箱务管理人员应经常到现场，发现问题并及时解决。

复习思考题

1. 集装箱在使用前应作哪些检查?
2. 集装箱货物装载的基本要求包括哪几个方面?
3. 集装箱交接责任是如何划分的?
4. 空箱如何交接?
5. 简述集装箱箱务管理的基本内容。

第五章　集装箱中转站运输组织管理

在集装箱运输系统中,集装箱中转站发挥着重要的作用,在一定意义上可称为“干港”。集装箱中转站不仅实现了集装箱和货物的装卸、搬运、堆存和保管的基本功能,还实现了各种交通方式之间的连接,主要包括了铁路——公路集装箱中转站、水路——公路集装箱中转站、铁路——水路集装箱中转站等。集装箱中转站为实现“门到门”运输发挥了十分重要的作用。本章主要内容包括集装箱中转站概念、作用和功能、建设条件及发展方向等。

第一节　集装箱中转站概述

在国际集装箱多式联运链中,集装箱中转站作为基本的运输枢纽,在促进外贸运输的发展和缓解码头前沿、车站货场的压力等方面,都起着重要作用。本节主要介绍了集装箱中转站的概念、分类和主要任务。

一、概念

集装箱中转站(container depot or inland depot)是指具有集装箱中转运输与“门到门”运输和集装箱货物的拆箱、装箱、仓储和接取、送达、装卸、堆存的场所。

集装箱中转站是港口功能在内陆地区的延伸,一般具有运输、堆存、拆装、装卸、货代及“一关二检”(海关、商检、卫生动植物检疫)、EDI(电子数据交换)信息服务等功能。我国的国际集装箱集疏运系统的建设起步较晚,虽然近几年有一定的发展,但与发达国家和地区相比仍有很大差距,为此,国家决定利用世界银行贷款在我国修建数十个国际集装箱中转站,作为上海、天津等外贸口岸在内陆的集疏运通道。

二、分类

1. 从运输方式上分类

(1)公路集装箱中转站。

公路集装箱中转站是指公路运输部门具有集装箱中转运输与“门到门”运输和集装箱货物的拆箱、装箱、仓储和接取、送达、装卸、堆存的场所。

公路集装箱中转站是货物的集散点,是实现货物“门到门”运输和直接为货主和车主提供多种服务的场所。在运输市场中,它起着集散集装箱及其货物、停放车辆、运行指挥和综合服

务等作用，是集装箱运输过程中至关重要的环节。

(2)铁路集装箱办理站。

集装箱办理站由车场和货场组成，配备有必要的仓储、装卸、搬运、检修、维护设备和手段，是专业办理20ft、40ft集装箱为主体，近期兼容1t、10t集装箱，部分也可办理其他特种集装箱的承运、发送、装卸、中转、保管、到达、交付铁路货物运输作业的集装箱货运站。

2. 从辐射范围上分类

(1)码头中转站。

码头中转站设在集装箱码头内或码头附近，是整个集装箱码头的有机组成部分，它所处的位置，实际工作和业务隶属关系都与集装箱码头无法分割。其主要任务是承担收货、交货、拆箱和装箱作业、仓储，并对货物进行分类保管。集装箱码头中转站除要有完整的仓库外，还需有一定面积的拆箱区，以堆放需拆箱的集装箱及方便客户提货车辆的行走。

考虑到集装箱运输的服务需要和码头堆场面积的受限，集装箱中转站可设在码头附近。即这种中转站设置在靠近集装箱码头的地区，处于集装箱码头外面。它不是码头的一个组成部分，但在实际工作中与集装箱码头的联系十分密切，业务往来也很多，它承担的业务与集装箱中转站基本相同。

(2) 内陆城市、内河港口的内陆站。

集装箱内陆中转站的主要特点是设置于运输经济腹地，深入内陆主要城市及外贸进出口货物较多的地方，主要承担将货物预先集中进行装箱，装箱完毕后，再通过内陆运输将集装箱运至码头堆场；反之，由港口进口的集装箱货物卸船后通过内陆运输疏运到分布在内陆腹地的货运站，具有集装箱中转站和集装箱码头堆场的双重功能。它既接收托运人交付托运的整箱货与拼箱货，也负责办理空箱的发放与回收，它还办理集装箱拆装箱业务及代办有关海关手续等业务。

内陆中转站是联系经济腹地的纽带和桥梁。中转站作为集装箱货物的集散点，起到了与内陆联系的纽带和桥梁的作用。通过集装箱内陆中转站，可对发往内陆地区的集装箱进行跟踪、查询，实行有效管理和调节使用，不仅可解决空箱在内陆地区的长期积压问题，缩短系统集装箱在内陆的周转时间，而且还可提高空箱利用率和运输经济效益，促进集装箱运输的发展，为国际集装箱多式联运创造条件。

三、主要任务

集装箱中转站的主要任务包括以下几个方面：

(1)承担铁路、公路、水路和民航的车站、港口、航站集装箱货物集散、中转、换装以及受理集装箱货物的代托、代运、代提业务；

(2)为运输企业提供货源、箱源、组织配载以及为货主提供运力等信息服务业务；

(3)进行到达集装箱出站的交付、站外拆装箱作业；

(4)开展送货上门、到家取货的“门到门”运输业务；

(5)为办理集装箱拼箱发运业务和向外延伸建立联运网点，开展对口运输业务；

(6)代理各运输部门的集装箱中转业务托运、一次结算、全程负责的集装箱联运；

(7)办理集装箱装卸作业;
(8)办理集装箱仓储业务;
(9)核收有关集装箱运输运杂费业务;
(10)负责集散站货场和集装箱的管理,以及提供有关集装箱运输统计分析资料。

四、建立集装箱中转站应满足的条件

建立集装箱中转站应满足以下条件:
(1)便于货物进行装箱和拆箱作业;
(2)便于对货车进行非成组货的装卸;
(3)为了便于货物疏运和分类,应有充分的操作面积;
(4)为暂时保管进出口货物,应有适当的堆存保管设施;
(5)有特种箱如冷藏箱、危险品箱等存放区;
(6)要有集装箱箱卡管理或电子计算机管理设备;
(7)要有海关、检疫等机构的办公室及其附属设备。

第二节　站级标准

集装箱运输的生产方式、车辆和装卸机械的大型化与专用化,决定了集装箱中转站必然是资金和技术密集型的企业。因此,在规划和建设中转站过程中,应该在可行性研究的基础上,遵照国家规定的基建程序,在统筹规划、分期建设的指导下,按照国家关于集装箱中转站的站级标准,合理地选择中转站站址。

一、公路集装箱中转站

1. 主要业务功能

公路集装箱中转站的主要业务功能包括以下几个方面。

(1)运输组织功能

它主要包括集装箱及其货物运输、发送、中转、到达等作业的运输组织功能与管理;运输车辆与运输方式的选择;制订集装箱及其货物运输计划;进行货物运输全过程的质量监督与管理等工作。

(2)集装箱装卸、堆存功能

公路集装箱中转站应向全社会开放,为货主提供装卸、堆存、保管、包装服务,并在场站内进行各种装卸搬运和堆存作业,以利于集装箱及其货物的集、疏、运。

(3)集装箱拆箱、装箱及货物仓储功能

公路集装箱中转站应有便于集装箱拆箱、装箱的设施与设备以及实现仓储的场所,实现集装箱的转移、中转和运输。集装箱中转站还应该提高信息管理技术,提高各方面的作业水平。

(4)集装箱还箱、检查、清洗、消毒和维修功能

集装箱中转站应配备检查、清洗和维修的设备、场所和技术条件，应该设有便于集装箱还箱作业技术的空间。对集装箱进行定时检查和清洗十分重要，它可以维持集装箱的作业标准，保持货物的安全运输。

(5)货运代理功能

集装箱中转站通过货运信息中心、自身的信息系统和铁路、公路、水路及航空等行业与部门的密切联系，可以实现协调的运输业务。集装箱中转站可以为其服务区域内的各有关单位和个人，代办各种货物运输业务，为货主和车主提供双向服务，选择最佳运输路线，组织多式联运，实行“一次承运，全程服务”，实现方便货主，提高社会效益和经济效益的目的。

(6)信息处理功能

集装箱中转站设立通信信息中心，通过计算机及现代化通信设施，使全国集装箱中转站形成网络，获取和运用有关信息，进行集装箱及其货物跟踪、仓库管理、运费结算、货运业务处理和运输信息交换等。通过网络系统，实现联网运输和综合运输，同时向社会提供货源、运力、货流信息和车、货配载信息等服务。

(7)辅助服务功能

集装箱中转站除开展正常的货运生产外，还应该提供与运输生产有关的服务。如为货主代理报关、报检、保险等业务；提供商情等信息服务；开展商品的包装、加工、展示等服务；代货主办理货物的销售、运输、结算等业务；为货主车辆提供停放、清洗、加油、检测和维修服务；为货主和司乘人员提供食、宿、娱乐等服务。

2. 设置原则

公路集装箱中转站的设置原则包括以下几个方面。

(1)站址应设在便于与港口集装箱码头或铁路集装箱办理站衔接的位置。

(2)站址要靠近生产地或消费地，如出口商品加工区、物资仓库区等。

(3)站址应选在货流量大的交通枢纽或公路、铁路干线地区，便于开展公铁水联运和公路直达运输。

(4)站址选择应符合城市总体规划要求。

(5)站址选择应符合国家公路运输主枢纽规划、建设要求和物流园区布局。

(6)公路集装箱中转站应具有良好的地质条件和市政公用设施条件。

3. 级别划分

(1)划分的主要依据。

①中转站设计年度的年箱运组织量(annualc apacityo fo rganizedt ranspor)是指设计年度内，通过中转站集疏运的集装箱总量(TEU)。

②中转站设计年度的年箱堆存量(annualc apacityo fs tacking)是指设计年度内，通过中转站堆存的集装箱总量(TEU)。

(2)级别划分。

按照《集装箱公路中转站站级划分及设备配备》(GB/T 12419—2005)规定，公路中转站的规模划分为四级，见表5-1。

中转站站级划分标准 表 5-1

站级	类型	地理位置	年箱运量(TEU)	年堆存量(TEU)
一级站	国际箱中转站	位于大型海港附近	30 000 以上	9 000 以上
	国内箱中转站	位于大型河港或主要陆运交通枢纽附近	20 000 以上	6 000 以上
二级站	国际箱中转站	位于中型海港或主要陆运交通枢纽附近	16 000 ~ 30 000	6 500 ~ 9 000
	国内箱中转站	位于中型河港或主要陆运交通枢纽附近	10 000 ~ 20 000	4 000 ~ 9 000
三级站	国际箱中转站	位于中型海港或陆运交通枢纽附近	8 000 ~ 16 000	4 000 ~ 6 500
	国内箱中转站	位于中型河港或陆运交通枢纽附近	5 000 ~ 10 000	2 500 ~ 4 000
四级站	国际箱中转站	位于小型海港或陆运交通枢纽附近	4 000 ~ 8 000	2 500 ~ 4 000
	国内箱中转站	位于小型河港或陆运交通枢纽附近	2 000 ~ 5 000	1 000 ~ 2 500

4. 设备配备及计算标准

(1)运输车辆。

根据中转站的用途和需求量进行运输车辆配备。营业性集装箱专用车辆折合标准箱位(TEU)数量的计算见附件 1 中的 1.1。

(2)堆场装卸机械。

根据中转站集装箱年堆存量、箱型、装卸工艺方案并结合发展规划合理选配。其计算方法见附件 1 中的 1.2。

(3)拆装箱作业机械。

根据中转站年拆装箱量和拆装工艺要求配备适宜的作业机械,如小型低门架叉车等。其计算方法见附件 1 中的 1.3。

(4)车辆及装卸机械的维修设备。

根据中转站的维修范围和车辆、装卸机械的维修作业量,参照 GB/T 16739.1 和 GB/T 16739.2 对维修车间设备配备的要求进行选型配备。

(5)集装箱清洁和维修设备。

根据中转站集装箱维修工作量的需要配备符合其工艺要求的清洁和维修设备。

(6)管理系统。

应设置与中转站级别相适应的自动化管理系统及信息处理系统。

(7)计量设备。

中转站应配备检定合格的计量设备或器具。

(8)安全、消防、环保设备。

中转站安全、消防和环保设备的配备应符合国家标准相关规定。

5. 建筑设施构成和建设要求(详见附件 2)

(1)主要建筑设施及其面积计算。

公路集装箱中转站主要建筑设施包括:业务办公房、拆装箱货物仓库和高站台、车辆和机械设备维修车间、集装箱维修和清洗车间、集装箱堆场。

①业务办公房,主要包括商务、生产调度办公房和信息中心,以及监管部门的联合办公房。商务办公房包括商务作业人员工作间和收发货人办理托运、提货手续场所。信息中心包括机

房与工作人员的办公场所和供信息发布及用户查阅的场所。

②拆装箱作业场、拆装箱库和高站台

建设过程中应注意:①拆装箱作业场应与拆装箱库和站内道路相衔接。②拆装箱库可双面作业亦可单面作业。③高站台的设计应符合附件 2 中的 2.4 的要求。

③车辆和机械设备维修间包括主维修间、辅助维修间和材料库房。

④集装箱堆场,包括集装箱空重箱堆场、拆装箱作业场、货物堆场和仓库,并且布局应合理。场地强度应满足集装箱堆码需要且应有一定坡度,以利于排水。中转站应划分重、空集装箱、保温箱、危险品箱的堆存区。

⑤建筑设施面积计算

建筑设施面积计算方法见附件 2,集装箱维修、清洗车间的面积计算方法见附件 2 中的 2.6。

(2)生产辅助和生活服务设施。

①生产辅助设施主要包括动力、供水、供热和环保、消防设施等。

②生活服务设施主要包括食宿和其他服务设施。

③生产辅助和生活服务设施根据各站级别的需要进行设置。

(3)停车场。

①停车场可集中设置也可在不同作业区域内分别设置,站内自备车辆和外来车辆应分区停放。

②停车场应临近装卸(作业)场布置。

③停车场面积计算方法见附件 2 中的 2.8。

(4)站内道路。

站内道路应采用无交叉的环形行驶路线。

6. 公路集装箱中转站生产工艺典型平面布置

(1)总平面布置的原则。

①按照工艺总流程和安全消防等要求,合理划分作业区域,布置建筑物和构筑物的位置及确定其相互间的距离。

②按照站内外运输道路及站内车辆的流向,合理确定各区域的进出口和通道以及中转站大门的位置,尽量避免站内外车辆交叉流动。站内一般采用单向环形道,路面宽 4m,如采用双行道,则路面宽取 7 ~ 8m。为便于汽车列车在站内安全运行,主要通道的转弯直径宜采用 36m。

③站区的竖向布置,涉及各作业区、建筑物、构筑物室内外标高的确定,以保证场地的平整度和考虑防洪、排水等问题。

④综合考虑站区内水暖电各种管线的位置、高度及其间距,地下管线埋设的间距、深度及交叉点标高等。

⑤考虑站区的绿化和环境保护等要求。

(2)平面布置图例

在公路集装箱中转站的总平面布置中,集装箱堆场和拆装箱库及其作业区域,是全站生产性建、构筑物的重点,占地面积比较大,因此要作为重点考虑。而集装箱堆场的布置形式又是根据所选择的装卸工艺方案来确定的。图 5-1、图 5-2 和图 5-3 是公路集装箱中转站三种不同装卸工艺方案的典型平面布置图案。

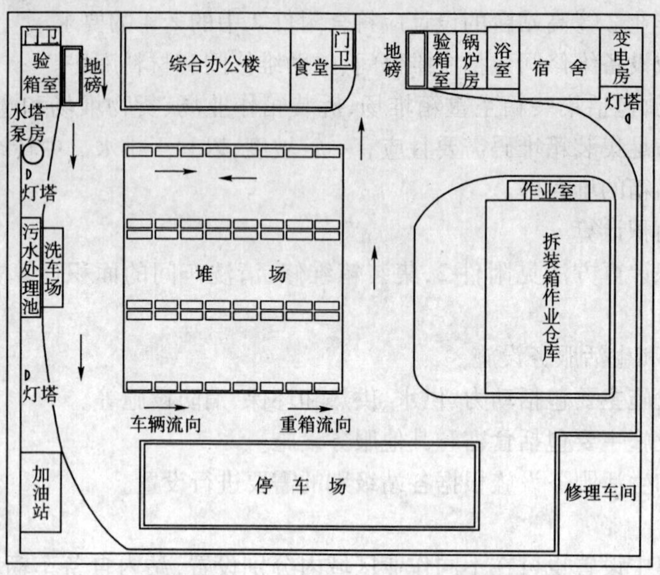

图 5-1 采用叉车工艺的中转站平面布置图

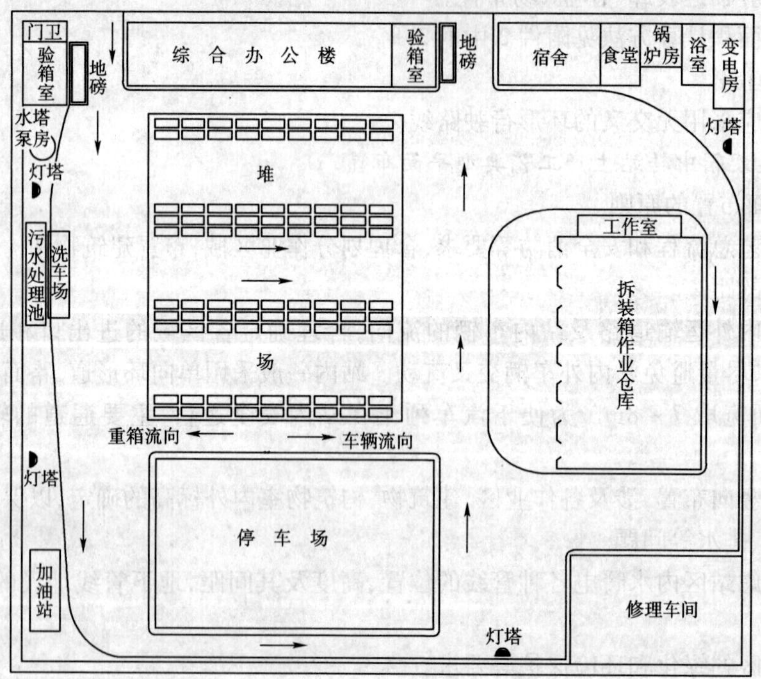

图 5-2 采用正面吊运机工艺的中转站平面布置图

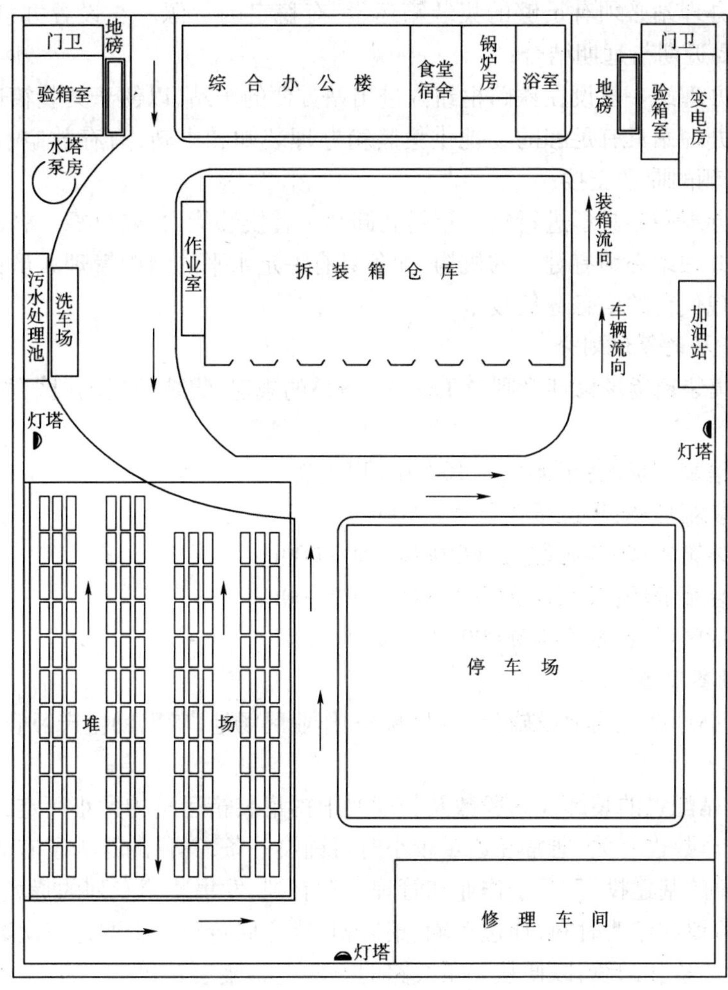

图 5-3　采用轮胎式龙门起重机工艺的中转站平面布置图

二、铁路集装箱办理站

1. 主要业务功能

铁路集装箱办理站的主要业务功能包括以下几个方面：

(1)具有编发、接编成列集装箱列车的能力；

(2)对周边地区集装箱运输具有较强的辐射作用，是区域内集装箱的集散中心，具有在周边地区发展现代物流的接口条件；

(3)具有很强的集装箱装卸储备能力和空箱调配能力；

(4)设有功能齐全的集装箱检修、清洗设施；

(5)具有现代化、开放式的管理信息系统和信息服务系统；

(6)具有办理国际集装箱运输、多式联运和“门到门”运输服务的相关功能。

2. 设置基本原则

铁路集装箱办理站设置的基本原则包括以下方面：

(1)集装箱办理站必须有足够的集装箱运量,有稳定的货源。在设置办理站前要进行货源调查与预测,要近期与远期结合;

(2)集装箱办理站一般设在铁路枢纽内进出站方便的车站,以便于集装箱运进和运出;

(3)集装箱办理站具有足够的场地供集装箱办理装卸和中转,有存放空、重箱的场地,办理站内要便于车辆的取送交接;

(4)集装箱办理站应具备进行集装箱的装卸和中转换装能力,应可靠、高效;

(5)集装箱办理站必须有健全的机构,配备具有一定水平的组织管理人员;

(6)应具备现代化的信息通信技术。

3. 集装箱货场的等级划分

依据《铁路集装箱货场设计规则》(TBJ 19—88)的规定,集装箱货场(区)按近期年运量划分为五等。

(1)特大型集装箱货区:年运量为100万t以上者。

(2)大型集装箱货场:年运量大于500 000t。

(3)中型集装箱货场:年运量为300 000t~500 000t。

(4)小型集装箱货场:年运量为100 000t~300 000t。

(5)集装箱货区:年运量为100 000t及其以下。

4. 设施与设备配备

铁路集装箱办理站的场地设施包括:装卸线、作业区场地、辅助助生产及管理区设施等。

(1)装卸线。

集装箱办理站配置的装卸线的股数及长度要根据集装箱运量的大小而定,同时,与集装箱场地条件和取送车数也有关,通常在运量较小时可铺设一条,其目的是为了有效利用箱位和场地,减少装卸线路的基建投资,便于作业和管理。对有到、发集装箱专列的货场,可设二条装卸线,以缩短车辆停留和作业时间,加速车辆、集装箱、货位周转和减少取送车次数。中转作业重大的中转站可设二条装卸线,以便从一条线路的车辆上将集装箱吊起直接换装到停放在另一线路的车辆上。

装卸线的长度,小型办理站一般应不小于10辆货车的长度,每辆车按14m计算,则至少不小于140m;一般的集装箱办理站应不小于280m;接发集装箱专列的集装箱办理站,按50辆专用车组成专列长度的一半,即350m计算。

(2)作业区场地。

作业区场地面积大小,主要取决于集装箱货运量。根据集装箱货运量以及场内存放的重、空集装箱数量,根据每日作业量、作业方式、存放集装箱数、保管期限、堆放层数、"门到门"运输比重和集装箱场地的备用系数等条件来计算办理站需要的箱位数,再综合考虑自动化程度、装卸机械类型、通路布置形式等因素来求得集装箱场的总需要面积。

集装箱场箱位数,一般采用式(5-1)计算。

$$E = a[(1-P_1)B_1N_{卸}t_{卸} + (1-P_2)B_2N_{卸}t_{装} + \gamma(N_{装}+N_{卸})t_{修}] \tag{5-1}$$

式中:E——集装箱场的箱位数;

a——在指定的集装箱运量条件下,由于货车集中送达而造成的装卸作业不均衡系数;

P_1、P_2——由于直接办理"门到门"运输换装作业,而不在场内存放的集装箱,分别占卸车或

装车集装箱的百分数(即直接换装系数);

B_1——由于到达集装箱在规定期限内未搬出,而造成保管期增加的系数;

B_2——集装箱空箱位需要量的系数(按编组方向固定箱位时);

$N_{装}$、$N_{卸}$——平均每昼夜卸、装的集装箱数;

$t_{卸}$、$t_{装}$——分别为到达和发送的集装箱在场内的保管期(天);

γ——保管技术状态不良的集装箱,场地需要面积附加系数;

$t_{修}$——技术状态不良的集装箱在场内的计算保管期(天)。

若该集装箱场除办理到达与发送集装箱作业外,还办理中转集装箱作业时,须加算存放中转集装箱需要的箱位数量。集装箱在站的停留时间,一般到达按 3 天、发送按 2 天、中转按 1 天计算。

为了计算简便,可以用式(5-2)概算。

$$E = Q_{年}\ t_{停}\ a/365 \times P_{静} \tag{5-2}$$

式中:$Q_{年}$——年度集装箱运量(t);

$t_{停}$——集装箱停留时间(天);

a——不均衡系数,一般取 1.2;

$P_{静}$——集装箱平均静载重(t)。

(3)箱区划分。

一个集装箱办理站,要正确划分作业箱区。一般将作业箱区划分为五个部分,其中包括:到达和发送箱区、中转箱区、拆装箱区、备用箱区和维修箱区。

①到达和发送箱区。这是将到达的集装箱用拖挂车、半挂车、载重汽车送到货主或把货主托运的集装箱送到集装箱办理站作业的场区。集装箱的装卸应该方便,应包括对铁路车辆和对公路车辆均有利的原则。到达的集装箱应卸在靠道路的箱位以便于装上汽车,如果是发送的集装箱,需布置在使于装上铁路车辆的箱位。

②中转箱区。对于中转量小的集装箱办理站,中转箱区可与到发箱区混用,对于中转作业量大的集装箱场,应布置在便于由一辆车换装到另一辆车的地方。中转时间长的集装箱可选择停放作业不繁忙的箱位。

③拆装箱区。场内拆装箱是集装箱运输一种落后作业形式,随着集装箱运输的发展,货主的装卸设备逐渐完善,这个箱区将逐渐减少,这个箱区应选择在场地较宽且与龙门起重机或其他作业干扰少的悬臂下较好,这个箱区还可以单独设置在装卸场以外。

④备用箱区。这个箱区可以与存放箱区视为一体,为了适应有的集装箱不能马上运走的情况,又要减少其占用集装箱货场主要装卸机械作业范围内的箱位时间,以提高箱位利用率也就是提高箱场能力,同时便于集中管理,一般备用箱区设置在集装箱龙门起重机范围之外。

⑤维修箱区。此区宜设在离维修组不远的地方,便于待修箱和已修箱的转移和存放。

(4)辅助生产及管理区设施。

为保证运输中的箱源不受损失,及时维修一些因事故损坏的箱体,集装箱办理站应视运量情况设集装箱维修组,同时,拖挂车或汽车到集装箱场取送集装箱或拆装箱货物时,由于办理手续而需作短暂的停留,为此需设拖挂车及汽车停车场。为便于集装箱办理站的综合管理,应考虑管理区设施。而且办公作业区与地面和道路应与办理站的整体规划相协调。此外,一定

要设排水沟,要考虑设地下式消火栓等一系列安全设施。

5. 典型工艺

铁路集装箱办理站绝大多数是在原有的货运站开辟一个集装箱货区,在到、发货源足够的情况下,创造一些其他的条件,开办而成。大部分是用原有的起重机械装卸集装箱,国内外均如此。我国近几年改造和新建了一批集装箱货场,使集装箱办理站具有一定的规模。一般而言,铁路集装箱办理站以轨道式龙门起重机为主机型,辅以叉车或正面吊运机等进行作业。

集装箱办理站的典型工艺可归纳为:到站的集装箱以龙门起重机卸下,放至机下堆置场临时存放,或直接运至机外堆置场,如果信息传递得及时,直接卸至货车、拖车上运送到货主处,更为方便。反之,货主的集装箱直接运至堆置场,用龙门起重机装到铁道车辆上,如图 5-4 所示。

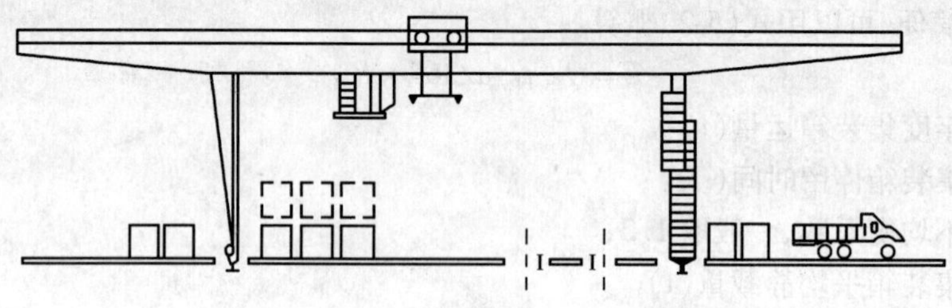

图 5-4　办理站典型工艺简图

第三节　运输组织管理

集装箱中转站作为集装箱运输过程中很重要的一个环节,在整个集装箱运输飞速发展的同时,也得到了长足的发展。随着集装箱中转站市场的迅速发展和逐步成熟,有必要对集装箱中转进行科学和合理的组织管理,使集装箱中转站更加适应集装箱运输发展的大环境和大方向。同时,使集装箱中转站运营更加高效化、科学化、节能化和合理化。本节主要介绍集装箱中转站的业务流程、组织管理和建设与经营条件。

一、运输组织形式

由于集装箱运输是一种新的现代化运输组织方式,它与传统的货物运输有很多不同,做法也不一样,目前国际上对集装箱运输尚没有一个行之有效并被普遍接受的统一做法。但在处理具体的集装箱业务中,各国大体上做法近似。

1. 集装箱货物装箱形式

(1)整箱(Full Container Load,FCL),是指货方自行将货物装满整箱以后,以箱为单位托运的集装箱。这种情况通常在货主有足够货源装载一个或数个整箱时采用,除有些大的货主自己置备有集装箱外,一般都是向承运人或集装箱租赁公司租用一定的集装箱。空箱运到工厂或仓库后,在海关人员的监管下,货主把货物装入箱内、加锁、铅封后交承运人并取得站场收据,最后凭收据换取提单或运单。

(2)拼箱(Less Than Container Load,LCL),是指承运人(或代理人)接受货主托运的数量不足整箱的小票货运后,根据货物性质和目的地进行分类整理,把去同一目的地的货,集中到

一定数量拼装入箱。由于一个箱内有不同货主的货拼装在一起,所以叫拼箱。这种情况在货主托运数量不足装满整箱时采用。拼箱货的分类、整理、集中、装箱(拆箱)、交货等工作均在承运人码头、集装箱货运站或内陆集装箱转运站进行。

(3)整列,是指铁路编排的整列的、到达同一终点站的集装箱货源,通常属于集装箱直达列车运输的对象。这类货源一般在水——铁联运中形成。当铁路在集装箱码头联运从船上卸下的大批集装箱时,就能编组这样的整列集装箱货源。内陆铁路集装箱办理站很难编列这样的整列货源。

(4)整车,是指形成一节车皮的集装箱货源。铁路集装箱专用车长度通常为60ft,最长的达90ft,所以一节整车可装载3~4个20ft集装箱。对铁路来说,形成整车的集装箱货源,在编排时总是占一节车皮,所以比较有利。因此,为了鼓励托运人"整车"托运,规定一节集装箱车皮,不管是否装满,均按整车计费。托运人为减少每个集装箱分摊的费用,会尽量配齐一节整车货源。

2. 集装箱货物运输组织形式

目前集装箱运输组织方式主要从公路和铁路两种运输方式分类。公路运输主要包括:牵引、半挂车、自装自卸车等组织方式。铁路运输主要包括:集装箱定期直达列车、集装箱专运列车、一般的快运货物列车以及普通的货运列车等组织方式。

(1)集装箱定期直达列车。

集装箱定期直达列车主要用于处理整列的集装箱货源。集装箱定期直达列车起源于英国,后在美国与欧洲一些国家广泛采用。集装箱定期直达列车一般定点、定线、定期运行,发货人需预约箱位,准时发到箱子;集装箱定期直达列车通常固定车皮的编排,卸货后,循环装货,不轻易拆开重新编组。列车编组一般不长,多以20辆专用车为一列。集装箱定期直达列车的终端站,一般用一台龙门吊,下设两三股铁路线和一条集装箱卡车通道,进行铁——公换装。大的集装箱办理站有2~3台龙门吊,下面有6股铁路线。龙门吊一侧悬臂下为集装箱堆场,另一侧为集装箱卡车通道,以此完成换装工作。每次列车通常在到达几分钟后就开始装卸,在大的中转办理站,一次列车从卸货到装货启程返回,一般不超过2h。为了加速与简化列车到发作业,铁路集装箱办理站一般拥有联络线、机车调头设备及其他有关作业设备。

在英国,每一个集装箱办理站对发出的集装箱列车考虑留有空位,以使下面的办理站可以补充装箱。办理站在列车出发前一星期开始受理货主预订,在前一天14点截止预订;已预订的集装箱必须在列车发车1h前到达办理站装车。列车出发前30min,每个办理站向下一办理站发出预报,预报内容包括列车情况、技术要求、集装箱资料、在下一办理站换装作业情况、换装后集装箱送达地点等。

(2)集装箱专运列车。

集装箱专运列车也是用于处理整列的集装箱货源。它与集装箱定期直达列车的区别在于:不是定期发车;一般运程较长,主要用于处理货源不均衡与货期不稳定的问题。它与集装箱定期直达列车相同之处是两者通常均列入铁路运行图。

(3)一般的快运货物列车。

对于整车的集装箱货源,通常难以编入定期直达列车或专运列车,一般可在集装箱办理站装车皮后,在铁路编组站编入普通的快运货物列车。这类快运列车的车速一般可达100km/h

以上。

(4)普通的货运列车。

对于整箱的集装箱货源与拼箱的集装箱货源,通常编入普通的货运列车装运。它的装运速度与到站后的装卸效率,远不如直达列车与专运列车,时间上也是不定期的。

二、业务流程

在讨论集装箱中转站的业务流程时,主要以铁路集装箱办理站的作业模式和处理流程为例进行分析。铁路集装箱办理站的作业模式和工作流程分为在办理站门内、大门、门外三部分。

1. 办理站大门外集装箱工作流程

办理站大门外集装箱工作流程主要为承运受理、验箱、到达交付、掏箱等。

(1)承运受理处理流程。周边地区辐射范围内的货物,需要铁路集装箱运输时,由客户或货运代理向专办站提出申请,填写货物运单,办理站营业厅货运代理点受理承运,并办理货票。办理站进行计划调度,调出空箱,空箱出中转站大门后送托运人指定的装箱地点,装箱后在发送重箱到达办理站时,在办理站大门外进行验货、施封,之后办理交接,发送重箱进入承运状态,并纳入办理站运输作业流程。

(2)到达交付流程。重箱随集装箱列车到达办理站后,办理站向客户或货运代理发出到货领取通知。收货人凭货物运单提取集装箱,与车站办理交接。到达重箱出办理站大门后送到收货人指定的地点,然后,将货物从集装箱中取出,进行掏箱作业。掏箱完毕,空箱送回办理站大门办理交接,空箱纳入中转站统一调配。

2. 办理站大门集装箱工作流程

发送重箱或铁路空箱运送至办理站大门时,作业如下:

(1)验证集装箱卡车驾驶员身份;

(2)查验核对货票、箱号自动识别;

(3)检查箱体外观、铅封及检验;

(4)录入并验证箱号,根据计算机接收的调度指令,指定重箱或铁路空箱送达的位置;

(5)重箱或铁路空箱出办理站大门,在检查桥下进行货票、箱号查验,与计算机接收的调度指令核对无误后放行,重箱或铁路空箱送货主指定的位置;

(6)出现意外情况,补录数据。

3. 办理站大门内集装箱工作流程

(1)重箱到达作业流程,如图 5-5 所示。

集装箱班列到达装卸线后,到达重箱分别进入以下三个作业流程。

①站外集装箱卡车与到达集装箱列车时间衔接好的到达重箱,可以从集装箱列车直接装上站外集装箱卡车,运送出站;

②站外集装箱卡车与到达集装箱列车时间未衔接好的到达重箱,先卸到主箱场到达箱区分区堆码,取箱的站外集装箱卡车从到达箱区装车出站;

③性质特别的到达箱,如国际箱、特种箱等,需要堆存时间长或需要进行相关作业检查,由集装箱列车卸下直接上站内拖挂车,分别送到辅助箱场的各箱区分类堆码,进行相关作业检查

后，在辅助箱场的各箱区装站外集装箱卡车出站。

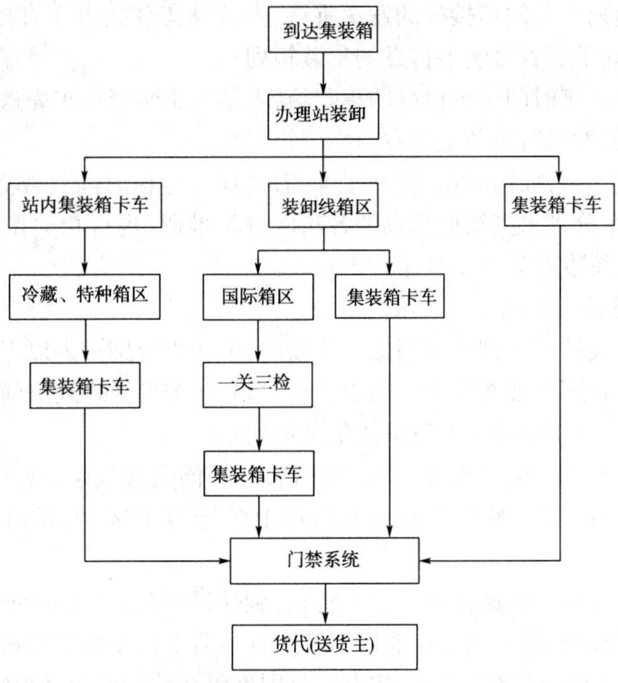

图 5-5　办理站到达集装箱作业流程图

（2）重箱发送作业流程，如图 5-6 所示。

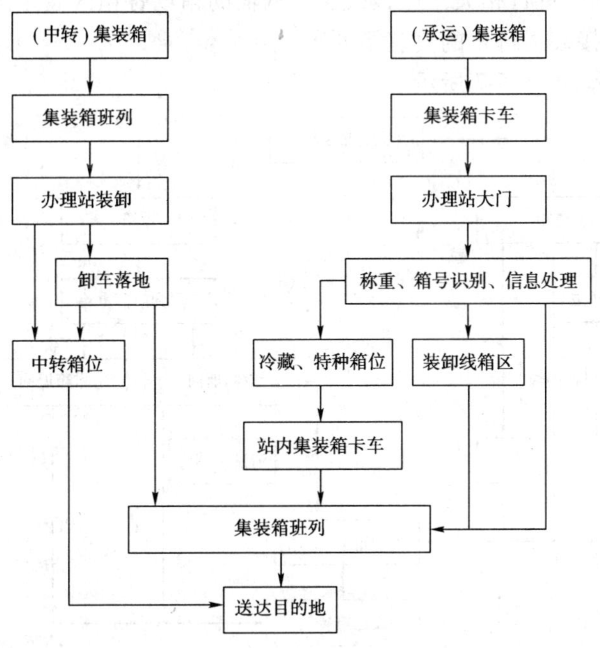

图 5-6　办理站发送、中转集装箱作业流程图

发送重箱进站后分别进入以下三个流程：

①与发送集装箱列车时间衔接好的发送重箱，由站外集装箱卡车直接送到主箱场装卸作业区，从集装箱卡车卸下后直接装上待发的集装箱列车；

②与发送集装箱列车时间未衔接好的集装箱，由站外集装箱卡车先送到主箱场发送箱区，按发送方向分区堆码，发送时再装上待发的集装箱列车；

③性质特别的到达箱，如国际箱、特种箱等，需要在站停留时间长或需要进行相关作业检查，由站外集装箱卡车分别送到辅助箱场的各箱区分类堆码，进行相关作业检查后，发送时再送至主箱场直接装上待发的集装箱列车。

(3)中转箱作业流程，如图5-6所示。

集装箱班列或小运转列车到达办理站主箱场后，中转箱分别进入以下以下四个作业流程：

①对到达与发送在同一装卸作业区的中转箱，当到达与发送班列时间衔接好时，直接在两列车之间不落地换装，将中转箱装上待发的集装箱列车；

②对到达与发送在同一装卸作业区的中转箱，但不能直接换装，或当到达与发送班列时间未衔接好时，到达卸下后，按方向分别堆码在中转箱分类区，发送时再装上待发的集装箱列车；

③对到达与发送在同一装卸作业区的中转箱，到达卸下后，按方向分别堆码在中转箱区，发送时，由站内拖挂车运到另一装卸作业区不落地直接装上待发的集装箱列车，或到达后直接卸至站内拖挂车，运到另一装卸作业区，按方向分别堆码在装卸作业区中转箱区，发送时，直接装上待发的集装箱列车；

④中转停留时间较长或性质特别的集装箱到达后，不落地直接装上站内拖挂车，再送到辅助箱场各箱区分类堆码，进行相关作业，发送时，从辅助箱场各箱区装站内拖挂车，运到主箱场装卸作业区不落地直接装上待发的集装箱列车。

(4)空箱作业流程，如图5-7所示。

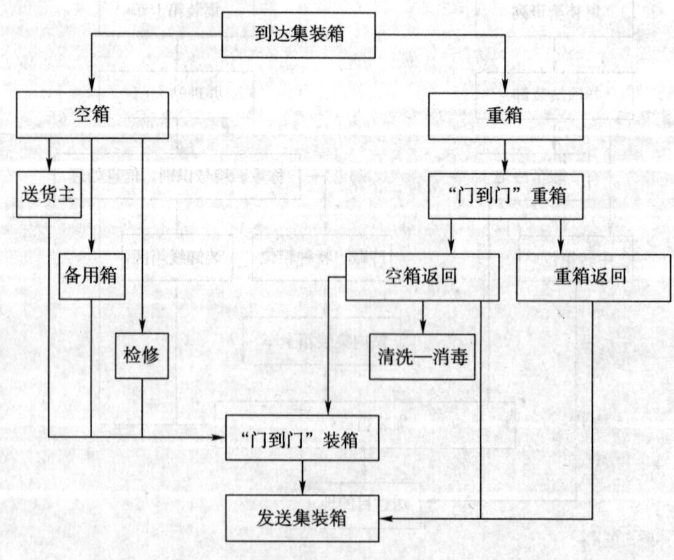

图5-7　办理站空箱、备用集装箱作业流程图

进入集装箱办理站的空箱有三种状态:完好箱、坏箱、污箱。办理站到达或发送的铁路空箱,分别进入以下六个流程:

①随集装箱列车到达办理站的空箱,不落地直接卸至办理站送到辅助箱场,或先卸到主箱场到达箱区,再装站内拖挂车,完好箱送到辅助箱场空箱区堆码,坏箱送到辅助箱场修箱区堆码并修理;

②由货主返回办理站的空箱,办理还箱手续后,完好箱送到辅助箱场空箱区堆码,坏箱送到辅助箱场修箱区堆码并修理,污箱送到辅助箱场清洗、消毒箱区进行处理;

③需要发送辅助箱场空箱区的空箱时,由站内拖挂车送到主箱场装卸作业区不落地直接装上发送列车。需要运送货主空箱时,办理有关手续后,装站外集装箱货车出站,送到货主指定的地点装箱。需要补充备用箱时,在辅助箱场空箱区装站内拖挂车,送到辅助箱场备用箱区堆码;

④需要修理的空箱,站内能够修理的,经修理后装站内拖挂车,送到辅助箱场空箱区堆码,或直接补充回辅助箱场备用箱区堆码。站内不能够修理的空箱,在辅助箱场修箱区装站外货车,送到站外专门维修点修理后,再送回站内空箱区;

⑤根据运输需要使用备用箱时,由站内拖挂车或集装箱卡车将备用箱区的空箱送到指定的作业地点装箱;

⑥需要清洗、消毒的空箱,经过清洗、消毒等处理后,装站内拖挂车,送到辅助箱场空箱区堆码。

(5)备用箱作业流程,如图5-7所示。

三、组织管理

集装箱中转站负责集装箱的中转、储存保管、拆装箱等业务,有的还兼营集装箱的清洗和修理等,涉及的单位很多。它既要配合船舶公司、港口做好出口集装箱货物到站装箱、拼箱工作,又要协助港口做好进口拼箱货的保管和交付工作。为了提高集装箱货运站的服务质量,加速集装箱的周转,必须对各项业务进行科学管理,使各项进出口业务顺利进行。

为了保证集装箱运输中转作业质量,对集装箱货物换装作业要进行科学的组织管理,要尽量减少集装箱货物倒装次数、在途时间、运输装卸过程,降低集装箱中转费用,提高运输装卸质量,减少货物损失。一般采取的集装箱中转作业组织形式和管理方法有以下几种。

1. 箱不落地,直接转换

采取这种方法,要具备良好的通信手段和运输部门的密切配合,合理调度指挥,在不同运输方式中,使换转的集装箱于同一时间或相近时间内到达同一地点,进行直接转换作业。这种作业形式的优点是不产生集装箱仓储作业,减少装卸次数,降低集装箱中转费用,加快集装箱周转,提高中转站的通过能力和中转效率。

2. 箱不进仓,及时中转

这种方法是在车船间不能直接转换而又急待装运的情况下进行的。集装箱卸车后,暂时就地堆放,箱不进仓。其优点是可以缩短集装箱在中转站的停留时间,减少中转仓储作业环节,节约中转费用,加快集装箱货物周转。

3. 集装箱或货物先进库,后中转

这种方法适用于因车、船等运输工具无法紧密衔接,集装箱或其货物必须先进库,等待安排好运输计划,再进行中转。例如集装箱货物运输计划尚未批准,或者集装箱需按方向重量进行集配作业等环节。这种方法与上述两种方法比较,虽然增加了作业项目,延长了中转时间,但在无法实现上两种方法时,只能采取这种方法,也是目前经常采用的一种方法。

四、建设与经营管理

集装箱中转站的经营人是指对货运站进行投资建设、经营管理的机构。一般来说可以是海上运输的集装箱公司、铁路或公路运输经营人,也可以是开展集装箱多式联运的多式联运经营人、无船承运人和较有实力的货运代理人。从我国集装箱运输的发展来看,一些港口企业、地方主管机构也在其本地和内陆腹地采用独资或合作方式建立和经营码头货运站或内陆货运站。

在集装箱中转站市场形成一定的规模后,如何适应集装箱运输飞速发展的大环境,如何在市场竞争中获得优势,其关键就是提高建设与经营水平。即从各个方面逐步改善建设与经营水平,全面提高集装箱中转站的发展水平。

1. 前期论证

目前,我国具有一定规模的公路集装箱运输中转站还很少,这同我国集装箱内陆多式联运尚未充分开展有关,也与我国的公路网络尚未充分构建、公路级别低有关。同时,我国某些地区的城市化程度也较低,消费能力有限,在一定程度上自然经济状况较落后,这也制约了现代化程度很高的公路集装箱运输的发展。另外,由于我国目前一些高等级道路均由各市、县自筹资金修建,为了建设资金的回收,在国家政策允许的范围内建设各方均分段设卡,对过路车辆收取费用,这大大加重了公路集装箱卡车的运输成本。据统计,从上海通过公路运输一只40ft集装箱到成都,仅过路费就高达2000元左右,这就大大削弱了集装箱运输的优势,制约了这种高效运输方式在公路运输中的运用。

但随着我国经济的进一步增长,公路建设的快速发展,尤其是西部地区的开发,迅速改善了原经济落后地区的交通状况,集装箱公路运输将会在内陆地区得到很好的发展。这会促使大量公路运输集装箱中转站的投资与建设。

公路运输集装箱中转站的设置,一般应进行以下方面的论证。

1)货源论证

货源论证是最重要的论证。只有拥有充足的货源,才有可能形成一个公路运输集装箱中转站。货源论证应从以下方面调研。

(1)周边地区经济调查,主要调查周边地区的经济总量、经济增长情况、各种原材料和商品的进出口情况和储存情况。

(2)周边地区物流情况调查,主要调查周边地区物流发展水平,即有没有大的物流中心和配送中心、物流的主要流向、主要运输企业及运输企业的能力,尤其是公路运输企业的能力。

(3)周边地区集装箱运输的发展状况调查,主要是弄清周边地区有没有成规模的集装箱海港、集装箱河港、集装箱铁路货运站、其他公路运输集装箱中转站、大的内陆集装箱堆场。了解这些集装箱运输散点的每年吞吐能力和主要业务操作流程、集装箱的流向及其中通过公路运输的箱量与流向、主要货主的情况、年需求量及未来生产增长的趋势等。

2）交通状况论证

这也是建立公路集装箱中转站的重要前提之一。即使周边地区集装箱货源较为充足，如没有充分发展的道路资源，也不可能较好地开展集装箱公路运输。交通状况论证包含以下内容。

（1）所选择的集装箱主要集散点的道路状况。

（2）道路向各主要集装箱运输需求地点发射的情况，能否进行“门到门”的送达。

（3）在道路网络中，能否找到适当地点设置公路运输集装箱中转站。这个适当地点的条件是：

①有一定的平面区域；

②处于主要的高速公路或高等级公路的旁边，可以最快地进入高等级公路网络，最好是无障碍公路（高速公路）网络；

③有现成的供水、供电条件；

④为当地环保等政策与布局所允许；

⑤地质条件能否满足需要。集装箱公路运输中转站站区地基土的容许承载力要大于 $5t/m^2$，要避开断层、塌方、滑坡地带。

3）经济论证

如前两方面论证认为有设置公路运输集装箱中转站的可能性，则可进入经济论证阶段。公路运输集装箱中转站归根结底是一个经济组织，它必须收支相抵，能取得盈利，能在适当期间收回投资，才可能生存。

（1）项目总投资。

总投资包括设计费用、基础设施投资、机械设备投资、辅助设施投资、贷款利息等。

（2）项目运行成本。

中转站投入运营后，估计一年的运行成本，包括人员工资、机械设备与房屋建筑折旧、各项管理费用、利息与税收。

（3）项目运行收入。

中转站投入运营后，预计一年的营业收入，包括中转站装卸收入、堆存收入、拆装箱收入、代理收入、修箱收入与其他收入等。

（4）项目可行性分析。

预计总投资、收入、成本后，就可以按项目可行性分析的程序，采用一些方法，计算有关指标，如投资回收期、净现值、净现值指数、内含报酬率等，全面论证项目的经济可行性。

（5）筹资方案论证。

如经过经济分析，认为项目有较好的经济前景，就可进行筹资的方案论证，确定筹资渠道、筹资结构、筹资成本、债务偿还的方式等。

在进行公路运输集装箱中转站投资的经济论证时，在考虑微观效益的同时，还一定要考虑其宏观效益。因此交通设施的投资，在相当大的程度上，会带动周边地区经济的增长，有很大的“前向乘数”与“后向乘数”效应，所以一定要充分考虑这些因素。交通运输设施本身大多是微利的。有些投资,仅靠自身的效益,要很长时期才能得到回收,甚至根本不可能得到回收,但它却可能给周边经济发展带来巨大的机会和收益。所以,在公路运输集装箱中转站项目论证时,应充分取得当地政府的支持,努力争取政策倾斜,如取得低息贷款等,使项目更具有经济可行性。

2. 建设原则

(1)建设选址应与当地的经济发展相适应,集装箱中转站的建设要有利于地区综合运输的规划与发展。

(2)充分考虑站址的地形、地貌和集装箱运输的功能要求,合理规划营业区、生产区、辅助生产区、库区、停车区等,力求做到区域划分明了,联系方便。

(3)各区域的布置,既要做到节约面积、提高面积利用率,又要满足生产工艺流程对面积的要求。

(4)充分考虑集装箱中转站的功能要求,设施、设备的建设要符合标准。

(5)建筑物的位置、形式要符合城市建设规划要求,并能突出反映集装箱运输的特征。

(6)充分考虑防火、卫生、环保及废物处理等方面的要求,还要留有必要的空间,满足发展需要。

3. 经营条件

(1)有完整的企业章程。

(2)有与其经营范围和服务对象相适应的运输船舶、车辆、设备及其他有关设施。

(3)有健全的组织机构、固定的营业场所。

(4)有经过业务和技术考核并取得合格证的必要管理人员。

(5)有符合规定的场站。

(6)有与所经营的集装箱运输业务相适应的注册资本和自有流动资金。

(7)国家法律、法规规定的设立企业的其他条件。

(8)设立承运海上国际集装箱的内陆中转站、货运站,还应当向海关办理登记手续。

4. 申请设立集装箱中转站的相关程序

(1)集装箱运输企业、集装箱货运站或中转站的开业申请,由地级道路运政管理机构审批。

(2)国际集装箱运输企业和集装箱运输网络中的重要中转站的开业申请,由省级道路运政管理机构审批。

(3)申请人应持申请报告、项目建议书、可行性研究报告、企业章程(草案)、验资证明或资产评估证明以及办公场所证明等有关资料,向市运管处提出申请。经审核后,由市交通行政主管部门报省交通行政主管部门审批,领取《经营许可证》。

(4)取得《经营许可证》的申请人,应持证到工商、税务部门办理营业执照、税务登记手续,向海关申请办理有关登记手续后,方可开展经营业务。

(5)集装箱中转站企业要变更名称、地址、经营规模、经营范围、隶属关系、经济性质或停业的,须按开业审批程序办理变更或注销手续。要求停业的企业,必须在停业前90天向市运管处提出申请。

五、集装箱中转站的发展方向

在整个运输和流通过程中，中转站是干线运输网和城市货运网中集装箱货物中转衔接的集散场所，是综合运输体系中的重要有机组成部分。组织好这个环节，对货畅其流加速集装箱周转，降低商品流通费用，提高运输效率，方便货主，改善城市交通等方面具有良好的社会经济效益。

根据《关于进一步发展国内集装箱运输的通知》，"各地要根据铁路、水路和公路国内集装箱运输发展规划，调动各方面的积极性，充分利用各单位的现有设施，广泛筹集资金，在铁路集装箱办理站和水路、公路、枢纽港附近，改建或新建一批国内集装箱中转站"。《通知》还具体指出："要加强国内集装箱中转站的建设和管理，合理规划布局，搞好宏观控制，避免重复建设。所有国内集装箱中转站，不论其隶属关系如何，都要纳入统一规划"。"加强运输企业与联运、集装箱企业间的合作，按照自愿、平等、互利的原则，联合建设中转站，实行联合经营"。

因此，从长远观点看，集装箱中转站的建设方向是：要逐步建成一个功能多样化、经营开放化、服务社会化、管理科学化、设施现代化、布局网络化的横向联合经营体。

1. 功能多样化

运输、内贸、外贸等部门，在建设中转站时，要根据中转站集装箱货物运输批量多、运量小、流向广、中转环节多的特点，把中转站建设成为既能办理集装箱联运业务，又能办理中转、换装、发送和仓储等业务的多功能经营体。

2. 经营开放化

为挖掘运输、仓储设备能力，各部门在保证完成本系统集装箱中转任务的前提下，要打破部门、行业、所有制界限，面向社会，面向市场，开展中转、仓储业务，实行开放型经营，以充分发挥各部门的现有设备能力，挖掘部门运输潜力，提高汽车运输效率，降低运输费用。

3. 服务社会化

集装箱中转站一方面要为社会提供运输服务，组织运输工具，选择经济路径，提供仓储、中转、换装条件等；另一方面要为运输工具组织货源。这就需要其提供优良的服务质量和运输质量，开展生产服务全过程的全面质量管理。

4. 管理科学化

集装箱联运企业要有较高的企业素质，并形成良好的企业文化。同时，要提高其员工的文化素质和技术水平。总之，要求企业拥有良好的经营模式和现代化管理能力。

5. 设施现代化

集装箱中转站要积极创造条件，实现设备、管理、信息三大系统的机械化、自动化、系列化，减轻工作人员劳动强度，提高劳动效率，以适应社会发展和现代交通运输发展的需要。

6. 网点布局合理化

集装箱中转联运，在组网扩网中，一方面要不断吸收新的成员，一方面要加强网与网之间互相联结，分层次地逐步形成一个以干线为主体，各地区、各城市之间互相衔接的运输代理集装箱联运网络，以适应国民经济发展和商品流通的需要。

复习思考题

1. 什么是集装箱中转站?
2. 阐述集装箱中转站的功能和作用。
3. 集装箱中转站的主要任务是什么?
4. 阐述公路集装箱中转站的站级划分标准。
5. 铁路办理站的业务包括哪些流程?
6. 阐述我国集装箱中转站的发展方向。

第六章　集装箱运输的运费与经济分析

本章将系统介绍集装箱运费的构成、计收以及计算方法，分别从国际海上集装箱运输、铁路集装箱运输、道路集装箱运输、航空集装箱运输以及多式联运集装箱运输等方面展开论述，并以此为基础，提出集装箱运输经济分析的内容及方法。通过本章的学习，应该掌握集装箱运价的构成及计算，能够进行集装箱运输经济分析。

第一节　集装箱运费的概念及构成

本节主要介绍集装箱运费的构成，并更深一层地介绍各个构成部分的构成要素。通过本节的学习，我们应该掌握任意两地之间的集装箱运价构成。

一、集装箱运费的概念

船公司或其他类型的承运人在进行货物运输过程中，不可避免地要发生诸如船员工资、伙食、燃油、物料、港口设施的使用、船舶修理、保险，以及企业管理费用等为营运需要而支付的各种开支。此外，为维护和扩大再生产，还要计算折旧和获得一定的利润。因此，为补偿这些开支和获得一定的利润，应向货物托运人收取一定的运输费用，而运费是由承运人对所承运的货物收取的报酬，运费的单位价格就是运价。国际海运运价不是一个简单的价格金额，而是包括费率标准，计收办法，成果双方责任、费用、风险划分的综合概念。

集装箱运价是集装箱单位货物运输费用，而集装箱运费是集装箱运价的总和。集装箱货物在国际多式联运下，由于承运人对货物的风险和责任有所扩大，因此，集装箱的运价一般包括装船港承运人码头堆场或货运站至卸船港承运人码头堆场或货运站的全过程费用，如由承运人负责安排全程运输，所收取的运费中还应包括内陆运输的费用。但从总的方面来说，集装箱运费仍是由海运运费加上各种集装箱运输有关的费用形成，这是集装箱运价构成的基本概念。

二、基本构成

1．集散运费

集装箱集散运输又叫支线运输，是对远洋干线集装箱运输而言，是国际集装箱运输的一种运输组织方式。干线集装箱船舶枢纽港通过沿海和内河支线以及公路、铁路支线网络系统向集装箱枢纽港的干线集装箱船舶集中集装箱货物，以及通过这个支线网络系统向集装箱枢纽港疏散干线集装箱船的集装箱货物。

2. 港区服务费

港口既为船方服务又为货方服务，主要是为船舶服务，所以码头经营人收取的是其为集装箱运输提供服务的费用。

3. 海上运费

海上运费是指海上运输区段的国际集装箱运输费用，一般为远洋干线集装箱运输的运费。远洋干线集装箱运输主要采取大型和超大型集装箱船舶，集装箱货运量大（对集散运输而言），运输距离长，风险责任大，是国际集装箱运费最主要部分，根据班轮公会或班轮公司运价本的规定，国际集装箱海上运费向托运人或收货人计收。

三、详细构成

国际集装箱运费的构成要素涉及面较大，线路上包括"门、站、场"，服务上包括运输、装卸、管理等，因此其运费的计算项目颇多，其主要构成如图6-1所示。

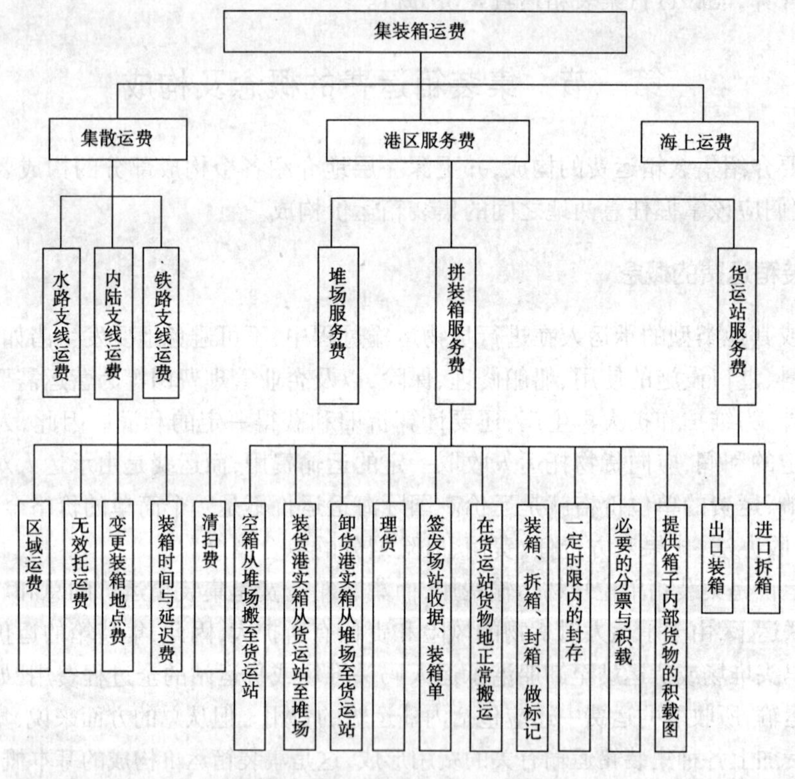

图6-1 国际集装箱运费主要构成

1. 国际集装箱海上运费

海上运费在整个集装箱运输费用中占主要部分，其内部计算比较简单，只是单一从一个港口到另外一个港口的运输费用。

2. 国际集装箱港区服务费

集装箱港区服务费包括集装箱堆场服务费和集装箱货运站拼、装箱服务费以及货运站服务费。

(1)集装箱堆场服务费(码头服务费)一般按集装箱装卸包干费向船方计收。重箱堆存费分别向收、发货人计收。空箱堆存费向船方计收。

装货港集装箱堆场服务包括:接收出口的集装箱→在堆场按规定分类堆存→搬运至码头前沿装船。这三个部分的费用构成了装货港的堆场服务费。同样,卸货港集装箱场服务费包括:从船上卸下进口集装箱→搬运到堆场按规定分类堆存→交付进口集装箱的费用。

(2)拼、装箱服务费一般采用集装箱包干费计收。对“提单”列明集装箱货运站交付的,拆装箱包干费向船方计收;应货方要求进行拆装箱的,拆装箱包干费向货方计收。

拼箱服务费包括为完成下列服务项目而收取的费用:

①将空箱从堆场运至货运站;

②将装好货的实箱从货运站运至堆场(装船港);

③将实箱从堆场运至货运站(卸船港);

④理货;

⑤签发场站收据、装箱单;

⑥在货运站货物地正常搬运;

⑦装箱、拆箱、封箱、做标记;

⑧一定期限内的堆存;

⑨必要的分票与积载;

⑩提供箱子内部货物的积载图。

(3)集装箱货运站服务费。

集装箱货运站完成下列服务项目时计收服务费:

①出口装箱。将空箱从堆场运至货运站并办理集装箱设备交接发手续;将货物从货方车上卸到集装箱货运站并办理货运交接手续;将出口集装箱货物分类归垛;联系海关、商检和理货等业务;货物在货运站正常搬运;对货物进行装箱并对箱内货物进行一般加固;编制“集装箱装箱单”并签发“场站收据”和“集装箱装箱单”等单证;对装好的集装箱进行封箱、做标记;把实箱运往集装箱码头堆场并办理集装箱进场交接手续等。

②进口拆箱。办理集装箱进站的货运交接手续;将集装箱从车上卸到集装箱货运站;联系海关、商检和理货等业务;将进口箱进行拆箱,做好拆箱记录并分类归垛;将货物在货运站正常搬运;联系收货人交付进口货物,并收回“正本提单”,签署“提货单”;把空箱送回海上承运人或其代理人指定的集装箱堆场,并办理空箱进场设备交接手续等。

3. 集装箱集散运费

集装箱集散运输又叫支线运输,它是通过多种运输方式来实现的,因此产生了多种支线运费,具体如下。

(1)水路支线运费。

水路支线船公司根据支线运价表向托运人或收货人计收支线运费。水运支线集装箱班轮运输包括沿海支线集装箱班轮运输和内河支线集装箱班轮运输,是采用固定船舶在国内港口之间按照公布的船期表或有规则地与干线船舶衔接的固定航线上从事国际集装箱集散运输。

如水路支线由干线船公司统一经营,可由干线船公司向托运人或收货人连同干支线运费

一起计收，进行内部核算和统一结算，也可以由支线船公司单独向托运人或收货人计收支线运费，进行独立核算。如果水路运输由支线船公司单独经营，按该支线船公司运价本计收运费，并应与干线船公司签有支线运输协议。

在开展集装箱联运条件下，水路支线做为干线船公司的分包承运人，则由干线船公司向托运人或收货人收取全程运输费用，然后再由干线船公司根据包转运输合同或协议返还给水路支线承运人运费。

(2)内陆支线运费。

公路支线运费主要有4种情况。

第一种是由干线船公司负责运输，如中国远洋运输(集团)总公司集装箱由本集团的中国汽车运输总公司承运，根据《汽车运价规则》和《中华人民共和国交通部国际集装箱运输费收规则》以及《关于调整国际集装箱汽车运输和汽车货运站部管费收项目基本费率的通知》的规定，向货方计收公路支线运费。

第二种是由干线船公司委托地方汽车运输企业承运，他们则按照各省、自治区、直辖市根据上述两个部颁文件的《实施细则》的规定向货方计收公路支线运费。

第三种是干线船公司作为多式联运经营人，公路汽车运输企业作为分包承运人，则由干线船公司向托运人或收货人一次收取全程运输费用，然后按分包运输协议支付给公路汽车运输企业。

第四种是由货主自己负责运输，干线船公司可根据事先商定的协议和有关规定，在指定的场站将集装箱及其设备出租给货主，并按规定计收费用，主要包括以下几种。

①区域运费。所谓区域运费是指承运人按货主的要求，在指定的地点间进行实箱或空箱运输所收取的费用。

②无效托运费。在承运人将集装箱空箱按货主要求运至指定地点，而货主却没有发货，且要求将箱子运回的情况，承运人将收取全区域费用以及货主宣布运输无效后可能产生的任何延迟费用。

③变更装箱地点费。如承运人应货主的要求同意改变原集装箱交付地点，货主要对承运人补偿由此引起的全部费用。

④装箱时间与延迟费。装箱时间的长短与延迟费的多少主要视港口的条件、习惯、费用支付情况而定，其差别较大。如在发货人工厂、仓库装箱时，允许免费时限为:20ft 箱——2h;40ft 箱——3h。

上述时间均从驾驶员将箱子交货主时起算，即使是阴天、雨天或恶劣气候也不能超出规定的时限。如超出规定的时限，则对超出时间计收延迟费。

⑤清扫费。使用集装箱结束后，货主有责任清扫集装箱，将清洁无味的集装箱归还给承运人。如此项工作由承运人负责，货主仍应负责其费用。

如果内陆运输由货主自己负责，承运人则可根据自己的选择和事先商定的协议，在货主指定的场所将集装箱或有关机械设备出借给货主，并按有关规定计收费用。在货主自己负责内陆运输时，其费用主要包括集装箱装卸费、超期使用费、内陆运输费。

(3)铁路支线运费

根据铁道部有关规定计收铁路支线运费，其情况与公路支线大致相同。

第二节　集装箱运价的分类与制订

目前,集装箱运输有多种形式,每种运输形式又有多种运价形式,每种运价计收方式都有自己的制订原则和背景。这里主要介绍各种集装箱运输的运价分类及制订。

一、海运集装箱运价

1. 海运集装箱运价的分类

目前,集装箱海上运输有多种运价形式,其中主要有均一费率(FAK)、包箱费率(CBR)以及运量折扣费率(TVC)等。

(1)均一费率(FAK)。

均一费率(Freight for All Kinds Rates,缩写为FAK)是指对所有货物均按统一的运价收取费用。它的基本原则是集装箱内装运什么货物与应收的运费无关,所有相同航程的货物征收相同的费率,而不管货物价值如何。它实际上是承运人将预计的总成本分摊到每个所要运送的集装箱上所得出的基本的平均费率。

这种运价形式从理论上讲是合乎逻辑的,因为船舶装运的以及在港口装卸的都是集装箱而非货物,且集装箱占用的舱容和面积也是一样的。但是,采用这种运价形式,对低价值商品的运输会产生负面影响,因为低费率货物再也难以从高费率货物那里取得补偿。这对于低费率商品的货主来讲可能难以接受。例如,集装箱班轮公司对托运瓶装水和瓶装酒的货主统一收取同样的运费,尽管瓶装酒的货主对此并不在意,但是瓶装水的货主则会拒绝接受这种状况,最终,船公司被迫对这两种货物分别收取不同的运价。因此,在目前大多数情况下,均一费率实际上还是将货物分为5~7个费率等级。

(2)包箱费率(CBR)。

包箱费率(Commodity Box Rates,缩写为CBR)也称货物包箱费率,是为适应海运集装箱化和多式联运发展的需要而出现的一种运价形式。这种费率形式是按不同的商品和不同的箱型,规定了不同的包干费率,即将各项费率的计算单位由“吨”(重量吨或体积吨)简化为按“箱”计,对于承运人来说,这种费率简化了计算,也减少了相关的管理费用。

按不同货物等级制订的包箱费率,等级的划分与散件杂货运输的等级分类相同(1~20级)。不过,集装箱货物的费率级别,大致可分为4组,如1~7级、8~10级、11~15级和16~20级,或者1~8级9级、10~11级、以及12~20级等,但也有仅分3个费率等级的。

(3)运量折扣费率(TVC)。

运量折扣费率(Time - Volume Rates,又称Time - Volume Contracts,缩写TVC)是为适应集装箱运输发展需要而出现的又一费率形式,它实际上就是根据托运货物的数量给予托运人一定的费率折扣,即托运货物的数量越大,支付的运费率就越低。这种费率可以是一种均一费率,也可以是某一特定商品等级费率。由于这种运量激励方式是根据托运货物数量确定运费率,因而货运量大的货主通常可以从中受益。

起初,这种折扣费率的尝试并不十分成功,原因是有些多式联运经营人在与承运人签订TVC合同时,承诺托运一定数量的集装箱货物,从而从承运人那里获得了一定的费率折扣,但到合同期满时,他们托运的集装箱并未达到合同规定的数量,显然,承运人就会认为自己遭受了损失。正因如此,产生了“按比例增减制”的运量折扣费率计算方式,即拥有500TEU集装箱货物的货主,当他托运第一个100TEU集装箱时支付的是某一运价,当他托运第二个100TEU集装箱时支付的是比第一次低的运价,而他托运第三个100TEU集装箱时支付的是一个更低的运价,以此类推。目前,这种运量折扣费率形式被越来越广泛地采用,尤其是多式联运经营人可以充分利用这种方式节省费用。但对于一个新的、经营规模较小的多式联运经营人来说,如果采用TVC费率形式,由于其集装箱运量十分有限而不得不支付较高的运费率,与规模大的多式联运经营人相比,将处于不利的局面。

2. 国际海运集装箱运价的制订

国际海运运价大体可以分为两种类型:不定期船运价和班轮运价。其中,前者的费率水平随航运市场的供求关系而波动。在市场繁荣时期,不定期船运费率就会上涨;在市场不景气时,就会随之下跌。后者由班轮经营人确定,它们多与经营成本密切相关,在一定时期内保持相对稳定。

(1)运输服务成本原则。

运输服务成本原则(The Cost of Service),是指班轮经营人为保证班轮运输服务连续地、有规则地进行,以运输服务所消耗的所有费用及一定的合理利润为基准确定班轮运价。根据这一原则确定的班轮运价可以确保班轮运费不至低于实际的运输服务成本。该原则被广泛应用于国际航运运价的制订。

(2)运输服务价值原则。

运输服务价值原则(The Value of Service)是从需求者的角度出发,依据运输服务所创造的价值的多少进行定价。它是指货主根据运输服务能为其创造的价值水平而愿意支付的价格。运输服务的价值水平反映了货主对运价的承受能力。如果运费超过了其服务价值,货主就不会将货物交付托运,因为较高的运费将使其商品在市场上失去竞争力。因此,如果说按照运输服务成本原则制订的运价是班轮运价的下限的话,那么,按照运输服务价值原则制订的运价则是其上限。因为基于运输服务价值水平的班轮运价可以确保货主在出售其商品后能获得一定的合理收益。

(3)运输承受能力原则。

这是较为普遍的运价确定原则。考虑到航运市场供求对班轮运输的巨大影响,运输承受能力原则(What the Traffic Can Bear)采用的定价方法是以高价商品的高费率补偿低价商品的低费率,从而达到稳定货源的目的。按照这一定价原则,承运人运输低价货物可能会亏本,但是,这种损失可以通过对高价货物收取高费率所获得的盈利加以补偿。

价值较高货物的运价可能会高于价值较低货物的运价很多倍,但从运价占商品价格的比重来看,高价货物的运价所占比例比低价货物运价所占比例要低得多。根据联合国贸易和发展会议的资料统计,低价货物的运价占该种货物FOB价格的30%~50%,而高价货物运价仅占该类货物FOB价格的1%~28%。因此,尽管从某种意义上说,运输承受能力定价原则对高价商品是不大公平的,但是这种定价方法消除或减少了不同价值商品在商品价格与运价之间的较大差异,从而使得低价商品不因运价过高失去竞争力而放弃运输,实现了稳定货源的目的,因而对于班轮公司来说,这一定价原则具有十分重要的意义。

上述定价原则在传统的散件杂货海上运输价格的制订过程中确实起了十分重要的作用。然而，随着集装箱运输的出现，如何确定一个合理的海运运价，确实是集装箱班轮运输公司面临的全新课题。在过去，由于零散的散件杂货种类繁多，实际单位成本的计算较为复杂，因而运输承受能力原则比运输服务成本原则更为普遍地被班轮公会或船公司所接受。但是，使用标准化的集装箱运输使单位运输成本的计算更加简化，特别是考虑到竞争的日趋激烈，现在承运人更多地采用运输服务成本原则制订运价。在具体的定价过程中，应该是以运输服务的成本为基础，结合考虑运输服务的价值水平以及运输承受的能力，综合地运用这些定价原则。孤立地运用某一个原则，都不可能使定价工作做得科学合理。

由于集装箱班轮运输已进入成熟期，运输工艺的规范化使各船公司的运输服务达到均一化程度，尤其是随着集装箱船舶的大型化，船舶运输的损益平衡点越来越高，使得扩大市场占有率，迅速突破损益平衡点，成为集装箱船公司获利的基础。因此，维持一定水平的服务内容，合理地降低单位运输成本，以低运价渗透策略迅速扩大市场占有率，应是合理制订集装箱海运运价的重要前提。

二、铁路集装箱运价

1. 铁路集装箱运价概述

铁路集装箱运价的构成有两个部分，基本运价（包括基本运价费率、两线分流运价）+集装箱杂费。按集装箱箱型，铁路集装箱运价的计算可以根据《铁路集装箱货运杂费费率》（见表6-1）、《铁路货物运价率表》（见表6-2）、《铁路货物运价规则》确定运价。

《铁路集装箱货运杂费费率》　　表6-1

项　　目			单　位	费　率
表格费		运单	元/张	0.10
		货签（纸制）	元/个	0.10
		货签（其他材料制）	元/个	0.20
		运输服务订单	元/张	0.10
		月度要车计划表	元/张	0.10
		危险货物包装标志	元/个	0.20
		物品清单	元/个	0.10
取送车费			元/车 km	6.00
机车作业费			元/0.5h	60.00
变更手续费	变更到站（含同时变更收货人）	6.1m、12.2m（20ft、40ft）箱	元/批	200.00
		其他集装箱	元/批	10.00
	变更收货人或发送前取消托运	6.1m、12.2m（20ft、40ft）箱	元/批	50.00
		其他集装箱	元/批	10.00
货物装卸作业费		按《铁路货物装卸作业计费办法》、《铁路货物装卸作业费率》的规定核收		

续上表

项目		费率				
	单位	1 t 箱	5、6 t 箱	10 t 箱	6.1m(20ft)箱	12.2m(40ft)箱
过秤费	元/箱	1.5	7.50	15.00	30.00	60.00
货物暂存费	元/箱日	1.5	5.00	7.50	15.00	30.00
集装箱清扫费	元/箱	0.20	1.00	1.50	2.50	5.00
集装箱延期使用费	元/箱日	2.00	10.00	20.00	40.00	80.00
自备集装箱管理费	元/箱	3.00	15.00	25.00	100.00	200.00
地方铁路集装箱使用费	元/箱日	2.00	10.00	20.00	40.00	80.00
使用费 元/箱	500km 以内	5.00	30.00	50.00	100.00	200.000
	501～2000km 每增加 100km 加收	0.40	3.00	5.00	10.00	20.00
	2001～3000km 每增加 100km 加收	0.20	1.50	2.50	5.00	10.00
	3000km 以上计收	13.00	90.00	150.00	300.00	600.00
一箱多批(铁路拼箱)	元/10kg	0.20				

《铁路货物运价率表》 表 6-2

种类		发到基价		运行基价	
		单位	费率	单位	费率
重箱	1t 箱	元/箱	7.20	元/箱 km	0.0318
	5t、6t 箱	元/箱	55.20	元/箱 km	0.2438
	10t 箱	元/箱	85.30	元/箱 km	0.3768
	6.1m(20ft)箱	元/箱	149.50	元/箱 km	0.6603
	12.2m(40ft)箱	元/箱	292.30	元/箱 km	1.2909

2. 铁路集装箱运价的制订

(1)铁路集装箱基本运价费率。

①货物运费按照承运货物当日实行的运价率计算,杂费按照当日实行的费率核收。

②集装箱运输的货物,由发站接收完毕,发站在货物运单上加盖车站日期戳时,即为承运。承运表示运输合同开始履行,因此,货物运费应按当日实行的运价率计算。

③铁路货运营业中所说的“当日”按“公历日”,即当日零时至 24 时之间承运的货物,在货物运单、货票上注明“翌”字,仍按承运当日实行的费率计算,但允许在次日收款。

④集装箱货物的运费按照使用的箱数及集装箱货物运价率表规定的运价率收费。

⑤按里程计算核收的货物运输费用,国家铁路(含国铁临管线、路局临管线和工程临管线)按国铁运价率和通过的地方铁路(合资铁路)运价里程计算,其运价里程按地方铁路发(站)、到(站)至地方铁路(合资铁路)的分界站计算。

⑥进出口危险货物集装箱运费按“集装箱货物运价费率表”规定的运价率加 30% 计算。

⑦自备集装箱空箱运价率按其适用重箱货物运价率的 50% 计算。

⑧承运人利用自备集装箱回空捎运货物,在货物运单铁路记载事项栏内注明,免收回空运费。

⑨货物快运费按该批货物适用价率的30%计算。

(2)铁路集装箱特殊运价费率——两线分流运价。

目前,京九线、京广线集装箱运价有所不同,实行的是两线分流运价,具体规定如下。

①凡经京广线运输的货物,发站按经京广线里程加收京九分流运价,在货票上另行填记,一次核收,按代收款单列报。京九分流运价率为1t箱每箱每公里0.003元,10t箱每箱每公里0.0504元,6.1m(20ft)箱每箱每公里0.096元,12.2m(40ft)箱每箱每公里0.204元。空自备箱按重箱的50%计。

②发到、通过京九线的货物,与国铁正式营业线、地方铁路分别计算。京九线黄村至定南段、津霸线、横麻线运输的货物运价,由以下两部分合并计算:

——按《铁路货物运价规则》规定的运价率(注:自2000年5月15日开始,免收发到运费,仅按运行基价计算)。

——京九分流运价。京九分流运价率水平为:1t箱每箱每公里0.0234元,5t、6t箱每箱每公里0.195元,10t箱每箱每公里0.3276元,6.1m(20ft)箱每箱每公里0.624元,12.2m(40ft)箱每箱每公里1.326元。空自备箱按重箱的50%计。计算时,经由京九线黄村至定南段、津霸线、横麻线的里程合并计算,不适用起码里程的规定,按实际里程计算,运费在货票上以“京九运费”另行填写,发到站一次核收,按代收款列报,不再核收铁路建设基金和新路新价均摊运费。

——凡经京九线沙河街北至三江镇间段运输的货物,加收京九分流运价。京九分流运价率水平同上。

——凡通过京九线定南至常平段(不含广梅汕铁路管内发到)的货物和通过京九线、广九线常平至平湖段在平南公司发到的货物,均按下列标准计费:1t箱每箱每公里0.048元,5t、6t箱每箱每公里0.40元,10t箱每箱每公里0.672元,6.1m(20ft)箱每箱每公里1.28元,12.2m(40ft)箱每箱每公里2.72元。空自备箱按重箱的50%计。

——经京九线运输到达广梅汕总公司、广深公司、平南公司的货物,运费只收到定南,定南至到站的运费在到站核收,发站在货票记事栏内注明“运费仅核收到定南”。

——南昌局京九线沙河街北至三江镇间各站与羊城总公司相互间按最短路径经京九线定南至常平、广九线常平至广州东段运输的货物,在定南至常平段、常平至广州东段运费分别计算、分别填记,由发站一次核收。

(3)集装箱杂费。

铁路货物运输杂费应按实际发生的项目和铁路货运运杂费率表的规定执行,并按照当日实行的费率核收。在杂费价格变动期间,如一项作业跨及二日,一项杂费涉及新旧费率时,应按不同期间适用的费率分别计算。

三、公路集装箱运价

1. 基本运价

现行集装箱汽车运输的运价是全国统一的基本运价。6.1m(20ft)标准箱基本运价6.00元/箱km;12.2m(40ft)标准箱基本运价9.00元/箱·km。各省、自治区、直辖市交通主管部门根据当地实际情况,可以在上述基本运价基础上,有20%的上下幅度来制订本地区基本运价。

非标准箱的汽车运价可参照同类箱型的基本运价，由承托双方议定。

2. 以重箱为计价基础的运价制订

①单程重箱。按各省、自治区、直辖市制订的国际集装箱汽车运输基本运价计算。

②双程重箱。同一托运人托运去程和回程重箱，回程对流运输的重箱运价，按基本运价减成20%；提供不属同一托运人的回程重箱，对各托运人均按对流运输部分的基本运价减成10%。

③一程重(空)箱、一程空(重)箱。同一托运人托运重箱去，同时空箱回，或空箱去同时重箱回的，按一程重箱计费，遇有空箱运输里程超过重箱，运输里程的非对流运输部分按重箱运价计算。

④单程空箱。按基本运价收费。

⑤双程空箱。同一托运人托运的双程空箱，其中较长一程的空箱按单程重箱计算，另一程捎运的空箱免收运费。

四、航空集装箱运价

航空集装箱运输，其特点是运速快，安全性高，节省包装费、保险费和存储费，航行便利，不受地面条件限制，可通往世界各地。随着国际贸易市场对货物供应的要求，航空集装箱运输在国际货运中所占的比重越来越大。我国早在1955年加入了《统一国际航空运输某些规则的公约》(简称华沙公约)。该公约1929年签订于华沙，1955年于海牙修改，称《海牙议定书》，也称《华沙条约修订本》。这个公约是目前现行的国际航空运输公约。

目前，在空运业务中，进出口货物主要采用两种方式，一种是班机运输，有固定的航线和起飞时间、到达时间，运价一般是从出发地机场至到达地机场的运价；另一种是包机运输，确定起飞、到达时间，费用按来回程计算。

五、多式联运集装箱运价

1. 运价的基本形式

国际集装箱多式联运是一票制，实行全程单一费率的运输。发货人只要办理一次托运、一次计费、一次保险，通过一张单证即可实现从起运地到目的地的全程运输。按照1980年5月于日内瓦通过的《联合国国际多式联运公约》，在国际多式联运(International Multimodal Transport)中，由多式联运经营人CTO(Combined Transport Operator)以单一费率向货主收取全部运费。

2. 运价的制订

作为国际集装箱多式联运经营人的两种主要类型，无船承运人和有船承运人在很多方面具有不同的特征。然而，从多式联运运价表的内容与结构来看，这两种多式联运经营人并无大的区别。任何一个多式联运经营人，在制订多式联运运价表之前，首先必须确定出具体的经营线路，并就有关各运输区段的各单一运输方式做好安排；在此基础上，依据各单一运输方式的运输成本及其他有关运杂费，估算出各条营运线路的实际成本，从而制订出一个真正合理的多式联运运价表。

(1)集装箱多式联运运价制订要考虑的问题。

集装箱多式联运运价表从结构上讲,可采用以下两种形式:一种是城市间的门到门费率。这种费率结构可以是以整箱货或拼箱货为运费单位的货物等级费率,也可以是按 TEU 或 FEU 计费的包箱费率,这是一种真正意义上的多式联运运价;另一种形式与海运运价表相似,是港到港间费率加上内陆运费率,这种费率结构形式较为灵活,但从竞争的角度来看,由于这种形式将海运运价与内陆运价分开,因而于竞争不利。

在多式联运运价分为海运运价和内陆运价两部分的情况下,应注意内陆运价部分必须包括这样一些内容:

①一般性条款,如关税及清关费用、货物包装、无效运输以及更改运输线路与方向等;

②公路、铁路及内河运输的装箱时间及延滞费;

③额外服务及附加费的计收,如因货主原因而使用有关设备等。

内陆运价应真实反映各种运输方式的成本状况及因采用集装箱运输而增加的成本项目。同时,在确定内陆运价时,既要考虑集装箱的装载能力,也要考虑运输工具的承载能力。这在有些时候会发生货主利益与承运人利益相互冲突的情况。例如,由于集装箱载重能力或内容积的限制,承运人在运输集装箱货物时不能达到运输工具的允许最大承载能力,进而给承运人造成一定的亏载损失。

由于目前集装箱多式联运运价的制订倾向于只限定在特定的一些运输线路上,即从海港到内陆消费中心或生产中心,因此在制订内陆运价时可以考虑在不影响整个费率结构及水平的情况下,采用较为优惠的内陆集装箱运输费率,对处于区位优势的港口给予一定的补偿,从而提高这些港口的竞争力,促进这些港口腹地的集装箱多式联运的发展。

(2)集装箱多式联运运价的及时调整。

根据国际集装箱运输市场运价的变化及时调整费率水平,确保集装箱多式联运运价始终处于一种最新的状态,是多式联运经营人的一项十分重要的任务。通常,内陆运输费率及有关费用的变化比海上运费费率要频繁。因此,当内陆运费费率及有关费用发生变化时,多式联运运价必须尽快做出相应的变化。如果内陆运输成本上升而多式联运运价仍保持在原有的水平,那么,多式联运经营人的盈利就会减少。相反,如果内陆运输费用降低,而集装箱多式联运运价不相应降低,多式联运经营人的竞争地位就会受到影响。

(3)降低集装箱多式联运成本的途径。

为充分发挥集装箱多式联运的优越性,多式联运运价应该比分段运输的运价对货主更具吸引力,而绝对不能是各单一运输方式运费率的简单相加,因为这将使得多式联运经营人毫无竞争力而言。众所周知,运输时间和运输成本是与多式联运经营人竞争力密切相关的两个因素。对于组织、管理水平较高的多式联运经营人来讲,运输时间是比较容易控制的,因此重要的是如何降低运输成本。目前,多式联运经营人,主要是无船承运人大多采用“集并运输”(Consolidation)方式来减少运输成本。集并运输有时也称为“组装化运输”(Groupage),它是指作为货运代理人的无船承运人将起运地几个发货人运往同一目的地几个收货人的小批量、不足一箱的货物汇集起来,拼装成整箱货托运。货物运往目的地后,由当地集并运输代理人将它们分别交付各个收货人。其主要目的是从海上承运人较低的整箱货运费率中获益,从而降低海运成本。多式联运经营人降低海上运输成本的另一个途径是采用运量折扣费率形式,通过与海上承运人签订 TVC 合同,获取较低的海运运费率。此外,多式联运经营人还可以通过

向非班轮公会会员船公司托运货物的方式来降低海运成本,因为相比之下,非会员船公司的费率水平通常要比会员船公司的低。

除海上运输外,集装箱多式联运经营人也可采用类似的方法来降低内陆运输(包括航运)成本,如采用运量折扣费率。此外,还可以通过加强与公路、铁路等内陆运输承运人之间的相互合作,获得较好的优惠费率。实际上,这种有效的合作对双方都是有利的。对于公路或铁路运输承运人来说,由于采用集装箱运输,车辆在一定时期内完成的周转次数比散件运输要多得多。或者说,运输同样数量的货物,采用集装箱运输所需的车辆数量要少得多,因而可以减少公路或铁路运输承运人的资本成本。

第三节 集装箱运费的计收

在了解集装箱运价构成及其制订的基础上,为实现集装箱运价的有效管理,动态地把握集装箱运输市场的运价变化,需要掌握集装箱运费的计收。

一、国际集装箱运费的计收

国际集装箱运费的构成,一般是由海运运价加上与集装箱运输有关的费用。一般有集装箱运输费用、集装箱超期使用费、货物滞期保管费及附加费。在集装箱班轮公司的运价本上,对运费、费用的计算以及收费的办法与条款都有明确的规定。同时,要求集装箱班轮公司与托运人或收货人商定的集装箱货物交接方式应载入"提单"、"舱单"和"场站收据",以作为划分集装箱班轮公司承担的风险责任和收取运费的依据。

1. 整箱海运运费的计算

海上国际集装箱运输与普通船海上运输在运费的计算上是有很大差别的,其中最主要的区别是,在海上国际集装箱运费的计算有最低运费和最高运费。

(1)海上国际集装箱最低运费的计收。

在普通船海上运输中,各船公司在规定最低运费时以运费金额作为计费标准的,几乎在每一条国际货运航线上,他们都各自规定了一个最低的运费金额。其目的就是要保护船公司最低限度的收益。当托运人向船公司托运任何一票货物时,若承运的货物的运费金额低于最低运费金额时,托运人也应按规定的最低运费金额支付给船公司运费。在海上国际集装箱运输中,拼箱货物的最低运费与普通船海上运费计收办法基本相同,而整箱货物运费计收办法就完全不同了。

在整箱货物的集装箱运输中,国际集装箱班轮公司规定的最低运费标准,是规定一个最低的运费吨。运费吨的计费方法规定了体积吨和重量吨两种计费标准。每一件货物都有它自己的重量和体积,在确定按哪一种计费标准作为运费吨时,就应当选择其运费高的作为计费标准。例如,有一包件货物,它的重量为 1t,而其体积为 $3m^3$,在这种情况下,既可按其重计收运费又可按其体积计收运费,根据运费办法的规定,这件货物的运费应按 $3m^3$ 的体积吨计收。

在海上国际集装箱运输中,国际集装箱班轮公司对不同种类和不同规格标准的国际集装箱分别规定了各自的最低运费吨。由于国际集装箱运输具有广泛的国际性,尽管各国际集装箱班轮公司对最低运费的计算都有各自的规定,对不同种类和规格标准的集装箱规定的最低

运费的计算都有各自的规定,但对不同种类和规格标准的集装箱规定的最低运费吨基本上是相同的。

当由托运人自行装箱时,集装箱内所装的货物若没有达到规定的最低运费吨,就出现了装箱不足而亏箱。如果只按照普通船海上运输方式采用实装数量计收运费,则出现了亏箱情况。为确保国际集装箱班轮公司的经济利益,并鼓励托运人合理装箱积载,如果集装箱装载的货物的运费吨不足时,托运人应支付亏箱费。可见,亏箱运费不足的运费吨,实际上就是所规定的最低运费吨和实际装箱货物数量之间的差。下面就某国际班轮公司对6.1m(20ft)通用集装箱的最低运费吨的规定作为例子加以说明。

例如,6.1m(20ft)通用集装箱最低运费吨规定为18t,而集装箱实际装载货物为15t,对该集装箱运费的计算仍按18t,得出的计收的全部运费已包括了实装的15t的运费和3t的亏箱运费。很明显,6.1m(20ft)通用集装箱最低运费为18t,集装箱实际装载货物15t,两者之间的差数3t为装箱不足的亏箱运费吨。据此,可以推出亏箱运费的计算公式如下:

亏箱运费=(亏箱运费吨×实际集装箱货物的全部运费)/计费吨

式中:计费吨=规定的最低运营吨-亏箱运费吨

有一些国际集装箱班轮公司对最低运费率规定的计算方法是采用百分比计算的。例如,当最低运费吨是以重量吨计算时,则按集装箱载货物净重的95%计收:当最低运费吨是以体积计算时,6.1m(20ft)集装箱最低运费按箱内装载货物容积的85%计收;6.1m(20ft)以上的集装箱按箱内装载货物容积的75%计收。

(2)海上国际集装箱最高运费的计收。

普通船舶的海运中,在运费的计算上是没有计算最高运费这一规定的。海上承运人根据托运人所托运的货物种类和数量,按对该种货物规定的费率计收海运运费。而在海上集装箱运输中并在托运整箱货物前提下,有的国际集装箱班轮公司采用最高运费计收方法。它的含义是对整箱货物的最高运费计收标准,是按不同规格尺寸的集装箱可装载货物的内容积作为最高运费计算标准的,如果在集装箱内实装的货物超出允许的内容积时,对其超出部分货载是免收运费的。

很明显,实施最高运费的目的,一是为了鼓励托运人采用集装箱运输;二是为了鼓励托运人在装箱积载时充分利用集装箱的内容积,多装载货物。但是,最高运费只适用于以体积吨为计算单位的货物,不适用于以重量吨为计算单位的货物,这是因为每一种规格尺寸的集装箱规定了其最大的额定重量,在运输和装载过程中是不允许超过额定载重量的,更不应当鼓励托运人在装箱积载中有超重的行为。

在一般情况下,一只6.1m(20ft)通用集装箱最多可装货约31m^3;一只12.2m(40ft)通用集装箱可装货物约67m^3。例如,某国际集装箱班轮公司将其6.1m(20ft)通用集装箱和12.2m(40ft)通用集装箱的最高运费吨分别定为22m^3和45m^3,对装箱超出部分货物是免收运费的。在采用最高运费吨计算整箱货物运费的情况下,托运人和装箱人应注意以下问题:

①6.1m(20ft)集装箱比较适于装载重质货物,按重量吨计算运费;12.2m(40ft)集装箱比较适于装载轻泡货物,按体积吨计算运费。

②对整箱接货和整箱交货的"门到门"、"门到场"、"场到门"交接的集装箱货物以及整箱接货和拆箱按件交货的"场到站"交接的集装箱货物,其运费是根据托运人在"集装箱装箱单"

上所列的不同货物品类,按照这些货物品类各自适用的费率分别计收运费。

③在上述交接方式的整箱货物运输中,当每包或捆货物中装有不同等级的货物时,其运费则按其中等级最高的货物适用的最高费率计收运费。

④在上述交接方式的整箱货物运输中,整箱货物的托运人如果没有按照国际集装箱班轮公司的规定申报箱内所装货物资料,其运费则按集装箱的最高运费吨计收,而且按照集装箱内所装货物所适用的最高费率计算运费。

⑤在上述交接方式的整箱货物运输中,如整箱货物托运人只申报了部分货物资料(申报资料不全),或有一部分无法衡量体积的货物,未申报货物或无法衡量体积的这部分货物运费的计量是集装箱的最高运费吨与已申报的货物计费吨之间的差数。

(3)集装箱整箱货物余额的计收。

当托运人托运一票整箱货物需要3个或3个以上集装箱时,往往装满几个实箱后剩余一部分货物,需要装载一只6.1m(20ft)集装箱,而且还没有装载成满箱。对装载最后一只整箱余额货物运费的计算一般有两种方法:一是对最后一只集装箱的计费标准给予降低;二是对最后一只集装箱按国际载货物的体积吨或重量吨计收运费。

2. 不同货物对象的集装箱运费计算方法

根据不同的运输对象,可以分为:整箱货、拼箱货、特殊货物。集装箱装载特殊货物是指超重、超长、超宽、超高的货物,成组货物,搬家货物,箱内挂衣货物等。

(1)整箱货物。

对整箱货物运费的计收,除包箱费率外,当装箱积载达到或超过起码运费最低限额时,则根据集装箱班轮公司运价本运价表的费率和规定,按箱内实装货物的重量或尺码计收;当装箱积载达不到最低限额时,按装箱积载最低限额计收或加收亏箱运费。

(2)拼箱货物。

对拼箱货物海运运费的计收,与班轮杂货运费的计收办法基本相同,不同的是加收了同集装箱有关的费用如拼装箱服务费等,但码头不再收取杂货费。拼箱货物运费和有关费用都是根据集装箱班轮公司运价本上的运价表的规定,按每件货物的实际毛重或尺码计收。不过,在对拼箱货物计算拼装箱服务费时,是根据货物的重量或尺码按其中计费高者计收。由于拼装箱货物是一箱多票,不能选港分卸,集装箱班轮公司也不会接受货方提出选港和变更目的港卸货要求,因此没有拼箱货物选卸货港附加费和变更卸货港附加费的规定。此外,对拼箱货物的起码运费是按每张“提单”规定计收的。

(3)集装箱装载特殊货物。

——集装箱超重、超长、超宽、超高货物

根据运输集装箱货物风险责任和交接方式,对集装箱装载超重、超长、超宽和超高货物的运费及附加费一般有以下规定:

①对整箱接货和整箱交货的,只计收运费,不再计收超重、超长、超大件货物的附加费。

②对按件接货并装箱和拆箱按件交货的,按集装箱班轮公司运价本的规定,除收取运费外,还计收超重、超长和超大件货物的附加费。

③对整箱接货拆箱按件交货的或按件接货并装箱、整箱交货的,根据集装箱班轮公司运价本的规定,除收取运费外,还对超重、超长和超大件货物加收50%的附加费。

④装载超重、超长和超大件的集装箱，一般为非标准集装箱，因此，托运人或集装箱班轮公司在货物订舱前应向港口提出申请，经确认后方能装运。

——集装箱成组货物

①按件接货再按件交货的交接方式，或按件接货再整箱交货的交接方式，或按整箱接货再按件交货的交接方式，均需海上承运人装拆箱，或装箱，或拆箱。而成组货物会加快装拆箱速度和减轻装拆箱劳动强度。因此，对符合集装箱班轮公司运价本和承运成组货物的规定及要求的，对按拼箱货托运的成组货物，应给予运费的优惠。

②基于上述原因，对按整箱托运的成组货物，不给予运费的优惠。

③凡按成组托运的集装箱货物，不论是按整箱货还是按拼箱货托运的成组货物，在计算运费时，一般都扣除货盘本身的重量或尺码，但习惯上这种扣除不应超过货物加货盘重量或尺码的10%。对超过部分仍按货盘上货物的费率计收运费。

④有些集装箱班轮公司运价本规定，在某些航线上，对按整箱货托运的成组货物，在计算运费时不扣除货盘的重量或尺码。

——挂衣集装箱

集装箱运输挂在箱内的服装时，一般按以下规定计收运费：

①集装箱班轮公司可承接“门到门”、“门到场”、“场到门”和“场到场”交接方式的整箱货物运输。

②挂衣箱的运费一般按集装箱内容积的85%计收。但托运人必须提供衣架或其他必要的挂衣装箱的物料。

③托运人可在同一挂衣箱内运载其他的集装箱货物。在这种情况下，其运费按集装箱内容积的85%，再加上其他货物的实际尺码计收，但总的收费尺码不得超过集装箱内容积的100%。对此，托运人应提供经集装箱班轮公司同意的公证单位出具的货物衡量证书。

——搬家货物

对搬家货物，如家具和行李装运集装箱，除把它们组装或包装再装入集装箱按实际运费吨计收运费和有关费用外，其余均按集装箱内容积的100%计收运费及集装箱有关费用。

3. 集装箱超期使用费的计收方法

为了提高对集装箱的使用效率，加快集装箱的周转，降低运输成本，国际集装箱班轮公司给集装箱使用单位规定了对集装箱可以享受的免费的使用期限，如果集装箱的使用单位不能在规定的免费使用期内将装好货的重箱或拆箱后的空箱运回船公司指定的堆场，国际集装箱班轮公司则按集装箱超期使用权的天数向集装箱使用单位计收集装箱超期使用费。

计收集装箱超期使用费的单位：一是从集装箱码头堆场提离进口重箱超过免费使用期后归还空箱的收货人；二是从空箱堆场提取空箱后超过免费使用期将重箱运至集装箱码头堆场的发货人；三是国际集装箱班轮公司指定的集装箱货运站超期装拆箱的经营人。

国际集装箱班轮公司制订集装箱超期使用费，一般采用以下原则和标准：

①不同种类的集装箱免费使用期标准不同：冷藏集装箱和罐式集装箱等特殊用途集装箱造价高，免费使用期比较短，一般为4天；而干货集装箱和开顶集装箱等免费使用期比较长，一般为10天。这个标准不是绝对的，必须根据港口腹地范围大小和内地运输系统完善程度等因素来确定。

②不同种类集装箱和不同规格标准集装箱超期使用费标准也不一样,如12.2m(40ft)集装箱超期使用费高于6.1m(20ft)集装箱(不是成倍数)的,冷藏集装箱等特种用途集装箱超期使用费高于普通干货集装箱等。

③集装箱超期使用费计算的时间可以按天数单位计算,如免费使用期为4天,则从第5天开始计算超期使用费,每天一个收费标准,并采取累进计收办法;也可以按时间段作为计算单位,如果免费使用期为4天,则从第5天开始计算超期使用费,及每个时间段为5~10天、11~20天等或规定的其他时间段作为计费时间单位,同样也采取累进的计收办法。星期天和节假日也包括在内。

④必须规定集装箱免费使用期起算时间,一般是在"提单"上列明交货地点,集装箱班轮公司将集装箱运至交货地点次日零时起算。例如,"提单"列明班轮公司指定的集装箱中转站、货运站拆箱交货(包括门——站、场——站、站——站)的进口集装箱,其免费使用期是自集装箱卸至集装箱中转站、货运站的次日零时算起。

⑤由于国际集装箱运输的国际性,对集装箱超期使用费一般都收取国际通行的货币,如美元等。

4. 集装箱货物滞期保管费的计收方法

在国际集装箱货物运输中,如货方未能在规定的免费期限内前往国际集装箱班轮公司经营的堆场或中转站、货运站提取重箱或货物,集装箱班轮公司则按超期的天数向货方收取集装箱或集装箱货物的滞期堆存保管费。集装箱、集装箱货物免费堆存保管期及滞期堆存保管费计收的指导思想和计收方法,与上述集装箱超期使用费的有关规定基本相同。

如果集装箱码头堆场和货运站不是由集装箱班轮公司经营,而是公共集装箱码头堆场经营,进、出口重箱滞期保管费一般是向船方计收。

5. 附加费的计算

附加费的标准与项目,根据航线和货种的不同而有不同的规定。集装箱海运附加费通常包括以下几种形式。

(1)货物附加费(Cargo Additional)。

某些货物,如钢管之类的超长货物、超重货物、需洗舱的(箱)的液体货等,由于它们的运输难度较大或者运输费用增高,因而对此类货物要增收货物附加费。对于集装箱运输来讲,计收对象、方法和标准有所不同。例如对超长、超重货物加收的超长、超重、超大件附加费(Heavy-lift and over-length Additional)只对由集装箱货运站装箱的拼箱货收取,其费率标准与计收办法与普通班轮相同。如果采用CFS-CY条款,则对超长、超重、超大件附加费减半计收。

(2)变更目的港附加费。

变更目的港仅适用于整箱货,并按箱计收变更目的港附加费。提出变更目的港的全套正本提单持有人,必须在船舶抵达提单上所指定的卸货港48h前以书面形式提出申请,经船方同意变更。如变更目的港的运费超出原目的港的运费时,申请人应补交运费差额;反之,承运人不予退还差额。由于变更目的港所引起的翻舱及其他费用也应由申请人负担。

(3)选卸港附加费(Optional Additional)。

选择卸货港或交货地点仅适用于整箱托运整箱交付的货物,而且一张提单的货物只能选

定在一个交货地点交货,并按箱收取选卸港附加费。

选港货应在订舱时提出,经承运人同意后,托运人可指定承运人经营范围内直航的或经转运三个交货地点内选择指定卸货港,选卸范围必须按照船舶挂靠顺序排列。此外,提单持有人还必须在船舶抵达选卸范围内第一个卸货港96h前向船舶代理人宣布交货地点,否则船长有权在第一个或任何一个选卸港将选卸货卸下,即承运人已经终止其责任。

(4)服务附加费(Service Additional)。

当承运人为货主提供了诸如货物仓储、报关或转船运输以及内陆运输等附加服务时,承运人将加收服务附加费。对于集装箱货物的转船运输,包括支线运输转干线运输,都应收取转船附加费(Transshipment Additional)。

除了以上各项附加费外,其他有关的附加费计收规定与普通班轮运输的附加费计收规定相同。这些附加费包括:因港口情况复杂或出现特殊情况所产生的港口附加费(Port Additional),因国际市场上燃油价格上涨而增收燃油附加费(Bunk Adjustment Factor,BAF),为防止货币贬值造成运费收入上的损失而收取货币贬值附加费(Currency Adjustment Factor, CAF),因战争、运河关闭等原因迫使船舶绕道航行而增收绕航附加费(Deviation Surcharge),因港口拥挤致使船舶抵港后不能很快靠卸而需长时间待泊所增收的港口拥挤附加费(Port Congestion Surcharge)等。此外,对于贵重货物,如果托运人要求船方承担超过提单上规定的责任限额时,船方要增收超额责任附加费(Addition for Excess of Liability)。

二、铁路集装箱运费的计收

1. 集装箱“一口价”运输

铁道部为增加价格透明度,规范收费行为,满足货主需要,开拓铁路集装箱运输市场,制订了《集装箱运输“一口价”实施办法》。集装箱运输“一口价”是指集装箱自进发站货场至出到站货场,铁路运输全过程各项价格的总和,包括“门到门”运输取空箱、还空箱的站内装卸作业,专用线取送车作业,港站作业的费用和铁道部确认的转场货场费用。集装箱运输“一口价”按发、到站分箱型列明于集装箱运输一口价中。车站应在集装箱营业场所公布《集装箱运输“一口价”实施办法》和本站的《集装箱运输“一口价”表》。

实行“一口价”运输的集装箱,不办理在货物中途站或到站提出的运输变更。集装箱运输“一口价”由发站费用、到站费用和铁路运输收入三部分组成。

(1)铁路运输收入。它包含国铁运输、国铁临管费用、铁路建设基金、特殊加价、电气化附加费;铁道部规定核定核收的代收款;铁路集装箱使用费或自备集装箱管理费;印花税等。

(2)发站其他费用。它包括组织服务费、集装箱装卸综合作业费、护路联防费、运单表格费、货签表格费、施封材料费等。

(3)到站其他费用。它包括到站集装箱卸综合作业费、铁路集装箱清扫费、护路联防费。

集装箱运输“一口价”中包括铁路基本运价、建设基金运费、电气化附加费、特殊运价、杂费等符合国家规定的运价和收费,但不包括:要求保价运输的保价费用、快运费、委托铁路装掏箱的装掏箱综合作业费、专用线装卸作业的费用、集装箱在到站超过免费暂存期间产生的费用及因托运人或收货人责任发生的费用。

2. 不适用集装箱"一口价"的运输

对于不适用集装箱"一口价"的运输,仍按一般计费规定计费,主要包括下面运输。

(1)集装箱国际铁路联运。

(2)集装箱危险品运输(可按普通货物条件运输的除外)。

(3)冷藏、罐式、板架等专用集装箱运输。

三、公路集装箱运费的计收

集装箱汽车运输收费是根据价值规律制订的,基本上与集装箱汽车运输的社会平均成本相适应。集装箱运输已经成为独立的运输形式,不仅有国际通用标准集装箱,同时还要有专用设备和专用车辆经营。公路集装箱运输是改货为箱,以箱为对象的运输。因此,公路集装箱的运价不能以被送货物的质量或被运送货物的容积计价,而应以箱计价。

1. 集装箱汽车运输的计费箱型

集装箱汽车运输收费是根据不同箱型的基本运价为基础计算的,对于超出了标重的集装箱和非标准箱,都要在规定的收费上实行加价,箱型的确定是集装箱汽车运输收费的基本要素之一。按照ISO标准和我国国家标准的规定,集装箱的计费箱型主要有:

(1)国际集装箱的计费箱型:6.1m(20ft)箱型和12.2m(40ft)箱型。

(2)非标准箱型:指外型尺寸超过标准箱型的集装箱,如超高、超宽、超长以及特殊用途的集装箱。

2. 集装箱汽车运输的计费里程

(1)计费里程的计算。

计费里程的依据是各省、自治区、直辖市制订的营运路线里程图。涉及市区内计费里程的规定,以市区交通主管部门制订的营运路线里程图为依据。未列入营运路线里程图的计费里程可由承、托运双方协商确定。计费里程包括运输里程和装卸里程。运输里程按装箱地点到卸箱地点的实际里程计算。装卸里程按发车点到装卸点往返空驶里程的50%计算。

(2)包干计费时程。

在进行国际集装箱的批量运输或同一地区、同一线路内进行多点运输时,为简化里程计算,可以根据不同运次的运送里程差异计算综合平均运距,作为每次运输的距离,即平均运距就是包干计费里程。只要是批量运输,在规定区域分布点上,均可按平均运距收费。包干计费里程一般用于港口区域至城市区域内的多点运输。每批运输量不大时,不使用包干计费里程。

(3)起码计费里程。

根据我国港口国际集装箱的集疏运条件和内陆中转站的布局情况,国家规定起码计费里程为5km,以公里(km)为单位,不足1km按1km计算。

四、航空集装箱运费的计收

航空货物运费的计算方法有两种,一种是常规运价计费法,另一种是新型运价计费法。

1. 常规运价计费法

这种运价计算办法是以航线运距和货物体积为基础,对两个机场城市间的航线制订出经

营航班的运价，并需提交国际航空协会（IATA）和有关政府，通过协议和经政府批准后才开始生效。

（1）普通货物运价。

对于普通货物适用的运价标准，又可分为N运价和Q运价两种。

（2）指定货物运价。

航空公司对指定货物实行优惠运价。如指定纺织品的运价最低重为200kg，机械制品的运价最低重量为100kg，化学制品的运价最低重量为500kg等。

（3）等级货物运价。

对特殊货物，如私人行李、报纸、贵重货物、活动物等，实行优惠运价或加价运价。

（4）集装箱运价。

按更大的重量划分运价，如Q100、Q300、Q500和Q1000等，有利于吸引货物采用集装箱装运。由于航空公司对大件货物提供运价打折政策，所以航空货运代理人可以将其收到的多票同一目的地的货物，拼装在集装箱或成组器内，再以一票货的形式交给航空公司承运，从中赚取货运差价。航空货运代理人的利润，主要来源于"集运"。

2. 新型运价计算法

随着全球经济一体化和全球航空货运的快速发展，与之相适应的航空货物运价结构也逐步发生了变化。

（1）货舱单位运价。

它是以飞机货舱为计价单位，只要将货物装在集装箱或成组器中，就可以将装在飞机货舱里的集装箱或成组器作为计价单位。这是不分货种、等级的计费方法，它有利于加强管理和促进集装箱运输的发展。

（2）协议运价。

它是采用议价和市场价相结合的定价办法，对于大宗货物或大件货物，可参考当时运价，采取与货主协商的办法决定运价，并采用浮动价格办法。当货运市场货运量增加时，则运价适当上浮；当货运市场货运量减少时，则运价适当下浮。

（3）时令运价。

这是根据货物对时间的敏感度进行定价的办法，对时间要求越高的货物，定价就越高。同时，对运输旺季，如每年7、8月份对运价定价较高；对运输淡季，如每年1、2月份对运价定价较低。这种根据运输时令和货物运输快慢来判定货物定价的办法，可以减少按货物种类、等级为标准进行定价的麻烦。

五、多式联运运费的计收

国际集装箱多式联运全程运费由多式联运经营人向货主一次计收。目前，多式联运运费的计收方式主要有单一运费制和分段运费制两种。

1. 按单一运费制计算运费

单一运费制是指集装箱从托运到交付，所有运输区段均按照一个相同的运费率计算全程运费，在西伯利亚大陆桥（SLB）运输中采用的就是这种计费方式。前苏联从1986年起修订了原来的7级费率，采用了不分货种的以箱为计费单位的FAK统一费率。陆桥运输开办初期，

从日本任何一个港口到布列斯特(前苏联西部边境站)的费率为1385卢布/TEU,陆桥运输的运费比班轮公会的海运运费低20%~30%。

2. 按分段运费制计算运费

分段运费制是按照组成多式联运的各运输区段,分别计算海运、陆运(铁路、汽车)、空运及港站等各项费用,然后合计为多式联运的全程运费,由多式联运经营人向货主一次计收。各运输区段的费用,再由多式联运经营人与各区段的实际承运人分别结算。目前大部分多式联运的全程运费均采用这种计费方式,例如欧洲到澳大利亚的国际集装箱多式联运,日本到欧洲内陆或北美内陆的国际集装箱多式联运。

第四节　集装箱运输的经济分析

一、集装箱运输市场的供求关系

1. 集装箱运输需求及需求规律

集装箱运输需求是货主在一定的运价条件下,愿意并交给运输企业运输的集装箱运量,必须具备两个条件:交运意愿和交运能力,即需要运送集装箱并具有支付运价的能力。集装箱运输市场上,当运价上升,则集装箱运输需求量减少;反之则增加。集装箱运价与集装箱运输需求量之间呈反比关系。

总的说来,集装箱运输需求弹性是较小的,这有以下几方面的原因。

(1)集装箱运输货物依赖于海上运输,所以运价的变动不会引起需求量很大的变化;

(2)集装箱运输的货物价值高,承担运价的能力较强,它们在运价上升时被削减或取消运输需求的可能性很小;

(3)由于货主在大多数情况下可以把运费增加的部分转嫁到贸易商品价格中去,所以运价的上升,不会影响外贸物资对集装箱运输的需求。

但是,在一定条件下,集装箱运输需求随运价变动而变化的情况还是比较明显的。

2. 集装箱运输的供给及供给规律

集装箱运输供给是指集装箱船公司在一定运价条件下,愿意并能够提供集装箱运输能力。在集装箱运输市场上,运价上升时,运力供给会增加,运价下降时,运力供给就会减少,供给与价格之间的这种正比变动关系即为供给规律。

集装箱班轮运输通常是在航线垄断条件下经营,其航线、运价已事先规定,对市场的变化反应不是太敏感。集装箱运输市场供给能力随市场需求的变化作适应性调整的难度较大,其供给弹性较小。但并不是集装箱运输市场能力的供给不受市场运价水平高低的影响,只不过结合集装箱运输生产的特点,它有一些具体的规律性。

(1)运价上升时,船公司将设法通过租船、购买旧船或从其他航线抽调运力等方式增加运力,如预见在较长时间内市场看好,可能会出现建造新船以增加供给的局面,以扩大供给量,有较大的供给弹性。但也存在为扩充运力,致使船舶租金费率、旧船卖价和新船造价上升,当上升幅度影响收入时,对船公司也会带来不利影响,影响供给弹性。

(2)运价下降时,船公司不会轻易退出市场,因为船舶在投入营运时仍需开支封存维持费

用，一般情况下，船舶会继续营运，以减少经济损失。但如下降幅度很大时，可能使船公司采取措施，如封存部分船舶，减速航行，放慢船舶周转速度，缩减市场上船舶的实际运输能力，船舶吨位的供给并不强烈地随需求的减少而减少，与运价上升时的情况相比，供给弹性较小。

二、集装箱运输的规模效益

1. 集装箱运输规模经济效益特点

规模经济效益是指一定的生产规模与平均收益（或平均成本）之间的关系，通过它可以研究在生产规模发生变动，如投入要素增加时，收益的变动情况。通常，规模经济效益可分为三种类型。

第一种类型：收益增加幅度大于投入要素增加幅度，这种类型叫做规模经济效益递增。

第二种类型：收益增加幅度等于投入要素增加幅度，这种类型叫做规模经济效益不变。

第三种类型：收益增加幅度小于投入要素增加幅度，这种类型叫做规模经济效益递减。

从集装箱运输的宏观分析上看，它既存在递增的规模经济效益，也存在递减的规模经济效益。这主要体现在以下两个方面。

一是船舶大型化，增加船舶载箱量。随着船舶载箱量的增加，船舶单位运输成本明显下降，从而呈现出递增的规模经济效益。当然，随着船舶规模增大的同时，港口也相应提高装卸效率，其他运输环节也要不断完善，这才能实现规模经济效益递增。

二是提高船舶航速。由于航速的提高，必将造成燃油成本的上升，则单位运输成本将提高，而且，航速较高的船舶，在港维持成本也较高，显示出递减的规模经济效益，亦即航速提高在规模上并不经济。然而，集装箱船舶仍以较高的航速在营运，这主要原因是由于船舶航速的提高，船舶往返航次时间缩短了，航线配船数可减少，从而节约船舶投资。并且，为了吸引货源和保证班期以及提高运输服务质量，通过技术经济论证选择合理的较高航速也是符合规模经济效益的。

纵观集装箱运输的发展历史，集装箱船舶的大型化和高速化已成为发展的趋势，只要合理处理好集装箱船舶的载箱量、航速、港口装卸效率、船舶需要量、航程、集装箱及有关设备利用率等关系，将会实现规模经济效益递增。

2. 影响集装箱船舶规模经济效益的因素

影响集装箱船舶规模经济效益的因素很多，归纳起来，主要有以下因素。

(1)集装箱运输的适箱货源。

提高集装箱运输的规模经济效益，首先必须在集装箱航线上具有充足而稳定的货源。这是因为随着集装箱船舶大型化和载箱量的提高，客观要求与之相适应的货源也要不断增加，如果没有充足的适箱货源，大型集装箱船舶具有单位运输成本低的优势也就发挥不出来。由于缺少货源，船舶越大，亏损也就越大，更谈不上盈利。因而，船舶规模扩大也就失去了其经济意义。

(2)港口条件。

随着集装箱船舶大型化，要求港口提供可停靠大型集装箱船（如第4、5、6代集装箱船）的靠泊设施、泊位水深、码头水域和陆域、高效的装卸设备等。否则，大型船舶无法挂靠，也延长集装箱船舶在港停留时间，将造成巨大的经济损失。船舶越大，损失也就越大，也就丧失了规

模经济效益。

(3)航路条件。

航路条件主要是指航道水深等。不同的航路条件对船舶吃水、船长、船宽等方面的限制不同。这会直接影响大型船舶的航行,给船舶规模经济效益的实现带来障碍。

(4)航程因素。

理论分析和实践都表明,航程越长,大型船舶的规模经济效益越佳;反之,则越差。这是因为航线距离较短,船舶在港时间的比例就较大,航行时间的比例相应就会减小,使船舶的生产效率受到影响;反之,如航程较长,船舶的航行率相对较高,航行时间的比例增加,船舶越大,其规模经济效益越佳。所以航程的长短,与集装箱船舶规模经济效益有密切关系。

(5)装卸效率。

港口装卸效率较低,则船舶在港停留时间增加,船舶往返航次时间也就增加,船舶周转速度降低,影响航线船舶运输能力和船舶配备量增加,带来不利的经济效果。船舶越大,如果装卸效率不随之提高,则船舶规模经济效益越差。所以,应该随着船舶大型化的同时,不断提高港口装卸效率,实现集装箱码头装卸作业高效化。

三、集装箱运输的成本分析

1. 集装箱运输成本分析的意义

集装箱运输成本是集装箱运输企业实现集装箱空间转移所支出的一切费用的总和,是集装箱运输企业生产耗费补偿的尺度。企业为了实现再生产,每一次运输生产耗费不仅要有实物形态的补偿,而且要有价值形态的补偿。这种价值形态补偿具体表现为企业资金耗费的补偿,而企业运输生产过程所耗费的资金形成集装箱运输成本,成本的高低也就反映出需要补偿的资金数额大小。因此,集装箱运输成本就成为衡量企业运输生产耗费补偿的尺度。企业的运输收入能够补偿成本时,才能收回运输生产中所耗费的资金,维持简单再生产的基本条件。

集装箱运输成本是集装箱运输企业生产耗费的表现,在一定程度上反映了企业运输生产经营活动的经济效果。它反映了企业工作质量及经营管理水平,是一个综合性的指标。

集装箱运输成本还是制订集装箱运价的重要依据。它关系到运价水平的高低,关系到在国际运输市场上的占有率和市场的竞争能力,将影响企业的经济效益。

集装箱运输企业应努力降低运输成本,尽量节约运输支出,就可以用较少的支出完成同样的集装箱运输任务,或用同样的支出完成更多的集装箱运量,从而提高企业经济效益和社会综合效益。

2. 集装箱运输成本构成

对于一般集装箱船公司而言,如果没有开展全球范围的集装箱多式联运,限于海运段的集装箱运输成本项目及构成通常包括以下内容。

(1)变动费用:燃料费、港口使用费、中转费、垫料费、货物装卸费、速遣费、事故费、其他费用(如临时变更挂靠港口产生倒箱费等)。

(2)船舶固定费用:船员费用、船舶用品费、润滑油费、船舶保险费、船舶修理费、杂费、船舶折旧费、船舶贷款利息、船公司与此有关的管理费等。

(3)集装箱费用:包括购箱、租箱、修箱以及因集装箱管理而产生的费用等。

(4)企业管理费。

如果开展全球集装箱多式联运，船公司除支付以上费用外，还应支付支线船与转船费用、内陆运输费用、内陆货运站费，如果码头是船公司自己经营，还包括码头的折旧、贷款利息等费用。

3. 集装箱运输成本构成的特点

从集装箱运输成本构成可看出其具有以下突出的特点。

(1)成本范围大，成本构成复杂。

由于国际集装箱运输已超出了“港——港”的海段运输，甚至船公司作为多式联运经营人时，成本范围可包括从发货人工厂(仓库)到收货人的仓库，其中有内陆货运站、各种运输方式、中转码头、中转车站以及代理网和各种通信、管理设施等全部费用，而船舶营运成本仅为总成本中的一部分，据有关资料显示，约占全部费用的20%~25%。

(2)资本成本在总成本中的比例大。

由于集装箱运输是资本高度密集型产业，集装箱船舶远比传统船舶的造价高，集装箱港口码头投资昂贵，各种类型的集装箱造价也很高，还有与集装箱运输相关的其他设施的投资也相当高，因而决定了集装箱运输总成本中，资本成本所占的比例很大，高达45%以上，约为传统班轮的4倍。由此可知，为了提高船公司在国际集装箱运输市场的竞争能力，必须拥有雄厚的资本、具有一定的投资规模，才能实现规模经济效益。

(3)固定成本在总成本中比例较大。

根据我国某集装箱运输船公司多年经营实际资料显示，各项成本在总成本所占的比例分别为:船舶固定费用为29%，燃料费11%，港口使用费10%，货物装卸费(含中转费用)为32%，集装箱使用费占17%，其他占1%(含管理费、速遣费、垫料费等)。可见，集装箱运输的固定成本在总成本中所占比例高达46%，在有的船公司的比例更大。

资本成本、固定成本比例大，这就决定了集装箱运输成本具有相对的稳定性。船公司应从集装箱运输成本的特点分析，优化投资决策，充分利用各种设施，加速船箱周转，以提高企业的经济效益。

4. 降低集装箱运输成本的途径

(1)实行目标成本管理，是降低集装箱运输成本的有效手段。

目标成本管理是根据规定的目标成本进行企业管理的一种方法。所谓目标成本是船公司各个部门、船舶以及各个工作岗位在一定时期要达到的成本水平。实行目标成本管理要形成一种宏观与微观、公司与部门、部门(船舶)与职工(船员)的上下左右相互协调的保证指标体系，以便指标分解下达、考核、监督及执行。

(2)改善经营管理，节约各项物资消耗，缩减费用的支出。

要在全面加强企业管理和实行经济核算的基础上，加强物资消耗定额管理，制订和实行先进合理的物资消耗定额，推广先进用料经验，严格控制各项开支标准，尽量压缩管理费用和减少非生产开支。

(3)走技术进步的道路，提高运输生产技术水平，降低燃料费，减少船舶维修费的支出。

要优化航线和船型，提高船舶运输效率，开展船舶节能研究，加强日常船舶维护保养，努力降低燃料费和维修费，这对降低集装箱运输成本具有重要意义。

(4)提高劳动生产率,力求以较少的人力消耗完成较多的生产任务。

这样不仅可减少单位运输产品的工资支出,而且还可节省与人员数有关的其他费用。为了不断提高劳动生产率,就要广泛发动群众,开展以增产节约为中心的劳动竞赛,充分发挥职工群众的积极性和创造性。同时,应改善劳动组织,加强定额与定员管理,并加强技术教育和船员培训工作,提高职工技术水平和整体素质。这些,都有利于降低运输成本。

(5)节约港口费用,是降低集装箱运输成本的重要途径。

由于港口费用占集装箱运输成本的比例相当大,因而降低港口费用有重要意义。加强与港口代理的联系,必要时派出驻港代表,提高代理质量等,对降低集装箱运输成本均能起到一定作用。

(6)加强安全质量管理,保证航行安全。

减少机损、海损和箱损事故,可以减少事故赔偿费用及事故修理费用,对于降低运输成本有重要作用。

(7)做好箱管工作,降低集装箱费用。

合理确定船舶集装箱配备量、自备量和租箱量,做好空箱调运及集装箱配积载工作,加强损坏箱的修理工作,实现现代化集装箱跟踪管理等,对于降低与集装箱有关的费用,从而降低集装箱运输成本具有重要作用。

复习思考题

1. 简述海运集装箱运费的构成。
2. 简述海运集装箱运价的制订原则。
3. 简述铁路集装箱运价的制订。
4. 简述公路集装箱运价的分类。
5. 简述不同货物对象的集装箱运费计收方法。

第七章 集装箱运输单证及统计

本章重点介绍集装箱运输单证的分类及集装箱运输的主要单证、集装箱运输统计工作的具体内容等。

第一节 集装箱运输单证及其构成

在20世纪80年代，我国各口岸基本上采用的是传统的货运单证。随着集装箱运输的发展，交通部于1989年在上海口岸主持了“国际集装箱运输系统（多式联运）工业性试验”，于1991年完成并通过国家鉴定验收。1990年12月5日，国务院第68号令发布了《中华人民共和国海上国际集装箱运输管理规定》，交通部又于1992年6月9日以第35号令颁布了《中华人民共和国海上国际集装箱运输管理规定实施细则》。上述的规定和实施细则自1992年7月1日起施行。从此以后，我国各口岸的集装箱货物运输主要单证基本上统一起来。它们与传统的货运单证相比，既有相同之处，也有一定的差异。

一、集装箱运输单证的分类

集装箱运输单证可以分为四大类：进出口运输单证、集装箱运输的提单与运单、国际多式联运单证及向口岸各监管部门申报的单证。

1. 进出口运输单证

进出口运输单证主要包括：空箱提交单、集装箱设备交接单、集装箱装箱单、场站收据、提货通知书、到货通知书、交货记录、卸货报告、待提集装箱报告等。

2. 集装箱运输的提单与运单

集装箱运输提单按照货物是否已装船可以分为：已装船提单、备运提单；按照提单运输方式不同可以分为：直达提单、转船提单、联运提单、国际多式联运提单；按照提单的不同抬头可以分为：记名提单、指示提单、不记名提单；按照提单有无批注可以分为：清洁提单、不清洁提单；按照提单的格式不同可以分为：全式提单、简式提单；其他种类的提单主要包括：过期提单、甲板货提单、倒签提单、预借提单、运输代理行提单、租船合同项下的提单。

集装箱运输的运单主要包括：海运单、国际铁路货物联运运单、公路运单、国际航空货运单。

3. 国际多式联运单证

国际多式联运单证主要为国际多式联运单据。

4. 向口岸各监管部门申报的单证

向海关、商检、动植物检疫、卫检、港监等口岸监管部门申报所用的相关单证主要包括：报关单、合同副本、信用证副本、商业发票、进出口许可证、产地证明书、免税证明书、商品检验证书、药物/动植物报验单、危险品清单和准运单、危险品包装证书和装箱说明书等。

二、集装箱运输的主要单证

1. 进出口运输单证

(1)空箱提交单(Equipment Despatch Order)。

空箱提交单又称集装箱发放通知单(Container Release Order)，俗称提箱单，是船公司或其代理人指示集装箱堆场将空集装箱及其他设备提交给本单持有人的书面凭证。

在集装箱运输中，发货人如使用船公司的集装箱，并为了要把预定的货物装在箱内，就要向集装箱堆场或空箱储存场租借空箱，通常是由船公司提供空集装箱，借给发货人或集装箱货运站。在这种情况下，船公司或其代理人要对集装箱堆场或空箱储存场发出交箱指示，但是由于空集装箱是一个价格较高的设备，因此不能只靠简单的口头指示，还要向发货人或其代理人提交空箱提交单，集装箱堆场或空箱储存场只对持有本单证的人提交空集装箱，以确保交接安全。

集装箱的空箱提交单一式三联，发货人或其代理人凭订舱委托书接受订舱委托后，由船公司或其代理人签发，除自留一联备查外，发货人或其代理人和存箱的集装箱堆场或空箱储存场各执一联。

(2)集装箱设备交接单(Equipment Interchange Receipt)。

集装箱设备交接单简称设备交接单(Equipment Receipt, E/R)，是进出港区、场站时，用箱人、运箱人与管箱人或其代理人之间交接集装箱和特殊集装箱及其设备的凭证，是拥有和管理集装箱的船公司或其代理人与利用集装箱运输的陆运人签订有关设备交接基本条件的协议(Equipment Interchange Agreement)。

设备交接单分出场(港)设备交接单和进场(港)设备交接单两种，各有三联，分别为管箱单位(船公司或其代理人)留底联；码头、堆场联；用箱人、运箱人联。

设备交接单位的各栏分别由管箱单位的船公司或其代理人，用箱人或运箱人，码头、堆场的经办人填写。船公司或其代理人填写的栏目有：用箱人/运箱人、船名/航次、集装箱的类型及尺寸、集装箱状态(空、重箱)、免费使用期限和进(出)场目的等。由用箱人、运箱人填写的栏目有：运输工具的车号；如果是进场设备交接单，还须填写来自地点、集装箱号、提单号、铅封号等栏目。由码头、堆场填写的栏目有：集装箱进、出场日期、检查记录，如果是出场设备交接单，还须填写所提集装箱号和提箱地点等栏目。

设备交接单流转过程为：

①管箱人或其代理人填制并签发设备交接单(三联，每箱一份)交用箱人。

②由用箱人、运箱人据此单证(三联)到码头或内陆堆场办理提(还)箱手续，在堆场经办人(作为管箱人的代理人)核单、双方检验箱体签字后提走(或还回)集装箱及设备，堆场经办人留下码头堆场联与管箱单位联，将用箱人联退还经营人。

③码头堆场经办人将管箱单位联退还管箱单位。

④集装箱还回码头堆场时，双方按单上条款检验箱体状况，如无损坏，设备交接单作用结束。

各类管箱人一般都印制自己的设备交接单，其内容大同小异。设备交接单的背面印有划分管箱人和用箱人之间责任的集装箱使用合同条款。条款的主要内容有：使用集装箱期间的费用、损坏或丢失时责任划分和对第三者造成损坏时赔偿责任等。

(3)集装箱装箱单(Container Load Plan,CLP)。

集装箱装箱单是详细记载每一个集装箱内所装货物名称、数量、尺码、重量、标志和箱内货物积载情况的单证，对于特殊货物还应加注特定要求，比如对冷藏货物要注明对箱内温度的要求等。它是集装箱运输的辅助货物舱单，其用途很广，主要用途有以下几方面：

①向承运人、收货人提供箱内货物明细的清单；

②集装箱货物向海关申报的主要单证之一；

③货方、港方、船方之间货、箱交接的凭证；

④船方编制船舶积载计划的依据，是辅助货物舱单；

⑤办理集装箱货物保税运输、安排拆箱作业的资料；

⑥集装箱运输货物索赔的依据。

集装箱装箱单应每一个集装箱一份，一式五联，其中：码头、船代、承运人各一联，发货人、装箱人两联。集装箱货运站装箱时由装箱的货运站缮制；由发货人装箱时，由发货人或其代理人的装箱货运站缮制。

发货人或货运站将货物装箱，缮制装箱单一式五联后，连同装箱货物一起送至集装箱堆场。集装箱堆场的业务人员在五联单上签收后，留下码头联、船代联和承运人联，将发货人、装箱人联退还给送交集装箱的发货人或集装箱货运站。发货人或集装箱货运站联除自留一份备查外，将另一份寄交给收货人或卸箱港的集装箱货运站，供拆箱时使用。

对于集装箱堆场留下的三联装箱单，除集装箱堆场自留码头联，据此编制装船计划外，还须将船代联及承运人联分送船舶代理人和船公司，据此缮制积载计划和处理货运事故。

有的国家，如澳大利亚，对动植物检疫有严格的特别要求，在装箱单上就须附有申请卫生检疫机关检验申请联。在申请联的申请检验事项中，与货运有关的内容包括货物本身及其包装用料是否使用了木材，如木板、木箱、货板、垫板，这些材料是否已经经过防虫处理的说明。如果已经经过处理，则就货物本身应由发货人将发票、海运单证和熏蒸证书一并寄交收货人；就集装箱而言，则应由船公司或其代理人连同集装箱适航证书一并寄交卸货港的船公司的代理人。该项申请联由发货人和船公司或他们的代理人分别签署。

总之，集装箱装箱单的内容记载得准确与否，与集装箱货物运输的安全有着非常密切的关系。

(4)场站收据(Dock Recipt,D/R)。

场站收据是由承运人签发的、证明已收到托运货物并开始对货物负责的凭证。场站收据是一份综合性单证，它把货物托运单、装货单、大副收据、理货单、配舱回单、运费通知等单证汇成一份。这对于提高集装箱货物托运效率有很大意义。

场站收据一般是在托运人与船公司或船舶代理人达成货物运输协议后，由船舶代理人交托运人或货代填制，并在承运人委托的码头堆场、集装箱货运站或内陆货运站收到货物后签字

生效。货物装船后,托运人或其代理人可凭场站收据向船舶代理人换取已装船提单。

场站收据的主要作用:

①承运人已收到托运货物并开始对货物负责的证明;

②出口货物报关的凭证之一;

③换取提单的凭证;

④船公司、港口组织装卸、理货、配载的资料;

⑤运费结算的依据;

⑥如信用证中有规定,可作为向银行结汇的单证。

场站收据是集装箱运输专用的出口单证,不同的港、站使用的格式不尽相同,有7联、10联、12联不等。现以10联格式为例说明场站收据的组成情况。

第1联:货方留底;

第2联:集装箱货物托运单(白色),船代留底;

第3、4联:运费通知(白色);

第5联:装货单(白色)—场站收据副本(关单);

第6联:场站收据副本(粉红色)—大副联;

第7联:场站收据(淡黄色)—(正本);

第8联:货代留底(白色);

第9、10联:配货回单(白色)。

在集装箱货物出口托运过程中,场站收据要在多个机构和部门之间流转。在流转过程中涉及的有托运人、货运代理人、船舶、海关、堆场、理货公司、船长或大副等。10联格式场站收据流转程序一般如下:

①托运人填制后,留下货方留底联,将2~10联送船代签单编号。

②船代编号后,留2~4联,并在第5联上加盖确认订舱及报关章后将第5~7联退给货方,货运代理人留下第8联并把第9、10联送给托运人做配舱回单。

③报关员携第5~7联报关。

④海关审查认可后,在第五联装货单上加盖放行章并把这些联退给报办人。

⑤货运代理人负责将箱号、封制号件数等填入第5~7联,并将货物与5~7联在规定时间内一并送堆场。

⑥场站业务人员在堆场验收货物,在第5~7联上填入实收箱数、进场日期并加盖场站公章。第5联由场站留底,第6联送理货员。理货员在装船时将该联交大副,并将经双方签字的第7联即场站收据正本返还货运代理人。

对场站收据及在相关货物的装箱、托运中,应注意以下事项:

①托运人或货运代理人的出口货物一般要求在装箱前24h向海关申报,海关在场站收据上加盖放行章后方可装箱。

②场站收据中出口重箱的箱号允许装箱后由货代或装箱单位正确填写,海关验收时允许无箱号。但进场完毕时必须填写所有箱号、封制号和箱数。

③托运人或货运代理人对场站收据内容变更必须及时通知有关各方,并在24h内出具书面通知,办理变更手续。

④各承运人委托场站签发场站收据必须有书面协议。

⑤场站业务员只有经海关加盖放行章后才能签发场站收据，否则不得签发和安排集装箱装船。签发时，必须查验货箱号、封制号、数量是否填写正确。

⑥如采用 CY 交接方式，由货主对箱内货物准确性负责；如采用 CFS 交接方式，则由装箱单位对货物准确性负责。拼箱货物以箱为单位签发场站收据。

⑦外轮理货人员应根据交接方式在承运人指定的场站和船边理箱，并在有关单证上加批注，提供理货报告和理箱单。

⑧托运人的货运代理人、船舶代理人应正确完整地填写和核对场站收据的各项内容，一般要求用打字机填写。

(5)特殊货物清单。

在集装箱内装运危险货物、动物货、植物货以及冷冻货物等特殊货物时，托运人在托运这些货物时，必须根据有关规章，事先向船公司或其代理人提交相应的危险货物清单、动物货清单、植物货清单和冷冻(藏)货集装箱清单，或称为“×××”装货一览表。集装箱运输的单证中，有些是沿用传统件杂货物国际运输中使用的单证(可能格式上有区别)。集装箱运输中使用的新单证主要有：设备交接单、装箱单、场站收据、交货记录、集装箱提单。

①危险品清单(Dangerous Cargo List)。

危险货物的托运人在装运危险货物时，必须根据有关危险货物运输和保管的规章，如《国际危规》，事先向船公司或其代理人提交危险品清单。

危险品清单一般须记载以下一些主要内容：船名、航次、船籍、装货港、卸货港、提单号、货名、国际危规类别、标志、页号、联合国编号、件数及包装、货重、集装箱号、铅封号、运输方式和装船位置等。

为了安排危险货物在集装箱堆场的堆存位置和满足装船的需要，托运人在将危险货物移入集装箱堆场和货运站时，都需提交危险品清单，由堆场经营人汇总交船方。

此外，所有危险货物都必须粘贴规定的危险品标志，内装危险货物的集装箱也必须有规定的危险品标志。

②冷藏集装箱清单(Reefor Container List)。

冷藏集装箱清单是装载冷冻货物或冷藏货物的冷藏集装箱的汇总清单。冷藏集装箱清单由货运代理人或装箱人缮制。它记载的内容主要包括：船名、航次、船籍、装货港、开航日期、卸货港、集装箱号码、铅封号、规格、提单号、货物名称、货物重量、箱重、总重、要求温度等。

托运人在托运冷冻货物或冷藏货物时，都要求承运人和集装箱堆场在运输和保管过程中，将冷藏箱的箱内温度保持在一定范围内。为了要尽到这种义务，承运人或集装箱堆场要求托运人或其代理人提供冷藏集装箱清单，而承运人或其代理人对于这些货物要按箱明确货物名称和指定的温度范围，以引起船舶和卸货港的充分注意。

③动物货清单(Zoological Cargo List)和植物货清单(Botanical Cargo List)。

关于动物及其尸体、骨、肉、皮、毛和装载这些货物的容器和包装等，关于植物、种子、新鲜水果和装载这些货物的容器和包装等货物的进口，根据《进出境动植物检疫法》，需要由动植物检疫机构检查和批准方可进出口。

这些检查和进出口是由收、发货人或其代理人来申请办理的，但船公司或其代理人必须在船舶卸货以前,按接受检疫的货物和集装箱,分别编制动物货清单、植物货清单提交给检疫机构。但是若不单独编制这种清单,也可用单独的舱单来代替。

(6)提货通知书(Delivery Notice)。

提货通知是船公司在卸货港的代理人向收货人或通知人(往往是收货人的货运代理人)发出的船舶预计到港时间的通知。它是船公司在卸货港的代理人根据掌握的船舶动态和装箱港的代理人寄来的提单副本或其他货运单证、资料编制的。

船公司在卸货港的代理人向收货人或通知人发出提货通知书的目的在于要求收货人事先做好提货准备,以便集装箱货物抵港后能尽快疏运出港,避免货物在港口、堆场积压,使集装箱堆场能更充分地发挥其中转、换装作用,使集装箱更快地周转,并得到更充分的利用。

提货通知书只是船公司或其代理人为使货运程序能顺利进行而发出的单证,对于这个通知发出得是否及时,以及收货人或其代理人是否能收到,作为承运人的船公司并不承担责任,即承运人并不对此通知承担责任风险。作为进口商的货运代理人,为了保证进口货物代理的服务质量,也应主动与船公司的代理人联系,及早获取进口货物提货通知书,便于提前做好接卸进口货物的准备。

(7)交货记录(Delivery Record)。

交货记录共五联:到货通知书一联;提货单一联,费用账单二联,交货记录一联。

①交货记录的流转程序。

a. 在船舶抵港前,由船舶代理根据装货港航寄或传真得到的舱单或提单副本后,制作交货记录一式五联;

b. 在集装箱卸船并做好交货准备后,由船舶代理向收货人或其代理人发出到货通知书;

c. 收货人凭正本提单和到货通知书向船舶代理换取提货单、费用账单、交货记录共四联,对运费到付的进口货物结清费用,船舶代理核对正本提单后,在提货单上盖专用章;

d. 收货人持提货单、费用账单、交货记录共四联随同进口货物报关单一起送海关报关,海关核准后,在提货单上盖放行章,收货人持上述四联送场站业务员;

e. 场站核单后,留下提货单联作为放货依据,费用账单由场站凭此结算费用,交货记录由场站盖章后退收货人;

f. 收货人凭交货记录提货,提货完毕时,交货记录由收货人签收后交场站留存。

②交货记录的填制要求。

在船舶抵港前,由船舶代理依据舱单、提单副本等卸船资料预先制作交货记录。到货通知书除进库日期外,所有栏目由船舶代理填制,其余四联相对应的栏目同时填制完成。提货单盖章位置由责任单位负责盖章,费用账单剩余项目由场站、港区填制,交货记录出库情况由场站、港区的发货员填制,并由发货人、提货人签名。

③各单据的作用。

a. 到货通知书(Arrival Notice)。

到货通知书是在卸货港的船舶代理人在集装箱卸入集装箱堆场,或移至集装箱货运站,并办好交接准备后,向收货人发出的要求收货人及时提取货物的书面通知。所以,到货通知书是在集装箱卸船并做好准备后,将五联单中的第一联(到货通知联)寄交收货人或通知人。收货人持正本提单和到货通知书至船公司或代理人付清运费换取其余四联。

b. 提货单(Delivery Order)。

提货单是船公司或其代理人指示负责保管货物的集装箱货运站或集装箱堆场的经营人,向提单持有人交付货物的非流通性单据。

传统的作法是船公司或其代理人收到提单持有人交来的正本提单后,签发提货单,收货人凭提货单向货物堆场或仓库提货。而在集装箱运输中,是凭到货通知和正本提单换取费用账单两联,盖章后的提货单一联和交货记录一联共四联,随同进口货物报关单到海关办理货物进口通关。海关核准放行后,在提货单上盖海关放行章,再持单到集装箱堆场或货运站,场站留下提货单和二联费用账单,在交货记录上盖章,收货人凭交货记录提货。

c. 交货记录(Deliverv Record)。

船公司或其代理人向收货人或其代理人交货时,双方共同签署的、证明双方已进行货物交接和载明其交接状态的单据叫交货记录。交货记录是在签发提货单的当时交给收货人或其代理人,再出示给集装箱货运站或集装箱堆场经营人。

作为船公司代理人的集装箱货运站或集装箱堆场的经营人在向收货人或其代理人交货时,要检查货物的件数和外表状态,如有损坏或灭失等情况时,应把损害的内容记载在摘要栏内,双方签字后完成交接手续。交货记录是在收货人提取集装箱货物时,堆场或货运站的发货人员凭以发放集装箱货物的单据,收货人在交货记录上签收,堆场或货运站留存。

在集装箱运输中,船公司的责任是从接受货物开始到交付货物为止。因此,场站收据是证明船公司责任开始的单据,而交货记录是证明责任终了的单据。

d. 费用账单。

费用账单是场站凭此向收货人结算费用的单据。其主要内容包括:收货人名称、地址、开户银行与账号、船名、航次、起运港、目的港、提单号、交付条款、到付海运费、卸货地点、到达日期、进库场日期、第一程运输、标记与集装箱号、货名、集装箱数、件数、重量、体积、费用名称、港务费、港建费、堆存费、装卸费、其他费用、费用合计等栏目;还有计费吨、单价、金额;另外有收货人章、收款单位财务章,港区场站受理章、核算章、复核章,开单日期等。收货人或其代理人结算港口费用,提取货物。

(8)其他单证。

①卸货报告(Outturn Report)。

卸货报告是集装箱堆场或货运站在交付货物后,将交货记录中记载的批注,按不同装载的船名分船编制的交货状态的批注汇总清单。

集装箱货运站和集装箱堆场在货物交付后,把交货记录中记载的批注及时汇总起来编成清单,送交船公司或其代理人。船公司根据这一报告掌握货物灭失和发生损坏的情况,以便采取必要措施;同时也可作为收货人对货物灭失或损坏提出索赔时,船公司理赔的重要依据。不过,有些船公司不要求提交这一单据,而以交货记录作为理赔的依据。

②待提集装箱(货物)报告(Report of Undelivery Container(Cargo))。

待提集装箱(货物)报告是集装箱堆场或货运站编制并送交船公司的,表明经过一段时间尚未能疏运的,仍滞留在堆场或货运站的重箱或货物的书面报告。据此,船公司或其代理人可向收货人及其代理人发出催提货物的通知,以利疏港和加速集装箱的周转。

实际业务中,船公司向收货人发出的到货通知书中,通常都有关于提货期限和对不按时提取货物将进行处理的规定。例如，有的港口在到货通知书上就明确规定："根据海关规定，货物到港（站）14 天内未能及时向海关申报，由此引起的海关滞报金，由收货人承担"；"货物到港 10 天内未能及时提取货物，由此引起的港口疏港所发生的费用，由收货人承担。货物抵港 3 个月不提取，将作为无主货处理"。

2. 集装箱运输的提单与运单

（1）集装箱运输提单。

在国际贸易业务中，提单（B/L）是卖方向银行办理预付或出口押汇的主要货运单证之一，是买方拥有货物所有权和提取货物的重要凭证。国际海运业务中，提单是用以证明海上货物运输合同、货物已经由承运人接管、装船，以及承运人保证据以交付货物的单证。因此，提单是国际贸易和运输的重要文件之一，也是国际货运代理人代理的主要业务单证。

提单的作用一般归纳为以下几个方面。

①承运人与托运人之间订立货物运输合同的证据。提单条款及其内容，通常载明了承运人与货物托运人之间各自享有的权力和承担的责任与义务。因此，提单是处理当事双方在运输过程中发生纠纷的依据。

②承运人接管货物或货物装船后向托运人签发提单，表明承运人已收到并占有提单上所记载的货物。因此，具有货物收据的作用。

③代表货物所有权的一种凭证，即物权凭证作用。转移提单也就转移了货物所有权。提单持有人凭提单在提单表明的货物目的地提取货物，承运人保证将货物交付给凭提单请求提货的人。提单的这一作用使它可用作银行结汇、流通和抵押等。

必须指出，提单的上述作用是国际贸易和运输实践的一般归纳。然而，提单是否是"物权凭证"，存在不同的看法。不同的提单，其功能不完全一样，不同功能的提单，所产生的作用显然是不同的。同一类型的提单在不同地区的处理方式也存在差异。特别是，现代国际贸易，其内涵已经发生了深刻的变化，贸易方式和运输方式不同，提单作用不完全一样。所以，我们在讨论提单一般作用的同时，应该理性地看待提单的这些作用。在使用提单和处理提单业务时，应该首先了解不同种类提单有不同的功能，在涉及提单物权凭证方面，应首先了解各个国家、地区有否相应的法律规定和习惯做法，例如，进口国关于记名提单物权凭证属性的法律规定等，从而指导自己的业务行为、合同条款制订，使其更贴近国际性、国家性和地区普遍接受的惯例，防范提单业务的风险。

（2）集装箱运输运单。

运单是承运人与托运人之间关于货物运输事宜的"一次性"书面契约，是运输经营者接受货物并在运输期间负责保管和据以支付的凭据，也是记录车辆运行和行业统计的原始凭证。货物运单内列明托运货物的名称、包装、各项费用及金额、启运和到达港站、发货人与收货人、承运和到达日期及其他有关货物运输的事项。托运人托运货物时，必须由托运人或收货人按规定填写运单，有特殊运输要求的应在运单的备注栏中签注，经托运人或承运人签认后，运输合同即告成立。

①海运单。

海运单（S/W）又称海上运单或海上货运单，是指由承运人签发给托运人、表明已收妥货物，以及承运人凭此单据在目的港交货给收货人的一种不可流转的单证。目的港收货人凭到

货、提货通知、身份证件在承运人的代理人处办理提货。

海运单作为特殊的货物单证，其特点有：

—— 具有收获凭证和海上货物运输合同证明的功能，但不作为物权凭证、不能流转；

——海运单上表明的是确定的收货人，不能转卖或用作抵押；

——海运单制作，除收货人一栏不能做成指示性抬头、应确定具体收货人外，其余的正面各栏目格式与制订方法与海运提单基本相同，它可以作为“已装船”形式，也可以作为“收妥备运”形式；

——货物交付方面，收货人并不出示海运单，仅凭提单通知、身份证明提货，承运人凭收货人出示的提货通知及身份证明放货；

——海运单是一种简式单证，背面下列详细条款，但载有一条可援用海运提单或其他文件相关规定的条款，从而使海运单得以简化。《国际海事委员会海运单统一规则》第4条规定，海运单所包含的运输合同，应强制适用于提单或类似的所有权凭证所包含的运输合同的国际公约或国内法的约束。因此，《海牙规则》、《维斯比规则》或相应的国内立法仍适用于海运单。

由此可见，海运单具有法律上的适用性、使用与操作上的安全性，内容明确、提货便捷，制作省时、省力和节约费用等优点。海运单因不能转让，也便于EDI的推广运用。海运单的格式，有英国航运总商会的“SIT PRO”海运单标准格式，CGM的海运单标准格式等。

目前，海运单主要运用在：跨国公司在不同地区的货物业务往来；近距离海运中提单往往迟于货物先到的业务；长期、稳定、信赖的客户；买卖双方记账式贸易，卖方无须以买方付款作为转移货物所有权为前提条件的业务；价值相对低或无资金风险的物品，如家用与私人物品、无商业价值的样品等货运业务；有意防止随意更改收货人的业务等。实践中海运单也存在一些问题，如货到单未到，收货人在提货后借故托付或拒付货款，有可能使买方货、款两失的危险；托运人付货出运并收款后，向承运人提出变更收货人，原收货人因非运输合同的订约人而有可能无诉讼权等。对于后者，《海运单统一规则》第3条和第6条已订有相应的规定，而前者情况的避免，须由业务和单证上的措施来解决。

②国际铁路货物联运运单。

国际铁路货物联运运单，是发货人与铁路之间有关货物运输凭证，它规定了铁路、发货人和收货人在货物运送中的权力、义务与责任，对铁路和发、收货人都有法律效力，是处理货物联运业务的重要凭据，在国际铁路货物联运中具有重要的作用。

——运单的组成和用途。国际铁路货物联运运单，由运单正本、运行报单、运单副本、货物交付单、货物到达通知单以及必要份数的补充运行报单组成。其中，运单正本是货物运输契约，它随同货物至到站，连同第5联货物到达通知书一起交给收货人，并根据运单记载向收货人核收费用；运行报单，是参加联运各铁路办理货物交接，划分运输责任及清算运送费用、统计运量和运输收入的原始依据，它随同货物至到站，并留存到大站；运单副本，于运输合同缔结后交给发货人，作为铁路接受和承运货物的证明，它不具有运单正本的效力；货物交付单，随同货物至到站，并留存到达站作为到站货物交付和确认货交收货人的凭证；货物到达通知书随同货物至到站，连同正本运单和货物一起交给收货人；补充运行报单，发送国的发站和出口国境站分别留存一份。此外，根据发货人要求，有时还需做一份运单副本抄件作为发货人留存备查的单证。

——运单使用与填写。国际铁路联运有快运和慢运,由发货人办理货物托运时决定并在合同中明确。慢运货物使用白纸黑字铅印的运单,快运货物使用加印红条的运单。运单用发送国文字填写,并在每行下附中文或外文译文。有关运单记载事项译文用字,由参加运送的铁路商定,必要时由过境或到达路的进口国境站译成相应国的文字。

发货人托运货物前必须填写运单,经签字后递交发站作为货物托运申请。发站对托运人递交的运单审核,填写有关栏内容并经签署,该项货物运输合同形成。发货人和铁路填写运单都应严格按照"国际货协运单填写说明"进行。发货人在运单上作修改不得超过一栏或相互关联的两栏,并在运单"发货人的特别声明"栏内就修改予以记载并签字或加盖戳记证实。车站有权对填写不全、不洁、不确及不合要求的运单退还发货人,要求其补填和重新填写。同样,由铁路填写的运单栏目,若有事项需修改、补充的,也应签字和加盖车站戳记证实。铁路不得随意修改或补充运单各栏中由发货人填写和记载的事项,但某些特殊条件除外,如对货物注明分类号,货物运送或交付阻碍时根据委托人合同变更要求修改的有关事项等。

发货人必须在运单中注明货物应通过的发送国和过境国的出口国境站。如果从出口国国境站可有邻国几个进口国境站办理货物运送,应尽可能注明最短路径的进口国国境站。过境运送货物,发货人应注明适用于过境运价规程所载有的国境站。

③公路运单。

公路运单是公路货运协议的具体表现形式。公路运单一般有以下内容:

——与运输货物相关的情况,包括名称、性质、包装及标志,数量、重量和体积;若是集装箱,包括箱类、箱型、箱号与铅封号等;

——承运人、发货人与收货人名称、详细地址及通信号码;

——货物接管地点、日期,到达地和交付点,货车类型及车号;

——运输途径、运距、起止期限;

——货物价值声明,货物运输保险事项;

——装卸条件与装卸说明;

——与运输有关的费用,包括运费、附加费、杂费、过境、代办货物进出口各类手续费、代交关税,其他相关费用,及其结算方式、责任;

——办理海关和其他手续所需的文件记载;

——交付承运人的单据清单等。

此外,还包括合同变更与解除、违约责任与赔偿,以及双方当事人商定的其他条款。

托运人对运单上所填内容的真实性和正确性负责。特殊货物,如危险品、公路限运货物、有税品、进出口限制性和许可证货物等,在发运时,托运人应办妥检验检疫、海关、公安、监理等需要的手续,提供完整的相关证明材料作为添附文件随车同往。

运单必须经由发货人和承运人签字才有效。运单正本一式三份,分别交发货人、承运人留存,一份随货物同行。

④国际航空货运单。

航空货运单,是托运人和承运人之间订立合同接受货物和承运条件的证明。航空货运单由航空承运人备制,托运人或其代理人在托运货物时按照栏目要求如实填制,经航空承运人确认后,形成承托双方的货物国际航空运输合同。航空货物单的主要作用与用途是:

——航空货物运输合同订立和运输条件的证明文件；

——收到货运单上记载货物的证明或收据；

——运杂费账单与发票的凭据；

——报关文件，即与其他文件一起作为交付海关查验和货物进出口清关的基本单证；

——保险证明。若航空承运人承办保险或发货人要求承运人代办保险，货运单上相关记载作承保依据。航空货运保单的有效期一般从货运单作为合同形成开始生效至货物交付收货人时为止。载有保险条款的航空货物单又称红色航空运单。

——航空承运人处理业务的依据。航空货运单与货物同行，在该货运单项下，承运人根据运单上所记载内容和指示办理货运业务，包括装载、运输、交付及计收费用等事宜。

航空货运单正面以填制内容为主，包括托运人填开栏和承运人填开栏，托运人托运货物的说明、货物价值声明、交付指示等事项，合同双方商定的内容，以及托运人和承运人的签字(盖章)等。一般地，航空货运单应包括以下各项：

——货物品名、性质、重量、体积、包装、件数及标志或号数，货物说明与价值声明；

——托运人姓名、公司名称、地址及通信号码，收货人的名称、地址及通信号码；

——航空承运人及名称、地址及代理人的IATA代号；

——起运地、出运时间、机号及航班。如果是联运方式，还包括经停和换装转运地及第一承运人的名称和地址。目的港及预计抵达时间、收货人及其地址、通信号码；

——计重重量、运费及其支付方式；

——货运保险及其费用负担；

——货运单的填写地点、日期、航空货运单的份数以及随附文件；

——声明运输期间适用的规定或公约；

——双方当事人商定的其他事宜与运输条件。

3. 国际多式联运单证

(1)国际多式联运单据

国际多式联运单据是指证明国际多式联运合同以及证明国际多式联运经营人接管货物并负责按合同条款交付货物的单据。该单据包括双方确认的取代纸张单据的电子数据交换信息。国际多式联运单据不是多式联运合同，只是国际多式联运合同的证明，同时是国际多式联运经营人收到货物的收据和凭其交货的凭证，在实践中一般称为国际多式联运提单(Multimobel Transport B/L)。国际多式联运提单的内容应该准确、清楚、完整，以保证货物正常安全的运输。国际多式联运提单应记录的主要内容有：

①货物名称、种类、件数、重量、尺寸、外表状况、包装形式；

②危险货物、冷冻货物等特种货物应载明其特性、注意事项；

③国际多式联运经营人名称和主营业所；

④发货人、收货人名称；

⑤国际多式联运经营人接管货物的地点和日期；

⑥交付货物的地点；

⑦经双方明确协议的交付货物的时间和期限；

⑧表示该单据为可转让或不可转让的声明；

⑨国际多式联运经营人或其授权人的签字及单据的签发时期、地点；

⑩经双方明确协议的有关运费支付的说明；

⑪有关运输方式、运输路线、转运地点的说明；

⑫有关声明。

国际多式联运提单一般应注明上述各项内容，如果缺少其中一项或两项，只要所缺少的内容不影响多式联运单据的法律性质，不影响货物运输和各当事人之间的利益，这样的多式联运单据仍然有效。如果是国际集装箱联运，还应记载有关集装箱的内容，如集装箱箱号、箱型、数量、封制号等。

此外，除按规定的内容填制外，还可以根据双方的实际需要和需求，在不违背单据签发国法律的情况下加注其他项目，如：有关特种货物的装置说明；对所收到的货物批注说明；不同运输方式下，承运人之间的临时洽商批注等。

国际多式联运单证所记载的内容，通常由发货人或货物托运人填写，或由国际多式联运经营人或其代表根据发货人所提供的有关托运文件及双方协议情况填写。

如货物的灭失、损害是由于发货人或货物托运人提供的内容不准确或不当所至，发货人或货物托运人应对国际多式联运经营人负责。如货物的灭失、损害是由于国际多式联运经营人意图欺骗，在单据上列入有关货物的不实资料或漏列有关内容，该国际多式联运经营人则无权享受赔偿责任限制，而应按实际损害负责赔偿。

不同的运输单据的内容、职能和有关条款的规定都是以某一国际公约为基础的，一般均在首要条款中对服从的国际运输公约作出说明。由于运输方式的特点、运输组织形式、货物运输中的风险及货物运输所需要的时间等方面存在着差别，各国际公约对运输单证内容、性质、作用以及条款的规定也有很大的差别。

国际多式联运提单与单一运输方式运输单据的主要差别可通过表7-1来说明。

国际多式联运提单与各单一方式运输单据主要差别表 表7-1

运输方式 / 主要差别	铁路运单 铁路	公路运单 公路	海运运单 海运	多式联运单据 多种
接受货物收据	是	是	是	是
运输合同	是	是	不是	不是
交付凭证	不是	是	是	是
物权证明	不是	不是	是	是
可转让性	不可	不可	可	可
货方风险	无	无	有	有
责任期限	站—站	接受—交付	港—港	接受—交付

(2)签发注意事项。

国际多式联运经营人在收到货物后，在凭发货人提交的收货收据签发多式联运提单前，应向发货人收取合同规定的、应由其负担的全部费用，然后可以根据发货人的要求签发可转让或不可转让联运提单中的任何一种。签发国际多式联运提单时应注意以下事项。

①如果签发可转让的国际多式联运提单，应在收货人栏列明按指示交付或向持票人交付。

签发不可转让国际多式联运提单时，应列明收货人的名称。

②如果国际多式联运经营人在接受货物时，对货物的实际情况和提单中所注明的货物种类、数量、重量和标志等有疑问，但又无适当方法进行核对、检查时，可以在提单中作出保留，注明不符之处及怀疑根据。

③提单上的通知人一般是在最终交货地点由收货人指定的代理人。

④对签发正本提单的数量一般没有规定，但如应发货人要求签发一份以上的正本时，在每份正本提单上应注明正本份数。如签发一套一份以上的正本可转让提单时，各正本提单具有同样的法律效力，而国际多式联运经营人或其代表如已按其中的一份正本交货便已履行交货责任，其他提单自动失效。如签发任何副本（应要求），每份副本均应注明“不可转让副本”字样，副本提单不具有提单的法律效力。

⑤国际多式联运提单应由多式联运经营人或经他人授权的人签字。如不违反所在国法律，签字可以是手签，手签笔迹的印、盖章、符号可用任何其他机械或电子仪器打出。

（3）提单责任区别。

国际多式联运提单一般是在国际多式联运经营人收到货物后签发的，由于主要是集装箱货物，因而国际多式联运经营人接受货物的地点可能是集装箱堆场（CY）、集装箱货运站（CFS）和发货人的工厂或仓库（Door）。因此，国际多式联运经营人接受货物地点不同，提单签发的时间、地点及承担的责任也有比较大的区别。

①在集装箱堆场（CY）收货后的提单。

这种情况一般由发货人将装好的整箱货物运至国际多式联运经营人指定的集装箱堆场，由国际多式联运经营人委托的堆场业务人员代表其接受货物，签发正本场站收据给发货人，再由发货人用该正本场站收据至多式联运经营人处换取提单。国际多式联运经营人收到该正本场站收据并收取应收费用后即应签发提单。

②在发货人工厂或仓库（Door）收到货物后签发的提单。

这种情况应在站场收据中注明。提单一般在集装箱装到运输工具（汽车或火车）后签发。在发货人工厂或仓库签发提单意味着发货人应自行负责货物报关、装箱、制作装箱单、联系海关监装及加封，交给国际多式联运经营人的是外表状况良好、铅封完整的整箱货物。国际多式联运经营人负责从发货人工厂或仓库至码头堆场的运输和至最终交付货物地点的全程运输。

③在集装箱货运站（CFS）收货后签发的提单。

在这种情况下，国际多式联运经营人是在他自己的或由其委托的集装箱货运站接受货物。该货运站可在港口码头附近，也可以在内陆地区。接受的货物一般是拼箱运输的货物。提单签发时间一般是在货物交接入库后。在集装箱货运站签发提单意味着发货人应负责货物报关，并把货物（以原来形态）运至指定的集装箱货运站，而多式联运经营人（或其委托 CFS）负责装箱，填制装箱单，联系海关加封等业务，并负责将拼装好的集装箱运至集装箱堆场。

第二节　集装箱运输统计工作及其内容

集装箱运输统计作为社会经济统计的一部分，是对集装箱运输活动的数量、质量特性进行的统计调查研究活动。通过这些统计调查,反映集装箱运输的数量、规模、结构、发展水平等方面的特性,为港口、堆场建设、国民经济宏观管理提供信息、咨询、监督作用。

一、集装箱运输统计工作概述

从广义上讲,运输活动按其在社会再生产过程中的作用的不同,可分为两大类:一类是作为具体生产过程的有机组成部分,在生产过程内部的运输活动,通常称为生产过程运输;一类是作为物质生产部门的运输业,在流通领域进行的运输活动,通常作为流通过程运输。集装箱运输作为综合运输的重要组成部门,其承担的运输属于流通过程运输,亦即其统计的是运输作为物质生产部门的生产过程,反映集装箱运输对国民经济与社会发展的贡献。

在统计内容上,运输统计研究一般包括如下四方面内容:运输产出成果统计;运输生产条件统计;运输财务成本统计;运输统计的综合分析研究。其中运输产出成果统计内容为运输的运量、流向等;生产条件统计内容为运输线路、运输工具、车站、港口设施等;运输财务成本统计内容为运输企业的成本、利润等;综合分析研究内容为运输业对国民经济的适应性、内部各种运输方式间的协调等。集装箱运输统计主要研究集装箱运输完成的货运量、货物构成、流量、流向,货物价值等特性,属于运输产出成果统计的范畴。

二、集装箱运输统计工作内容

1. 集装箱运输统计设计原则

(1)目的性原则。

进行集装箱运输统计就是为了反映集装箱运输产出成果的大小,定量反应集装箱运输在综合运输体系中的地位,以及对区域乃至整个国家经济所作出的贡献,为政府宏观管理和行业业务管理提供数据信息。

(2)科学性原则。

在进行集装箱运输统计时,应按照研究对象的特点及客观规律设立,体现准确性、全面性、全局性的要求。其中,准确性要求集装箱运输统计必须能恰如其分的反映集装箱运输的客观、真实的情况;全面性要求集装箱运输统计能从不同侧面反映完成运输量的性质及特点;全局性要求设立集装箱运输统计,必须从全局出发,使所设计的各项运输量指标在计算口径、时间、方法等方面相互协调,从而形成一个有机的整体。

(3)可操作性原则。

在进行集装箱运输统计时,应根据目前我国集装箱运输统计的现状和集装箱运输运营的实际环境,本着实用、可行来设计,最大限度地方便将来的实际应用和操作。另一方面,可操作性也体现了获得指标所付出的成本与它所能带来的实际收效之间的关系。如果对于某些集装箱运输指标而言,收集相关资料、汇总、分析的过程相当繁琐,成本较大,或目前的技术水平还无法收集该指标数据,则应考虑其是否有必要存在。

(4)前瞻性原则。

进行集装箱运输统计在体现实用、可操作性的一面的同时,又不能完全拘泥于现状,应有一定的前瞻性。集装箱运输统计在我国的发展才刚刚开始,还在不断地发展变化,无论从集装箱箱体的改进,还是运载工具的变化,乃至所运货物的类别、价值在未来都可能出现新趋势、新

特点。因此，在进行集装箱运输统计时应考虑到这种变化，体现理论相对实践的适当超前先行特点。

2. 集装箱运输统计设计功能

(1)反映功能。

集装箱运输统计最基本的功能就是反映功能，即表现、描述功能。每个指标能从某个角度反映出集装箱运输所承担的货物运输的信息，整个指标体系应较为全面的反映集装箱运输所承担的货物运输的整体信息，包括直接或间接反映总量、结构、比例、效益、运输的空间分布、时间分布、运输强度等信息，为进一步分析集装箱运输在综合运输体系中的地位、作用，衡量集装箱运输对区域经济和国民经济的贡献提供基本数据。

(2)监控功能。

对确定的集装箱运输指标实施定期统计调查制度，实际就是在国家和运输主管部门建立了一种监控机制，可以定期对集装箱运输情况实施监督控制，针对运输情况进行宏观调控。同时，监督控制现有集装箱运输情况，对制订科学有效的集装箱运输规划、堆场规划，对论证新建物流园区的可行性，都具有积极意义。

(3)比较功能。

设立集装箱运输统计指标并实施定期统计调查，能为分析集装箱运输与其他运输方式的优劣、贡献、成本效益提供有利的依据，这将有利于定量揭示集装箱运输在综合运输体系中的地位、功能、作用，为提高集装箱运输市场竞争力提供定量依据。

3. 集装箱运输统计内容

集装箱运输统计作为社会经济统计的一部分，对集装箱运输活动的数量、质量特性进行统计调查。通过这些统计调查，反映集装箱运输的数量、规模、结构、发展水平等方面的特性，因而，在统计内容上，主要包括如下几个方面。

①运输总量：主要从集装箱运输产出的总量规模上来进行统计，反映集装箱运输产出的总量特征。

②运输强度：主要统计集装箱运输的平均利用强度情况，反映集装箱运输的产出效率。

③运输效率：主要统计集装箱运输中车辆和箱体的利用效率，体现集装箱运输的效率特点。

④运输对象特征：主要统计集装箱运输对象的特征，通过运输对象特征的描述，反映集装箱运输与区域经济联系、产出方面的特性。

⑤运输时间：主要统计集装箱运输过程中在各个环节上所耗费的时间，反映集装箱运输的时间效率。

现阶段，在考虑可行性与必要性的基础上，集装箱运输统计主要统计上述方面的内容，每一块内容都由若干指标反映。

三、集装箱运输统计指标体系与释义

集装箱运输统计指标体系是由相互联系的一组指标组成的有机整体，从基本结构上可以分为基本指标、辅助指标、专项统计三部分。基本指标是最基本的、处于核心地位的指标，能反映集装箱运输的基本特征，体现运输指标的主要功能。辅助指标围绕核心指标展开，它们使得指标体系功能更加完备,能全面地反映集装箱运输状况。

1. 集装箱运输统计的基本指标

基本指标反映集装箱运输产出的基本情况,包括总量、强度、效率三个方面。其中,运输总量指标为集装箱运输产出“量”的最基本的反映,体现集装箱运输产出的总量,是进行运输方式之间比较的主要指标。运输强度的指标反映集装箱运输的运输强度。运输效率指标是集装箱运输工具的运输效率的反映。基本指标中的各分指标值可以根据调查日的样本值结合相关数据进行推算,以获得集装箱运输总体的运输产出情况。

(1)运输总量。

①港口集装箱吞吐量:集装箱经水运进出港区所装卸的集装箱换算箱量。

②集装箱港口中转量:在一调查期内,同一集装箱进港区的换算箱量。

③集装箱铁路发送量:在一调查期内,通过铁路车站办理发送的集装箱箱数。

④集装箱铁路到达量:在一调查期内,通过铁路车站办理接卸的集装箱箱数。

⑤集装箱汽车运量:在一调查期内,经汽车运输集装箱换算箱量。

⑥集装箱水运量:在一调查期内,经船舶运输的集装箱换算箱量。

⑦集装箱中转站进出量:在一调查期内,进出集装箱中转站的集装箱换算箱量。

⑧集装箱航线运量:在一调查期内,某条集装箱航线船舶运输的集装箱换算箱量。

⑨拆装箱量:在一调查期内,码头、场站拆装集装箱的换算箱量。

(2)运输强度。

①船舶箱位数:集装箱船舶额定装载集装箱箱数。

②车辆箱位数:集装箱车辆额定装箱集装箱换算箱数。

③堆场箱位数:集装箱堆场平面换算箱箱位数。

(3)运输效率。

①平均重箱载货量:重箱箱体质量和重箱载货质量之和与重箱换算箱数的百分比。

②集装箱化比:在一调查期内,港口、地区通过集装箱运输的货物数量与可装箱货的数量的百分比。

③重箱比:在一调查期内,集装箱运输中,重箱换算箱数与空、重箱换算箱数和的百分比。

④拆装箱比:在一调查期内,港口集装箱中转站、货运站拆装箱换算箱数与所通过的重箱换算箱数的百分比。

⑤港口进口拆箱比:进口集装箱在港口拆箱换算箱数与进口重箱换算箱数的百分比。

⑥港口出口装箱化:出口集装箱在港口装箱换算箱数与出口重箱换算箱数的百分比。

⑦空箱比:在一调查期内,空箱换算箱数与空、重箱换算箱数之和的百分比。

⑧中转箱比:在一调查期内,港口中转换算箱数与集装箱吞吐量的百分比。

⑨“门到门”比:在一调查期内,“门到门”运输的集装箱换算箱数与运输的总换算箱的百分比。

⑩多式联运比:在一调查期内,多式联运集装箱换算箱数与运输总换算箱数的百分比。

⑪船舶箱位利用率:集装箱船舶实际装载的集装箱换算箱数与船舶箱位数的百分比。

⑫集装箱泊位利用率:集装箱车辆载运重箱换算箱数与车辆箱位数的百分比。

⑬车辆箱位利用率:集装箱车辆载运的集装箱换算箱数与车辆箱位数的百分比。

⑭平均重箱载运率:集装箱车辆载运重箱换算箱数与车辆箱位数的百分比。

⑮船舶重箱实载率:集装箱船舶运输的重箱换算箱数与船舶箱数的百分比。

⑯装卸机械效率:装卸机械平均每小时装卸的集装箱换算箱数。

⑰集装箱船时效率:集装箱船舶装卸作业,在一条或几条作业线上,平均每小时装卸的集装箱换算箱数。

2. 集装箱运输统计的辅助指标

辅助指标对集装箱运输产出情况特性进行辅助说明,包括运输对象特征与运输时间两个方面的指标。运输对象特征主要描述集装箱运输的对象——主要是运送货物的特征,其中各货种比重反映集装箱运输的货种组成,货物相对价值反映运输的货物的价值水平情况。这两个指标是分析集装箱运输与国民经济关系、集装箱运输特性的重要辅助指标。运输时间主要是指集装箱运输过程中在各个环节上所耗费的时间,反映集装箱运输的时间联系情况。通过分析货物运输辅助指标,可以成体系地获知集装箱运输的货物运输特性,认识集装箱运输产出特征,对集装箱运输的运营、管理、服务等有更全面和成体系的了解和认识,有利于认识集装箱运输主要运输对象的特点,科学认识集装箱运输与区域经济产业特性之间的互动关系,合理定位集装箱运输在综合运输体系中的地位、功能,对于国家层面、地区层面经济发展与社会进步有重要意义。

(1)运输对象特征。

①各货种比重:在调查期内集装箱运输中按货物种类分组的货物重量占全部货物重量的比重。

②货物相对价值:在调查期内集装箱运输中被调查货物的相对价值。

(2)运输时间。

①集装箱平均周转时间:集装箱从进入口岸到离开口岸的平均天数。

②铁路集装箱周转时间:集装箱从装箱至下一次装箱之间的时间。

③集装箱平均在港时间:集装箱在港口累计堆存的天数与集装箱自然箱数的百分比。

④集装箱平均在站时间:集装箱在场站累计堆存天数与自然箱数的百分比。

⑤重箱平均堆存天数:重箱在码头、场站累计堆存天数与重箱自然箱数的百分比。

⑥空箱平均堆存天数:空箱在码头、场站累计堆存天数与空箱自然箱数的百分比。

⑦进口箱平均堆存天数:进口集装箱在码头累计堆存天数与进口集装箱自然箱数的百分比。

⑧出口箱平均堆存天数:出口集装箱在码头累计堆存天数与出口集装箱自然箱数的百分比。

3. 集装箱运输专项统计

除了以上两类统计外,还存在着许多专项统计,为反映、分析集装箱运输水平等提供了重要的依据。如集装箱租赁箱、船公司、多式联运经营人、港口码头、集装箱泊位、集装箱运输工具等的数量、结构等。

上述集装箱运输指标体系从总量、效率、结构、特性等方面描述集装箱运输生产的基本情况与特性,并注意与现有运输统计指标的衔接。通过对上述指标数值的统计,能较为全面地反映我国集装箱运输统计指标的可比性和我国集装箱运输的运输产出情况,弥补目前空缺的集装箱运输的产出信息，有利于集装箱运输产出统计工作的开展。

复习思考题

1. 集装箱运输单证有哪些分类？
2. 简述进出口运输单证包括的主要内容。
3. 简述集装箱运输提单的分类。
4. 简述集装箱运输统计的内容。
5. 简述集装箱运输统计指标体系中基本指标所包括的内容。

第八章　集装箱国际多式联运及报关业务

本章从集装箱国际多式联运概述、国际多式联运合同、国际多式联运法规及集装箱多式联运中的报关业务四个方面介绍集装箱国际多式联运。

第一节　集装箱国际多式联运概述

集装箱国际多式联运是在集装箱运输的基础上产生并发展起来的新型的运输方式，也是近年来在国际货物运输中发展较快的一种综合连贯运输方式。20 世纪 60 年代末，多式联运首先在美国出现，经试办取得显著效果，受到贸易界的欢迎，随后美洲、欧洲及非洲部分地区仿效，广为采用。实践证明，它不仅是实现"门到门"运输的有效方式，也是符合客观经济规律、取得较好经济效益的一种运输方式。

一、集装箱国际多式联运相关概念辨析

1. 国际货物运输

国际货物运输是指跨越国境的货物运输，也包括国家与独立经济体之间的货物运输。国际货物运输可以分为贸易商品运输和非贸易商品运输。贸易商品运输是为国际间商品交换服务的，是实现国际贸易的重要手段。因此，国际货物运输对一个国家而言可以称为对外贸易运输；非贸易商品运输是为非贸易商品（例如展览品、个人物品、救助物资等）的跨国移动服务的，在国际货物运输中占极小部分。

2. 大陆桥运输

大陆桥运输（land bridge transport）是指以横贯大陆上的铁路、公路运输系统作为中间桥梁，把大陆两端的海洋连接起来形成的海陆联运的连贯运输。它是国际集装箱多式联运的一种特殊形式。其概念与设想首先出现在 20 世纪 50 年代初期的北美，即货物从远东去欧洲，可以海运过太平洋登陆北美西岸经铁路专列横穿美国大陆后在东岸下船海运去欧洲。从而，为远东、日本等地区和国家向欧洲的货物运输提供了一条捷径。

目前，世界范围内有重要影响的陆桥，主要有横贯北美连接太平洋与大西洋的北美陆上快速通道及北美大陆桥，以及横贯亚欧大陆连接太平洋和欧洲相关海域的陆上快速通道，包括西伯利亚和新亚欧大陆桥。此外，还有连接南太平洋与南大西洋的南美陆运通道，它东起阿根廷的布宜诺斯艾利斯，西至智利的圣地亚哥，横贯南美洲东西海岸的铁路，全长约 1000km；印度东海岸加尔哥达到西海岸孟买全长约 2000km 的南亚大陆桥。这两座陆桥尽管横贯南美和印

度半岛，但不足以影响目前世界集装箱多式联运的基本格局。

大陆桥运输是一种主要采用集装箱技术，由海路、铁路、公路、航空组成的现代化多式联运方式，它是一个大的系统工程。

广义的大陆桥运输还包括小陆桥运输和微陆桥运输。

3. 联合运输

联合运输又简称“联运”，是指使用同一运输凭证，采用不同的运输方式（或工具）或者由几个运输企业相互衔接，将旅客或货物从出发地运送到目的地的运输业务。按运输对象分为旅客联运和货物联运；按运输方式（或工具）分为铁路—水路、铁路—公路、水路—公路、铁路—公路—水路、铁路—公路—航空、江（河）—海联运等；按运输范围分为国际联运 、国内联运，以及干线间、干支线间和支线间的联运。利用两种以上交通运输工具的联运称为多式联运。组织联运，可使运输中转环节紧密衔接，提高运输工具的使用效率，方便旅客和货主，取得较好的经济效益。我国于1962年10月颁发了《铁路和水路货物联运规则》，实行统一联运运单，办理一票直达。在联运服务方面，货运业务由联运企业承运，代办托运、起票、付费、中转及交付等手续，将货物运达目的地。

4. 国际联运

按我国习惯的说法国际联运是由两个或两个以上国家的运输企业（同一种运输方式或不同运输方式）使用同一张联运票据将旅客或货物从一个国家的发送地运送到另一个国家的到达地点的一种运输组织形式，按其服务对象分国际旅客联运和国际货物联运。

国际联运不同于一般的国际运输，一般的国际运输指的是外贸运输，是在两个国家或地区间的边境口岸，进行货物装卸交接和旅客自行换乘，原承运人不承担下一程的运输责任，承运人的运输工具也不深入到收货国家或地区间的内水、内陆去承担运输任务；而国际联运一般多为国际集装箱联运，负责将其承运的货物运到购货国的内地并交付货主。国际联运承运人的义务是要对货物或旅客全程运输承担全部责任，货主或旅客在中途换装或换乘，均由承运人或其代理人负责办理有关手续。

5. 国际多式联运

1980年5月于日内瓦通过的《联合国国际多式联运公约》中，对国际多式联运（International Multimodel Transport）作出如下定义：“国际多式联运是指按照国际多式联运合同，以至少两种不同的运输方式，由多式联运经营人（Combined Transport Operator—C. T. O）将货物从一国境内接管货物的地点运至另一国境内指定交货地点。为履行单一方式货物合同所规定的货物接送业务，则不应视为国际多式联运。”

国际多式联运不同于传统的联合运输，它是为了适应集装箱运输而发展起来的一种新型运输方式。这种运输形式的主体不再只是运输工具的拥有者，而更主要的是由多式联运经营人来承担，这种经营人可以没有运输工具，即所谓的“契约承运人”（Contracting Carrier），或称“无船承运人”（Non—vessel Operating Common Carrier，NVOCC）。在承运人责任制度上，它打破了传统上承运人的分段责任制度，而采用了由多式联运经营人对全段运输承担总责任的所谓“统一责任制度”，对维护货方利益提供了极大的保障。由于多式联运是一种新型运输方式，经营人的法律地位发生了根本性变化，所以，联合国于1980年5月制订并通过了《联合国国际货物多式联运公约》（简称《多式联运公约》），规范多式联运经营人与其他当事人的合同

行为。

我国《海商法》为了将多式联运合同纳入调整范畴，规定“本法所称多式联运合同，是指多式联运经营人以两种以上的不同运输方式，其中一种是海上运输方式，负责将货物从接收地运至目的地交付收货人，并收取全程运费的合同。”从而将陆陆、陆空的多式联运形式排除在调整范围之外。但鉴于海陆、海空联运是国际货物多式联运的主要形式，在国际多式联运公约尚未生效条件下，《海商法》的有关规定仍具有重要意义。

6. 集装箱国际多式联运

对于集装箱国际多式联运的定义，现在并无明确的概念。本书主要结合国际多式联运与集装箱运输实务，对集装箱国际多式联运的概念定义如下：集装箱国际多式联运是以集装箱为媒介，把传统单一的运输方式有机结合起来，组成一个连贯的运输系统，以便更好地实现“门到门”运输，为货主提供经济、合理、迅速、安全、便捷的运输服务。

二、集装箱国际多式联运的特征与优越性

1. 集装箱国际多式联运的特征

根据《多式联运公约》的规定，集装箱国际多式联运应当具备以下特征。

(1)国际多式联运经营人必须与货主签订国际多式联运合同。该合同是多式联运经营人与发货人之间权力、义务、责任及豁免的法律依据，是区别于一般联运的主要依据之一。

(2)国际多式联运经营人必须对全程运输承担承运人的运输责任。国际多式联运经营人自己可以拥有运输工具，也可以是无船承运人，他可以与各区段实际承运人签订区段运输合同，或者委托仓储经营人负责货物的仓储，但他对发货人来说是总的承运人，他与这些人签订的运输合同、仓储合同等不得影响多式联运经营人对全程运输所承担的责任，这是国际多式联运的根本特征。

(3)必须使用一份全程多式联运单据。多式联运单据的作用如同传统海上运输中的提单，其上载有多式联运合同条款，规定了运输双方权力义务，是处理货物索赔的重要依据，也是多式联运统一责任制规定的具体体现。因此，多式联运必须签发多式联运单据，明确规定经营人对全部运输期间的运输责任。

(4)必须是国际间的货物运输。国内的多式联运不在国际多式联运公约的管辖范围之内，原因是各国的政治、经济、法律制度存在很大差异，运输管理又属于一国主权范围内的事物。所以，国际上所有的国际运输公约都不适用于国内运输部分。

(5)必须是集装箱货物或集装化的货物。在运输过程中一般以集装箱作为运输的基本单元。货物集装箱化促进了国际多式联运的发展，而现代集装箱运输自产生时起就与国际多式联运紧密地联系在一起，使得国际多式联运具有集装箱运输的高效率、高质量、高投入、高技术和系统性的特点。国际多式联运的发展与集装箱运输系统特别是集疏运系统的完善有紧密的关系。

(6)必须使用二种或二种以上的运输方式进行不间断的运输。国际货物运输的形式有陆运、海运、空运三种基本形式，其中陆上运输又可分为铁路运输和公路运输，各种运输形式中都存在同一运输形式下的联运，比如铁路运输中的转运、海运中的转船运输等，但这种联运不是国际多式联运范畴内的运输形式，国际多式联运必须是两种不同运输方式的任意联合，比如陆

海联合、海空联合、陆空联合。这种规定的目的主要是尊重和维持既存的国际公约和国内法律规定,比如公路运输有 1956 年由欧洲 17 个国家参加的《国际公路货物运输合同公约》(CMR)、铁路运输有《国际铁路货物联运协定》(简称《国际货协》)和《国际铁路货物运送公约》(简称《国际货约》)、航空运输有 1929 年签订的《关于统一国际航空运输某些规则的公约》(简称《华沙公约》),这些公约分别对不同运输形式下与运输合同有关的法律问题作出了统一规定。由于国际多式联运是上述不同运输方式的结合,又采取了与传统规定不同的法律制度,为了避免法律冲突和新的立法能够被广泛接受,非常有必要作出规定,只将联合两种或两种以上的运输方式的运输形式定义为国际多式联运,并受国际多式联运公约约束。

(7)必须是多式联运货物的全程运输。除由于多式联运经营人本人承担或是不承担部分区段运输外,多区段的运输是通过其与各区段的实际承运人订立分运合同来完成。各区段的实际承运人对自己承担区段的货物运输负责。

2. 集装箱国际多式联运的优越性

集装箱国际多式联运与传统的联运方式相比具有以下的优越性。

(1)统一化,简单化。

集装箱国际多式联运统一化和简单化主要表现在不论运输全程有多远,不论由几种方式共同完成货物运输,也不论全程分为几个运输区段、经过多少次转换,所有一切运输事项均由多式联运经营人负责办理,货主只需办理一次托运,订立一份运输合同、一次保险、一次付费。一旦在运输过程中发生货物的灭失和损坏时,由多式联运经营人对全程负责。在集装箱国际多式联运下是通过一张单证,采用单一费率,因而也大大简化了运输、结算手续。

(2)降低运输成本、节约费用。

集装箱国际多式联运全程运输中各区段运输和各全段的衔接是由多式联运经营人与各实际承运人订立分运合同和与各代理人订立委托合同来完成的。一般情况下,集装箱国际多式联运经营人与这些人都订有长期的协议,可以从各实际承运人那里取得较优惠的运价。由于多式联运可实行"门到门"运输,因此,对货主来说,在将货物交由第一承运人后即可取得货运单证,并据以结汇。结汇时间提前,不仅有利于加速货物资金的周转,而且减少了成本的支出。又由于货物装载集装箱运输,从某种意义上说可节省货物的包装费用和保险费用。此外,集装箱国际多式联运可采用一张货运单证,统一费率,因而也就简化了制单和结算手续,节省了人力、物力。

(3)减少中间环节,缩短货物运输时间。

集装箱国际多式联运以集装箱为运输单元,可以实现"门到门"的运输。尽管运输途中可以多次换装,但由于不需掏箱、装箱、逐件理货,只要保证集装箱外表状况良好、铅封完整即可免检放行,从而大大简化了中间环节。尽管货物经过多次换装,但由于使用专业机械设备,且又不涉及箱内的货物,因而货损、货差事故减少。此外,由于各个运输环节的各种运输工具之间密切配合,货物中转及时,停留时间短,从而使货物运输速度大大加快,有效地提高了货运质量。

(4)提高运输组织水平,实现合理化运输。

集装箱国际多式联运可提高运输组织水平,实现合理化运输,改善不同运输方式间的衔接工作。在国际多式联运开展之前,各种运输方式的经营人各自为政,自成体系,其经营的业务

范围受到限制，货运量相应是有限的。一旦由不同的运输业共同参与多式联运，经营的业务范围可大大扩展，并且可以最大限度地发挥现有设备的作用，选择最佳运输路线，组织合理化运输。

三、集装箱国际多式联运经营人

1. 国际多式联运经营人的定义

《联合国国际多式联运公约》中对多式联运经营人(Multimodel Transport Operator)的定义是：多式联运经营人是指本人或通过其代表与发货人订立多式联运合同的任何人，他是事主，而不是发货人的代理人或代表或参加多式联运的承运人的代理人或代表，并且负有履行合同的责任。具体可以从以下几个方面来理解国际多式联运经营人的概念。

(1)国际多式联运经营人以本人身份与发货人订立多式联运合同，是多式联运中的契约承运人。根据多式联运合同，多式联运经营人要对全程负责，负责组织完成全程运输。

(2)多式联运经营人以本人身份参加多式联运全程运输中某一个或一个以上区段的实际运输，作为该区段的实际承运人，对自己承担的区段的货物运输负责。

(3)多式联运经营人以本人身份与自己不承担区段的其他承运人订立分运或分包合同以完成其他区段的运输。在这类合同中，多式联运经营人既是发货人也是收货人。

(4)多式联运经营人以本人名义与各衔接点的货运代理人订立委托合同，以完成在该点的衔接及其他服务工作。

在国际多式联运的全过程中，多式联运经营人是以多重身份出现的。不论何种身份，都是以本人身份而不是以货方或承运人的代理人身份出现，并对全程负责。

2. 集装箱国际多式联运经营人的责任范围

集装箱国际多式联运中货物的全程运输是由多式联运经营人和各区段的实际承运人共同完成的。在多式联运的两种或两种以上的不同运输方式中，每一种方式所在区段适用的法律对承运人责任的规定往往是不同的。例如：《海牙规则》规定的赔偿限额为每件、每单元100英镑，《汉堡规则》规定的赔偿限额为每件、每单元835记账单位，《公路货运公约》规定的赔偿限额是每千克25金法郎，《国际铁路公约》规定的赔偿限额为每千克50金法郎等，各个运输区段的承运人责任限额都不同。当货物在运输过程中发生灭失或损坏时，由谁来负责任，是采用相同的标准还是区别对待？于是在多式联运中就出现了要确定经营人责任制度的情况，在现行集装箱国际多式联运中，主要有统一责任制、分段责任制和修正统一责任制。

(1)统一责任制。

在统一责任制下，多式联运经营人对全程运输负责，而各区段的实际承运人仅对自己完成的运输区段负责。不论损害发生在哪一个区段，多式联运经营人或实际承运人承运的赔偿责任都相同。统一责任制的优点在于，由于其采取了同一种法律规范，使得经营人和货方之间的法律关系明确，消除了由于各区段承运人相互推卸责任所带来的隐患。

(2)分段责任制。

分段责任制又称网状责任制，多式联运经营人对整个运输全过程负责，而各区段的实际承运人对自己完成的运输区段负责。但对不同区段发生的损失适用不同区段的法律。

目前在多式联运实际运作中，大部分多式联运经营人采用的责任形式都是网状责任制。

即多式联运经营人对整个运输全过程负责，而各区段的实际承运人仅对自己完成的运输区段负责。在能确定造成货物灭失、损害的区段时，则按该运输区段所适用的法律规定。如果不能确定货物损害发生区段时(通常称为隐蔽货损)，推定该货损发生在海上，多式联运经营人按海上运输法律承担责任。

(3)修正统一责任制。

修正统一责任制，是介于上述两种责任制之间的责任制，故又称混合责任制，也就是在责任范围方面与统一责任制相同，而在赔偿方面则与分段责任制相同。

3. 集装箱国际多式联运经营人应具备的条件

根据《联合国国际多式联运公约》规定，当集装箱国际多式联运经营人从发货人那里接管货物时起，即表明责任业务已开始，货物在运输过程中的任何区段发生灭失或损害，集装箱国际多式联运经营人均以本人的身份直接承担赔偿责任，即使该货物的灭失或损害并非由国际多式联运经营人本人的过失所致。因此，作为集装箱国际多式联运经营人，应符合以下基本条件。

(1)必须依法注册。《中华人民共和国国际海运条例》(以下称《海运条例》第七条规定："在中国境内经营无船承运业务，应当在中国境内依法设立企业法人。"

(2)必须签发集装箱国际多式联运单据。集装箱国际多式联运经营人从发货人或其代理人手中接收货物后，即能够签发自己的国际多式联运单证，用以证明合同的订立、执行并开始对货物负责任。为确保该单证的可转让性，集装箱国际多式联运经营人必须在国际运输中具有一定的资信或令人信服的担保。《海运条例》第七条规定："经营无船承运业务，应当向国务院交通主管部门办理提单登记。"

(3)必须具有充足的自有资金。集装箱国际多式联运经营人要完成或组织完成全程运输，并对运输全程的货物灭失、损坏和延误运输负责，就必须具有开展业务所需的流动资金和足够的赔偿能力。因此，在申请国际货物多式联运经营执照时，各国的工商注册登记机关多规定较高的注册资金门槛。《海运条例》第八条规定："无船承运业务经营者应当在向国务院交通主管部门提出办理提单登记申请的同时，附送证明已经按照本条例的规定交纳保证金的相关材料。前款保证金金额为 80 万元人民币；每设立一个分支机构，增加保证金 20 万元人民币。保证金应当向中国境内的银行开立专门账户交存。保证金用于无船承运业务经营者清偿因其不履行承运人义务或履行义务不当所产生的债务以及支付罚款。"

(4)必须具备经营能力。为保证履行国际多式联运合同义务，国际多式联运经营人必须具备足够的经营技术能力，包括以下方面。

①建立自己的国际多式联运线路。从理论上讲，国际多式联运路线可以遍及全世界，从任何国家的任何地点到另一国的任何地点，但事实上各经营人即使实力再强也很难做到，许多国际多式联运经营人业务集中在几条联运线路上。

②拥有一支具有国际货物运输法律和专业知识、经验丰富的专业队伍。该队伍能够有效地完成或组织完成全程运输，要与运输中所涉及的各方(包括货方、承运人、代理人、港口码头、货运站、仓库、海关、保险等)建立良好的业务关系。

③在各条联运线路上建立完整的网络机构。集装箱国际多式联运经营人要在各经营线路的两端和途中各转接点处设有分支机构或派出代表或委托适当的代理人来办理货物接收、交

付和完成各区段的运输、衔接、服务事宜。

④能够制订各线路的国际多式联运单一费率。采用单一费率是国际多式联运的必要条件和特点之一。由于国际多式联运涉及的环节众多,不仅涉及不同运输方式,而且涉及不同国家和地区,因此按成本来确定单一费率是一个较为复杂的问题,需要了解大量信息,做大量工作才能办到。《海运条例》第二十条规定:“经营国际班轮运输业务的国际船舶运输经营者的运价和无船承运业务经营者的运价,应该按照规定格式向国务院交通主管部门备案。……。备案的运价包括公布运价和协议运价。公布运价,是指国际船舶运输经营者和无船承运业务经营者运价本上载明的运价;协议运价,是指国际船舶运输经营者与货主、无船承运业务经营者约定的运价。……。国际船舶运输经营者和无船运输承运业务经营者应当执行生效的备案运价。”

⑤具有必要的设备和设施。集装箱国际多式联运经营人可以是无船承运人,自己不拥有任何运输工具,但必须有起码的业务设备和设施,如信息处理、传递的设备(电话、电传、计算机等)、集装箱货运站、接受及保管货物的仓库,一定面积的堆场,拆卸箱设备、机具,堆场作业机械等。同时一般还配备一定数量的集装箱和吊车等设备。

四、集装箱运输与国际多式联运

国际多式联运是集装箱运输的产物。在集装箱问世之前,要开展国际多式联运,几乎是不可能的。因为在传统的散件杂货的运输条件下,如果联运经营人与托运人签订运输合同,并对全程运输负责,风险是非常巨大的。然而,当使用集装箱运输货物后,由于货物从头到尾都被装在紧固密封的集装箱里,损坏或被窃的可能性很小,所以在运输中的责任风险大大降低了,使联运经营人敢于对全程负责。在集装箱发展起来后,国际多式联运的优点才真正发挥出来。所以,从这个角度来说,国际多式联运可以说就是国际集装箱多式联运,是以集装箱为媒介,把传统单一的运输方式有机结合起来,组成一个连贯的运输系统,以便更好地实现“门到门”运输,为货主提供经济、合理、迅速、安全、便捷的运输服务。目前国际集装箱多式联运发展呈现如下发展趋势及特点。

1. 国际集装箱船趋向大型化和效益化

世界主要 20 多家船公司营运的载箱量在 3500TEU 以上的船舶不断增多,占其动力 25% 以上;载箱量更大的 4600TEU、5250TEU 等大型全集装箱船正在迅速发展。全球第四、第五代集装箱船正在不断投入使用,取代原有的第一、第二代集装箱船。船舶载箱量的增加、航速的加快和运送期限的缩短使集装箱运输效益日益提高。此外,由于集装箱船趋向大型化,港口码头、装卸机械、集疏运设备也相应趋于大型化、高效化。港口集装箱集、运、装卸整体加快,船舶在港停留时间相对缩短,集装箱运输的优势得到充分发挥。

2. 适箱货物的种类日趋扩大

由于国际贸易在世界更大范围内进行,除传统的制成品使用集装箱运输外,还有国际间的原材料、半成品、机械及零部件、电子产品及元器件等适箱货物运输也在不断增加。另外,世界各国都在研究扩大散装货、液体货、农副水产品等货物使用集装箱运输的范围,从而促进了集装箱多式联运的不断发展。

3. 集装箱运输管理手段日益先进

集装箱运输的经营管理、运输组织、装卸作业、运输信息传递等广泛地使用计算机并实现自动化。EDI(电子数据交换)系统彻底改变了传统的习惯做法,达到快速、准确、安全、简便地完成多式联运作业的目的。随着无纸化贸易的发展,EDI系统的建立和完善将成为多式联运不可或缺的基础手段。

第二节　国际多式联运合同

国际多式联运合同是在国际多式联运的业务过程中签订的合同,它是国际多式联运业务得以顺利进行的法律保障。国际多式联运经营人根据国际多式联运合同对国际多式联运的全过程负责。

一、国际多式联运合同的含义

国际货物多式联运合同(contract of multimodal transport of goods)(以下简称"国际多式联运合同")是指多式联运经营人负责以两种以上的不同运输方式将货物由一国境内的货物接收地点运至另一国境内交货地点,并统一收取全程运费的运输合同。

就合同形式而言,国际多式联运合同与传统的件杂货班轮运输合同相似,没有完整的形式。但是,就合同的实质内容而言,二者具有本质性的区别。国际多式联运合同涵盖了至少或两种以上的运输方式,全部运输过程分为若干运输区段,各区段由不同的承运人完成,因此会存在若干区段运输合同。但是,这些单一运输合同都不是多式联运合同,也不是它的组成部分。多式联运合同是独立于这些区段运输合同之外的,由多式联运经营人与托运人订立的,并由订仓单及多式联运单据等文件共同体现的,涵盖了全程运输的总合同。

二、国际多式联运合同的订立

尽管国际多式联运合同也需要经过多式联运经营人与托运人双方平等协商订立,但由于多式联运具有公共运输的特征,其订立过程较之一般合同具有不同的特点。

国际多式联运经营人为了揽取货物,需要对自己的企业、经营范围(包括联运线路、交接货物地域范围、运价、双方责任、权利义务等)做广告宣传,并通过航线班次公告、运价本、提单条款等形式公开说明。托运人向经营多式联运的公司或其营业所或代理机构申请货物运输时,通常要提出货物运输申请,说明货物的品种、数量、起运地、目的地、运输期限等内容,多式联运经营人根据申请的内容,结合经营线路、所能使用的运输工具及班期等情况,决定是否接受托运。如果可以接受,双方则就运费率及支付方式、货物交接方式及时间、集装箱提取地点及时间等事项进行商订,然后由多式联运经营人在交给发货人或其代理人的场站收据副本上签章,以证明接受委托。这时国际多式联运合同即告成立。

实践中,国际多式联运合同的订立主要有两种方式。

1. 托运人与经营国际多式联运业务的经营人订立合同

在此情况下,先由托运人与经营国际多式联运业务的经营人订立承揽运输合同,联运经营人为合同的承揽运输人(也即多式联运承运人)一方,托运人为合同的另一方。然后,联运经营人与各承运人签订运输协议。在这种情形下,联运经营人以自己的名义与托运人签订运输合同,承担全程运输,而实际上经营人于承揽运输任务后再将运输任务交由其他承运人完成。

但托运人仅与联运经营人直接发生运输合同关系，而与实际承运人并不直接发生合同关系。因此，联运经营人处于一般运输合同的承运人地位，享受相应的权利，并承担相应的责任。至于联运经营人与实际承运人之间的关系，则依其相互间的协议而定。

2. 托运人与第一承运人订立运输合同

在此种情况下，各个承运人为合同的一方当事人，而托运人为另一方当事人。各个承运人虽均为联运合同的当事人，但只是第一承运人代表其他承运人与托运人签订运输合同，其他承运人并不参与订立合同。第一承运人则为联运承运人。

三、国际多式联运合同的文本格式

国际多式联运合同范本

甲　　方：　　　（托运人）

法定代表人：

法定地址：　　　　　　　　　　邮编：

经 办 人：　　　　　　　　　　联系电话：　　　　　　　　传真：

银行账户：

乙　　方：　　　（承运人）

法定代表人：

法定地址：　　　　　　　　　　邮编：

经 办 人：　　　　　　　　　　联系电话：　　　　　　　　传真：

银行账户：

甲乙双方经过友好协商，就办理甲方货物多式联运事宜达成如下合同：

1. 甲方应保证如实提供货物名称、种类、包装、件数、重量、尺码等货物状况，由于甲方虚报给乙方或者第三方造成损失的，甲方应承担损失。

2. 甲方应按双方商定的费率在交付货物×天之内将运费和相关费用付至乙方账户。甲方若未按约定支付费用，乙方有权滞留提单或者留置货物，进而依法处理货物以补偿损失。

3. 托运货物为特种货或者危险货时，甲方有义务向乙方做详细说明。未作说明或者说明不清的，由此造成乙方的损失由甲方承担。

4. 乙方应按约定将甲方委托的货物承运到指定地点，并应甲方的要求，签发联运提单。

5. 乙方自接货开始至交货为止，负责全程运输，对全程运输中乙方及其代理或者区段承运人的故意或者过失行为而给甲方造成的损失负赔偿责任。

6. 乙方对下列原因所造成的货物灭失和损坏不负责任：

（1）货物由甲方或者代理人装箱、计数或者封箱的，或者装于甲方的自备箱中；

（2）货物的自然特性和固有缺陷；

（3）海关、商检、承运人行使检查权所引起的货物损耗；

（4）天灾，包括自然灾害，例如雷电、台风、地震、洪水等，以及意外事故，但不限于火灾、爆炸、由于偶然因素造成的运输工具的碰撞等；

（5）战争或者武装冲突；

（6）抢劫、盗窃等人为因素造成的货物灭失或者损坏；

(7)甲方的过失造成的货物灭失或者损坏；

(8)罢工、停工或者乙方雇佣的工人劳动受到限制；

(9)检疫限制或者司法扣押；

(10)非由于乙方或者乙方的受雇人、代理人的过失造成的其他原因导致的货物灭失或者损坏，对于第(7)项免除责任以外的原因，乙方不负举证责任。

7. 货物的灭失或者损坏发生于多式联运的某一区段，乙方的责任和赔偿限额，应该适用该区段的法律规定。如果不能确定损坏发生区段的，应当使用调整海运区段的法律规定，不论是根据国际公约还是根据国内法。

8. 对于逾期支付的款项，甲方应按每日万分之五的比例向乙方支付违约金。

9. 由于甲方的原因(如未及时付清运费及其他费用而被乙方留置货物或滞留单据或提供单据迟延而造成货物运输延迟)所产生的损失由甲方自行承担。

10. 合同双方可以依据《合同法》的有关规定解除合同。

11. 乙方在运输甲方货物的过程中应尽心尽责，对于因乙方的过失而导致甲方遭受的损失和发生的费用承担责任，以上损失不包括货物因延迟等原因造成的经济损失。在任何情况下，乙方的赔偿责任都不应超出每件　　元人民币或每公斤　　元人民币的责任限额，两者以较低的限额为准。

12. 本合同项下发生的任何纠纷或者争议，应提交中国海事仲裁委员会，根据该会的仲裁规则进行仲裁。仲裁裁决是终局的，对双方都有约束力。

本合同的订立、效力、解释、履行、争议的解决均适用中华人民共和国法律。

13. 本合同从甲乙双方签字盖章之日起生效，合同有效期为　　天，合同期满之日前，甲乙双方可以协商将合同延长　　天。合同期满前，如果双方中任何一方欲终止合同，应提前　　天，以书面的形式通知另一方。

14. 本合同经双方协商一致可以进行修改和补充，修改及补充的内容经双方签字盖章后，视为本合同的一部分。

本合同正本一式　　份。

甲方：　　　　　　　　　　　　　　　　乙方：

签字盖章　　　　　　　　　　　　　　　签字盖章

年　月　日

第三节　国际多式联运法规

目前，关于国际货物多式联运的国际公约主要有《联合国国际货物多式联运公约》和《联合国国际贸易和发展会议/国际商会多式联运单证规则》等。国内法规主要有《国际集装箱多式联运管理规则》。

一、《联合国国际货物多式联运公约》

《联合国国际货物多式联运公约》起草于1965年，1969年3月在东京召开的国际海事委员第28届大会上通过公约草案，称为“东京规则”。1973年10月起，联合国贸易与发展会议设立政府间筹备组负责重新起草联运公约草案，其中特别强调对发展中国家的照顾以及联运方式内涵的修改。1979 年 3 月完成公约起草工作，1980 年 5 月 24 日在联合国贸易与发展会议获得通过。我国于 1979 年第五届政府间筹备组会议起开始派代表小组参加公约的起草工作，并在公约的最后文件上签了字。公约共 8 章 40 条，主要内容如下。

1. 关于《公约》的适用范围与管理

《公约》的各项规定适用于两国境内各地之间的所有多式联运合同，但多式联运合同规定的多式联运经营人接管货物或交付货物的地点必须位于缔约国境内，并规定《公约》不得影响任何有关运输业务管理的国际公约或国家法律的适用，或与之相抵触。同时，《公约》不得影响各缔约国在国家一级对管理多式联运业务和多式联运经营人的权利，包括就下列事项采取措施的权利：多式联运经营人、托运人、托运人组织以及各国主管当局之间就运输条件进行协商，特别是在引用新技术开始新的运输业务之前进行协商；颁发多式联运经营人的许可证；参加运输；为了本国的经济和商业利益而采取一切其他措施。《公约》还明确规定，多式联运经营人除了应遵守本公约的规定外，还应遵守其业务所在国的法律。

2. 关于多式联运经营人的责任

(1)多式联运经营人的责任期间。

《公约》规定多式联运经营人的责任期间自接管货物之日起到交付货物为止。

(2)多式联运经营人的赔偿责任原则。

《公约》实行完全推定过错责任原则，多式联运经营人对于在责任期间所发生的货物灭失、损坏或延迟交付引起的损失应负赔偿责任，包括他的受雇人、代理人或为履行多式联运合同而使用其服务的任何其他人。除非多式联运经营人证明其本人、受雇人或代理人为避免事故的发生及其后果已采取一切所能合理要求的措施。否则，便推定损坏是由其本人、受雇人或代理人的过错行为所致，并由其负赔偿责任。

(3)多式联运经营人的赔偿责任限制。

多式联运经营人对货物的灭失或损坏造成的损失负赔偿责任，按灭失或损坏的货物的每包或其他货物单位计不得超过 920 特别提款权(SDR)，或按毛重每公斤计不得超过 2.75 特别提款权，以较高为准。

①如果货物是用集装箱、货盘或类似的装运工具集装，经多式联运单据列明装在这种装运工具中的包数或货运单位数应视为计算限额的包数或货运单位数。否则，这种装运工具中的货物应视为一个货运单位。

②如果装运工具本身灭失或损坏，而该装运工具并非为多式联运经营人所有或提供，则应视为一个单独的货运单位。

③多式联运合同如果不包括海上或内河运输，则多式联运经营人的赔偿责任按灭失或损坏货物毛重每公斤计不得超过 8.33 特别提款权。

④延迟交付货物造成损失所负的赔偿责任限额为该货物应付运费的 2.5 倍，但不得超过多式联运合同规定的应付运费的总额。

⑤多式联运经营人赔偿责任人的总和(同时发生货损和延迟交付)不得超过按货物全部灭失所计算得赔偿责任限额。

⑥如果多式联运经营人和发货人之间订有协议，则多式联运单据中可规定超过上述各款

规定的赔偿责任。

⑦如果货物的灭失或损坏发生于多式联运的某一特定条款，而对这一阶段适用的一项国际公约或强制性国家法律规定的赔偿限额高于上述各款所得出的赔偿限额，则应该按照该公约或强制性国家法律予以确定赔偿限额。

(4)多式联运经营人赔偿责任限制权利的丧失。

如经证明，货物的灭失、损坏或延迟交付是由于多式联运经营人或其代理人、受雇人有意造成或明知可能造成而毫不在意的行为或不行为所引起，则多式联运经营人丧失享受本公约所规定的赔偿责任限制的权利。

3. 关于发货人的义务和责任

发货人是指其本人或其名义或其代表同多式联运经营人订立多式联运合同的任何人，或指其本人或其名义或其代表按照多式联运合同将货物实际交给多式联运经营人的任何人。

(1)发货人应保证在多式联运单据中所提供的货物品类、标志、件数、重量和数量，如属危险货物，其危险性等事项，应准确无误。

(2)发货人必须赔偿多式联运经营因第1款所指各事项的不准确或不当而造成的损失。即使发货人已将多式联运单据转让，仍须赔偿责任。

(3)由于发货人的过失或疏忽或者发货人的受雇人或代理人在其受雇范围内行事时的过失或疏忽造成货物损害，发货人应负赔偿责任。

(4)发货人应以合适的方式在危险货物上加明危险标志或标签。发货人将危险货物交给多式联运经营人或其任何代表时，应告知货物的危险特性，必要时并告知应采取的预防措施。否则，发货人对多式联运经营人由于载运这类货物而遭受的一切损失应负赔偿责任。如果未经发货人告知而多式联运经营人又无从得知货物的危险特性，多式联运经营人视情况需要，可随时将货物卸下、销毁或使其无害而无须给予赔偿。

4. 关于收货人的义务与责任

收货人是指有权提取货物的人。公约规定，货物运到合同规定的交货地点后，收货人应及时提取货物。如果收货人不向多式联运经营人提取货物，则按照多式联运合同或按照交货地点适用的法律或特定行业惯例，多式联运经营人可以将货物置于收货人支配之下；或者将货物交给交货地点适用的法律或规章必须向其交付的当局或其他第三方，这时，多式联运经营人即已履行其交货义务。

5. 关于多式联运单据

(1)公约对多式联运单据的内容及填写作了规定。

(2)如果多式联运经营人或其代表知道或有合理的根据怀疑多式联运单据所列货物的品类、主要标志、包数或件数、重量或数量等事项没有准确地表明实际接管货物的状况，或无适当方法进行核对，则该多式联运经营人或其代表应在多式联运单据上作出保留，注明不符之处、怀疑的根据或无适当核对方法。如果多式联运经营人或其代表未在多式联运单据上对货物的外表状况加以批注，则应视为该单据注明货物的外表状况良好。

(3)公约对多式联运单据的签发作规定如下。

①多式联运经营人接管货物时，应签发一项多式联运单据，该单据应发货人的选择或为可转让单据或为不可转让单据。

②多式联运单据应由多式联运经营人或经他授权的人签字。

③多式联运单据上的签字如不违背签发多式联运单据所在国的法律，可以是手签、手签笔迹的复印、盖章、符号或用任何其他机械或电子仪器打出。

④多式联运单据以可转让的方式签发时，应列明按指示或向持票人交付；如列明按指示交付，须经背书后转让；如列明向持票人交付，无须背书即可转让；如签发一套一份以上的正本，应注明正本分数；如签发任何副本，每份副本均应注明"不可转让副本"字样。

只有交出可转让多式联运单据，并在必要时经正式背书，才能向多式联运经营人或其代表提取货物。

如签发一套一份以上的可转让多式联运单据正本，而多式联运经营人或其代表已正当地按照其中一份正本交货，该多式联运经营人便已履行其交货责任。

⑤多式联运单据以不可转让的方式签发时，应指明记名的收货人。多式联运经营人将货物交给此种不可转让的多式联运所指明的记名收货人或经收货人以书面正式指定的其他人后，该多式联运经营人即已履行其交货责任。

(4)多式联运单据的证据效力。除对单据准许保留的事项作出保留的部分之外，多式联运单据应是该单据所载明的货物由多式联运经营人接管的初步证据；如果多式联运单据以可转让方式签发，而且已转让给正当地、信赖该单据所载明的货物状况的、包括收货人在内的第三方，则多式联运经营人提出的反证不予接受。如果多式联运经营人意图诈骗，在多式联运单证上列入有关货物的不实资料，或漏列按规定应载明的任何资料，则该联运人不得享有本公约规定的赔偿责任限制，而须负责赔偿包括收货人在内的第三方因信赖该多式联运单据所载明的货物状况行事而遭受的任何损失、损坏或费用。

6. 关于赔偿与诉讼

(1)灭失、损坏或延迟交货的通知。

①如果货物存在着明显的灭失或损坏，收货人应不迟于在货物交给他的次一工作日，将说明此种灭失或损坏的一般性质的书面通知送交多式联运经营人。如果货物灭失或损坏不明显，收货人应在收到货物之日后连续6日内提出书面通知。在上述规定时间内若未提出书面通知，则此种货物的交付即为多式联运经营人交付多式联运单据所载明的货物的初步证据。

②如果货物的状况在交付收货人时已经当事各方或其授权在交货地的代表进行了联合调查或检验，则无须就调查或检验所证实的灭失或损坏送交书面通知。

③对延迟交货造成的索赔，收货人必须在收到货后连续60日内向多式联运经营人送交书面通知。否则多式联运经营人对延迟交货所造成的损失无须给予赔偿。

(2)诉讼时效。

①根据本公约有关国际多式联运的任何诉讼，如果在2年期间内没有提出诉讼或交付仲裁，即失去时效。但是，如果在货物交付之日或应当交付之日后6个月内，没有提出书面索赔通知，说明索赔的性质和主要事项，则此期限满届后即失去诉讼时效。

②时效期间自多式联运经营人交付货物或部分货物之日的次一日起算，如货物未交付，则自货物应当交付的最后一日的次一日起算。

③被索赔方可在时效期间内随时向索赔人提出书面声明，延长时效期间。此种期间可用另一次声明或多次声明再度延长。

④除非一项适用的国际公约另有相反规定，根据本公约负有赔偿责任的人即使在上述各款规定的时效期间届满后，仍可在起诉地国家法律所许可的限期内提起诉讼，要求赔偿，而此项所许可的限期，自提出此项追偿诉讼的人已清偿索赔要求或接到对其本人的诉讼传票之日起算，不得少于90日。

(3)关于仲裁。

《公约》规定，合同双方可以达成书面协议，将争议提交仲裁。申述方有权选择仲裁地点，但应在有管辖权的法院所在国提交仲裁。

7. 关于管辖权

《公约》规定，原告有权选择有管辖权的法院提出诉讼，并规定下列地点所在国有管辖权：

(1)被告主要营业所，或者被告的经常居所；

(2)订立多式联运合同的地点，而且合同是通过被告在该地的营业所、分支或代理机构订立；

(3)货物接管地或交付地；

(4)多式联运合同中指定并在多式联运单据中载明的任何其他地点。

二、《联合国国际贸易和发展会议/国际商会多式联运单证规则》

该规则是1991年由联合国国际贸易和发展会议与国际商会共同制订，是一项民间规则，供当事人自愿采纳，主要有以下内容。

1.《规则》的权威性

本规则经当事人选择后适用，一经适用就超越当事人订立的条款，除非这些这些条款增加多式联运经营人的义务。

2. 载入多式联运单证的资料的证据效力

载入多式联运单证的资料应当是多式联运经营人按照此种资料接管货物的初步证据，除非已有相反的注明，例如“托运人的重量、装载和计数”、“托运人装载的集装箱”或类似表述已在单证上以印就文本或批注作出。

在多式联运单证已经转让或者等同的电子数据交换信息已经传输给收货人并经其接受，收货人又是善意信赖并据以行动的情况下，多式联运经营人提出的反证不予接受。

3. 多式联运经营人的责任

(1)多式联运经营人责任期间。多式联运经营人责任期间自其接管货物之时起到交付货物之时止。

(2)多式联运经营人应当对其受雇人或代理人在其受雇范围内行事时的行为或不为负赔偿责任，或对其为履行多式联运合同而使用其服务的任何其他人的行为或不为负赔偿责任，一如其自己的行为或不为一样。

(3)多式联运经营人为保证货物的交付，负责履行或安排履行下列必要的事项：

①如多式联运单证是以可转让方式“向持单人交付”签发的，则应向提交一份正本单证的人交付货物；

②如多式联运单证是以可转让方式“按指示交付”签发的，则应向提交一份经背书的单证的人交付货物；

③如多式联运单证是以可转让方式"向记名人交付"签发的,则应向提交一份正本单证和本人身份证明的人交付货物;如果此种单证已以"按指示交付"或空白背书转让的,②项规定应予适用;

④如多式联运单证以不可转让方式签发的,向单证上记名的收货人凭其身份证明交付货物;

⑤没有签发单证的,应向托运人所指示的人交付,或者向按多式联运合同已获得托运人或收货人的权利的人所作出的此种指示的人交付货物。

(4)多式联运经营人的赔偿责任基础是完全责任制。如果造成货物的灭失、损坏或延迟交付的事故发生在多式联运经营人掌管的期间,多式联运经营人应当对货物的灭失、损坏和延迟交付负赔偿责任,除非多式联运经营人证明,其本人、受雇人、代理人对造成此种灭失或损坏或延迟交付没有过失或疏忽。

4. 多式联运经营人的免责条款

多式联运经营人对海上或内河运输中由于下列原因造成的货物灭失或损坏以及延迟交付不付赔偿责任。

(1)承运人的船长、船员、引航员或受雇人在驾驶和管理船舶中的行为、疏忽或过失。

(2)火灾,除非由于承运人的实际过失或私谋所造成。

但是,只要货物的灭失或损坏是由于船舶不适航所造成的,多式联运经营人就要证明,他已经谨慎处理使船舶在航次开始时适航。

5. 多式联运经营人的赔偿责任限制

(1)多式联运经营人的责任限制为每件或每单位 666.67 特别提款权,或者毛重每千克 2 特别提款权,以其高者为准。如果一个集装箱、货盘或类似运载工具载有一件或一个单位以上的货物,则在多式联运单证上列明的装载在此类运载工具中的件数或货物单位数即视为计算限额的件数或货物单位数。未按上述要求列明者,此种运输工具应作为该件或单位。

(2)尽管有上述规则,如果按照多式联运合同,多式联运不涉及海上或内河运输的,多式联运经营人的赔偿责任以不超过灭失或损坏货物毛重每公斤 8.33SDR 为限。

(3)如果货物的灭失或损坏发生在多式联运中的某一特定区段,而适用于该区段的国际公约或强制性的国家法律规定了另一项责任限额,如同对这一特定区段订有单独的运输合同一样,则多式联运经营人对此种灭失或损坏的赔偿责任限制应当按照此种公约或强制性国家法律的规定计算。

(4)如果多式联运经营人对于延迟交付引起的损失或者非属货物灭失或损坏的间接损失负有赔偿责任,则其赔偿责任应当以不超过根据多式联运合同计收的多式联运运费为限。

(5)多式联运经营人的赔偿责任总额不超过货物全部灭失的责任限额。

6. 多式联运经营人责任限制权利的丧失

如经证明货物的灭失或损坏或延迟交付是由于多式联运经营人本人故意造成,或者知道可能造成而毫不在意的行为或不为所引起的,则多式联运经营人就丧失享受赔偿责任限制的权利。

7. 托运人的责任

托运人应保证在多式联运单证中所提供的货物品类、标志、件数、重量和数量以及危险货物的危险性等事项概属准确。否则,托运人应当向多式联运经营人赔偿因上述事项的不正确或不适当而引起的任何损失。即使托运人已将多式联运单证转让,托运人仍应负赔偿责任。

8. 货物灭失或损坏的通知

(1)除非收货人在货物交付时将说明灭失或损坏的一般性质的货物灭失或损坏书面通知送交多式联运经营人,否则,此种货物的交付即为多式联运经营人已将多式联运单证所载明的货物交付给收货人的初步证据。

(2)在货物的灭失或损坏不明显时,如果在货物交付收货人之日后连续6日内未送交书面通知,则应当适用上述初步证据的效力。

9. 诉讼时效

除另有明确协议外,除非在9个月内提起诉讼,多式联运经营人应当被解除按本规则规定的赔偿责任。上述时限从货物交付之日或货物应当交付之日起算。

10. 本规则对无论是侵权还是违约均有效,并适用于所有多式联运关系人。本规则只在不违犯适用于多式联运合同的国际公约或国家法律的强制性规定的范围内生效

三、《国际集装箱多式联运管理规则》

为了加强国际集装箱多式联运的管理,促进通畅、经济、高效的国际集装箱多式联运的发展,满足对外贸易发展的需要,我国于1997年制订并试行了《国际集装箱多式联运管理规则》。其主要规定包括以下方面。

1. 托运人责任

(1)托运人将货物交给多式联运经营人,所提供货物的名称、种类、包装、件数、重量、尺寸、标志等应准确无误,如系特殊货物还应说明其性质和注意事项。

(2)由于下列原因所致造成货物灭失、损坏或对多式联运经营人造成损失,托运人应自行负责或承担赔偿责任:

①箱体、封志完好,货物由托运人装箱、计数、施封或货物装载于托运人的自备箱内;

②货物品质不良或外包装完好而内装货物短损、变质;

③运输标志不清,包装不良。

(3)由于托运人的过失或疏忽对多式联运经营人或第三方造成损失,即使托运人已将多式联运单据转让,仍应承担赔偿责任。多式联运经营人取得这种赔偿权利,不影响其根据多式联运合同对托运人以外的任何人应负的赔偿责任。

(4)托运人托运危险货物,应当依照该种货物运输的有关规定执行,并妥善包装、粘贴或拴挂危险货物标志和标签,将其正式名称和性质以及应采取的安全防护措施书面通知多式联运经营人;由于未通知或通知有误的,多式联运经营人可以根据情况将货物卸下、销毁或者采取相应的处理手段,而不负赔偿责任。托运人对多式联运经营人因运输改种货物所受到的损失,应当负赔偿责任。

多式联运经营人知道危险货物的性质并已同意装运的,在发现该种货物对于运输工具、人员或其他货物构成实际危险时,仍然可将货物卸下、销毁或者使之不能发生危害。多式联运经营人的责任适用于所发生区段的有关法律、法规。

2. 多式联运经营人的责任

(1)多式联运经营人签发多式联运单据后,即表明多式联运经营人已收到货物,对货物承担多式联运责任,并按多式联运单据载明的交接方式,办理交接手续。

(2)多式联运经营人对货物的责任期间自接受货物时起至交付货物时为止。

接收是指货物已交给多式联运经营人运送,并由其接管。

交付是指按多式联运合同将货物交给收货人或根据交付地适用的法律或贸易作法将货物置于收货人的支配下或必须交给的当局、第三方。

(3)多式联运经营人在接收货物时已知道或有合理的根据怀疑托运人陈述或多式联运单据上所列货物内容与实际接收货物的状况不符,但无适当方法进行核对时,多式联运经营人有权在多式联运单据上作出保留、注明不符之处、怀疑的根据或无适当核对方法的说明。

多式联运经营人未在多式联运单据上对货物或集装箱的外表状况加以批注,则应视为他已收到外表状况良好的货物或集装箱。

(4)除依照规定作出保留外,多式联运经营人签发的多式联运单据是多式联运经营人已经按照多式联运单据所载状况收到货物的初步证据。

(5)多式联运经营人有义务按多式联运单据中收货人的地址通知收货人货物已抵达目的地。

(6)收货人按多式联运单据载明的交接方式接收货物,在提货单证上签发。多式联运经营人收回正本多式联运单据后,多式联运经营人责任即告终止。

(7)货物的灭失、损坏或延迟交付发生在多式联运经营人责任期间内,多式联运经营人应依法承担赔偿责任。

货物在明确约定的交货日期届满后,连续六日仍未交付,收货人则可认为该批货物已灭失。货物的灭失、损坏或延迟交付发生于多式联运某一区段的,多式联运经营人的赔偿责任和责任限额适用该运输区段的有关法律、法规。

货物的灭失、损坏不能确实所发生的区段时,多式联运经营人承担赔偿责任的赔偿责任限制为:多式联运全程中包括海运的适用于《中华人民共和国海商法》,多式联运全程中不包括海运的适用于有关法律、法规的规定。

(8)货物的灭失、损坏不能确定所发生的区段时,多式联运经营人对延迟交付承担的赔偿责任限制,在多式联运全程中包括海运段的,以不超过多式联运合同计收的运费数额为限。

货物的灭失或损坏和延迟交付同时发生的,多式联运经营人的赔偿责任限额按货物的灭失或损坏处理。

(9)因货物灭失、损失或延迟交付造成损失而对多式联运经营人提起的任何诉讼,不论这种诉讼是根据合同还是侵权行为或其他理由提起的,均适用(7)、(8)规定的赔偿责任限制。

(10)由于货物灭失、损坏或延迟交付造成损失而对多式联运经营人的受雇人提起诉讼,该受雇人如能证明其是在受雇范围内行事,则该受雇人有权援用多式联运经营人的辩护理由和赔偿责任限制。

(11)如能证明货物的灭失、损坏或延迟交付是多式联运经营人有意造成或明知有可能造成而毫不在意的行为或不行为所致,多式联运经营人则无权享受(7)和(8)所规定的赔偿责任

限制。

(12)多式联运经营人可以与有关各方签订协议,具体商定相互之间的责任、权利和义务及相关业务安排等事项,但不得影响多式联运经营人对多式联运全程运输承担的责任,法律、法规另有规定者除外。

3. 索赔

(1)多式联运经营人向收货人交付货物时,收货人未将货物灭失或者损坏的情况书面通知多式联运经营人的,此项交付视为多式联运经营人已经按照多式联运单据的记载交付以及货物状况良好的初步证据。

货物灭失或者损坏的情况非显而易见的,整箱货物交付的次日起连续15日内,货物拆箱交付的次日起连续7日内,收货人未提交书面通知的,适用前款规定。

(2)货物交付时,如收货人已经会同多式联运经营人对货物的状况进行联合调查或检验,无需就查明的灭失或损坏的情况提交或损坏的情况提交书面通知。

(3)多式联运经营人自向收货人交付货物的次日起连续60日内,未收到收货人就货物因延迟交付造成经济损失而提交书面通知的,不负赔偿责任。

(4)本条有关书面通知提出时间,并不妨碍在所确定货物灭失、损坏发生区段法规所适用的书面通知提出的时效。

4. 诉讼时效

(1)多式联运全程包括海运段的,对多式联运经营人诉讼时效期间为1年。多式联运全程末包括海运段的,按《民法通则》的规定,对多式联运经营人的诉讼时效时间2年。

(2)时效时间从多式联运经营人交付或应当交付货物的次日起计算。

(3)本条诉讼时效的规定不妨碍索赔人在能确定货物发生灭失、损坏区段时,根据该区段法规所规定的有权提起的诉讼时效。

(4)多式联运经营人对第三人提起追偿要求的时效期限为90日,自追偿的请求人解决原赔偿请求之日起或收到受理对其本人提起诉讼的法院的起诉副本之日起计算。

第四节　集装箱国际多式联运报关业务

由于集装箱是一种有充分强度、可以反复使用、易于装卸、有一定规格的特殊运输容器,这使得集装箱适应了不同运输工具的多式联运,即使得水路、公路、铁路、江海之间的运输紧密衔接具有换装迅速方便,简化货物包装,保证货物安全,减少货损、货差,降低费用等优点,从而使得集装箱运输遍及世界各国,成为国际贸易运输的主要方式。因此,报关是集装箱国际多式联运的重要环节之一,本节将对此进行阐述。

一、集装箱运输报关涵义及依据

海关是依法执行进出关境监督管理的国家行政机关,是对进出关境货物、运输工具、行李物品、货币、金银等执行监督管理和稽征关税的国家行政机构。因此,进出境运输工具的负责人、进出境物品的所有人、进出口货物的收发货人或其他代理人必须依法向海关办理进出境手续,这一过程我们称作"报关"。

1．集装箱运输报关的涵义

商业交易不受任何限制，能够自由地进行，是最理想的。虽然贸易中也同样应以商业自由为原则，但是，贸易与保护、培育国内的产业毕竟有着深刻的关系，如果给贸易以无限制的自由，就会危及国内产业的生存。因此，各国都对通过关境线而进入国内的货物，除规定负有办理一定手续的义务外，还应征收关税，以维持贸易秩序。集装箱运输并未改变贸易中的基本原则，因此，当集装箱通过关境线时也必须办理报关手续。

2．集装箱运输报关依据

用于国际运输的集装箱，应当符合联合国和政府间海事协商组织在日内瓦共同召开的集装箱运输会议上通过的《1972 年集装箱公约》中的有关规定，遵从国际标准化组织规定的集装箱技术条件与标准，有加封装置，并符合海关的监管条件。

(1)办理我国集装箱开展国际运输的海关核准手续。

我国于 1986 年 7 月 22 日正式加入了《1972 年集装箱关务公约》，并相应地制订了《中国海关对于用于运输海关加封货物的国际集装箱核发批准牌照管理办法》，据此办法办理我国集装箱开展国际运输的海关核准手续。海关总署授权中国船级社统一办理集装箱我国海关批准牌照，集装箱外部标识的序列号应当与安装的海关批准牌照所标记的序列号一致。

集装箱所有人向海关申请核发国际集装箱的批准牌照，事先须经国家船舶检验局所设检验机构按照规定的技术条件检验合格后，方可向海关提交有关单证，海关按以下情况核发批准证书。

①在国内制造和维修的集装箱：

——对新造箱，凭船舶检验局签发的《集装箱样箱证书》，海关核发《按定型设计批准证明书》对每个国际集装箱海关收取手续费人民币 2 元；

——对制成后的箱或维修箱，凭船舶检验局签发的《集装箱检验证书》，海关核发《按制成以后批准证书》对每个国际集装箱海关收取手续费人民币 4 元。

②对我国在国外制造的国际集装箱，在国内申请海关批准牌照的，向海关提交以下单证：

——核发海关批准牌照的书面申请；

——我国船舶检验局核发承认的有关国际船舶检验机构核发的《集装箱检验证书》；

——外国主管机构批准的集装箱图纸和技术文件。

经海关审核后，核发《按制成以后批准证明书》，并收取手续费人民币 4 元。

上述经海关批准的国际集装箱，申请人在取得主管海关核发的批准证书后，应在经批准的每个国际集装箱上按《1972 年集装箱关务公约》的有关规定安装缔约国海关核准发给的“准许在海关加封下运输”(APPROVED FORTRANSPORT UNDER CUSTOMS SEAL)的批准牌照。对经海关批准的国际集装箱的主要特征如已经改变，海关对这一集装箱的批准即应失效；如该集装箱继续用于运输海关加封货物，应按上述程序重新办理批准手续。

③经营制造或维修国际运输集装箱的工厂应当向主管海关申请注册登记，经批准发给批准证书后才准经营。

④对集装箱质量标准，海关委托我国国家船舶检验局统一检验。凭检验机构检验结果批准工厂经营，并批准其自制海关核准标牌加贴于箱体上。

⑤我国从境外购进的未经缔约国海关机构核发批准牌照的集装箱，如需投入国际运输，也

应申请我国海关检验及发证。

(2)海关对集装箱的注册登记。

我国有关单位购买进口的或国内生产(或维修)的集装箱投入国际运输时,集装箱所有人应向海关办理注册登记手续。集装箱所有人应持下列单证、资料进行注册登记:

①《国际集装箱制造、修理工厂申请书》;

②工商行政管理部门核发的营业执照;

③国家船舶检验局颁发的"工厂认可书"或"集装箱证书";

④集装箱的设计图纸以及材料、工艺等技术文件。

经海关审核批准后,发给《中华人民共和国海关集装箱制造和维修工厂登记证书》。有关企业应按《1972 年集装箱关务公约》规定的海关加封要求和国家船舶检验局批准的设计图纸、材料和生产工艺,生产制造和维修国际集装箱。

二、集装箱运输的报关

进出口货物的收发货人或代理人,在货物进出口时,应在海关规定的期限内向海关请求申报,并按海关规定的格式填写进出口货物报关单,交验规定的证件和单据,接受海关对所报货物的查验,依法缴纳海关税、费和其他由海关代征的税款,然后由海关批准放行。此项行为称为"报关"或"通关"。而由于集装箱运输具有特殊性,集装箱运输的报关应该包括集装箱箱体的报关以及集装箱运输进出口货物的报关两个部分来考虑。

1. 集装箱箱体的报关

(1)境外集装箱暂时进境及出境的报关手续。

境外运输单位使用的、以及境内单位向境外租用的集装箱,海关视同暂时进口货物管理。无论是否装有货物,都准许以运输进出境货物为目的,暂时进入我国境内,免征关税,限在三个月内复运出境。因特殊情况需要延期出境的,应申请海关批准。

申请暂时进境的集装箱,不论装货与否,进口经营单位或其代理人应单独填写进口货物报关单,向进境地海关报明集装箱的数量、尺寸、箱号等,并出具到期复运出境的保证。集装箱申请暂时进境的手续,应在海关验放所装货物之前完成,以免影响放行货物;也可以在取得担保的前提下,于放行货物以后办理。进境地海关核实后,将一份进口货物报关单留存备案。

暂时进境的集装箱,在原进境口岸复运出境时,不论装货与否,经营单位或其代理人应单独填写出口货物报关单,向出境地海关申报出境集装箱的数量、尺寸、箱号等。出境地海关核实后,将一份出口报关单退交申报人,凭此向原进境地海关办理退保核销手续。如在其他口岸出境,出境地海关应在出境申报单据上签证,进境地海关凭以注销。

暂时进境的集装箱,除在复运出境的合理路线上可以从事一次境内运输外,不准用作境内运输。供修理暂时进境的集装箱用的零配件,准许暂时进境。凡用于复运出境的集装箱,免征关税。

(2)集装箱贸易进出口报关。

①国外购买进口集装箱。

境内单位从国外购买集装箱进口的,此时该集装箱已经不属于运输容器,而是国际贸易中的一种商品,海关视同一般进口货物管理。集装箱进口时,货主或其代理人应填写进口货物报

关单向过境地海关申报，并提供有关单证，缴纳进口关税和进口环节税。由境内企业购买进口用作国际运输的集装箱，不能按暂时进境对待，集装箱所有人应向海关申请核发国际集装箱批准牌照。

②国内生产出口的集装箱。

国内制造企业生产的集装箱出口，海关视同一般出口货物管理。售给境外单位的出口集装箱，不论在进出境时箱内是否装有货物，货主或其代理人应按照一般贸易进出口货物办理报关手续，填写出口货物报关单向出境地海关申报，并提供有关单证。海关核实后验放出境。

2. 集装箱运输进出口货物的报关

集装箱运输进出口货物的报关应遵守以下规定。

(1)承载进出口集装箱货物的运输工具负责人或代理人，应按规定向海关申报，并在交验的进出口载货清单(舱单)或者装载清单、交接单、运单上，列明所载集装箱件数、箱号、尺码、货物的品名、数量(或重量)、收发货人、提单或装货单号等有关内容，并同时附交每一个集装箱的装货清单。

(2)未办理海关手续的进口集装箱货物和已办理海关出口手续的集装箱货物，应存放在海关同意的仓库场所，保管单位应负责保护箱上封志的完整。

(3)进出口集装箱货物的收发货人要求在进口到达地或出口起运地海关办理进口或出口报关手续的，应具备海关监管和转运条件，报经入境地或起运地海关同意后，海关认为必要时，可对有关集装箱施加海关封志，按海关对转关运输货物的规定办理手续。

三、集装箱出口的报关程序

集装箱出口的报关程序包括四个步骤：申报、查验、征税、放行。

1. 申报

(1)出口货物的发货人在根据出口合同的规定，按时、按质、按量备齐出口货物后，即应当向运输公司办理租船订舱手续，准备向海关办理报关手续，或委托专业(代理)报关公司办理报关手续。

(2)需要委托专业或代理报关企业向海关办理申报手续的企业，在货物出口之前，应在出口口岸就近向专业报关企业或代理报关企业办理委托报关手续。接受委托的专业报关企业或代理报关企业要向委托单位收取正式的报关委托书，报关委托书以海关要求的格式为准。

(3)准备好报关用的单证是保证出口货物顺利通关的基础。一般情况下，报关应备单证除出口货物报关单外，主要包括：托运单(即下货纸)、发票一份、贸易合同一份、出口收汇核销单及海关监管条件所涉及的各类证件。

申报过程中应注意报关时限的问题。

报关时限是指货物运到口岸后，法律规定发货人或其代理人向海关报关的时间限制。出口货物的报关时限限为装货的 24 小时以前。不需要征税费、查验的货物，自接受申报起 1 日内办结通关手续。

2. 查验

查验是指海关在接受报关单位的申报并已经审核的申报单位为依据，通过对出口货物进行实际的核查，以确定其报关单证申报的内容是否与实际进出口的货物相符的一种监管方式。

通过核对实际货物与报关单证来验证申报环节所申报的内容与查证的单、货是否一致,通过实际的查验发现申报审单环节所不能发现的有无瞒报、伪报和申报不实等问题。

通过查验可以验证申报审单环节提出的疑点,为征税、统计和后续管理提供可靠的监管依据。海关查验货物后,均要填写一份验货记录。

验货记录一般包括查验时间、地点、进出口货物的收发货人或其代理人名称、申报的货物情况,查验货物的运输包装情况(如运输工具名称、集装箱号、尺码和封号)、货物的名称、规格型号等。需要查验的货物自接受申报起1日内开出查验通知单,自具备海关查验条件起1日内完成查验,除需缴税外,自查验完毕4小时内办结通关手续。

3. 征税

根据《海关法》的有关规定,进出口的货物除国家另有规定外,均应征收关税。关税由海关依照海关进出口税则征收。需要征税费的货物,自接受申报1日内开出税单,并于缴核税单2小时内办结通关手续。

4. 放行

(1)对于一般出口货物,在发货人或其代理人如实向海关申报,并如数缴纳应缴税款和有关规费后,海关在出口装货单上盖"海关放行章",出口货物的发货人凭此装船起运。

(2)出口货物的退关:申请退关货物,发货人应当在退关之日起三天内向海关申报退关,经海关核准后方能将货物运出海关监管场所。

(3)签发出口退税报关单:海关放行后,在浅黄色的出口退税专用报关单上加盖"验讫章"和已向税务机关备案的海关审核出口退税负责人的签章,退还报关单位。报关单的有关内容必须与船公司传送给海关的舱单内容一致,才能顺利地核销退税。对海关接受申报并放行后,由于运输工具配载等原因,部分货物未能装载上原申报的运输工具的,出口货物发货人应及时向海关递交《出口货物报关单更改申请单》及更正后的箱单发票、提单副本进行更正,这样报关单上内容才能与舱单上内容一致。

复习思考题

1. 简述集装箱国际多式联运的特征。
2. 简述集装箱国际多式联运经营人的定义及责任范围。
3. 简述集装箱国际多式联运经营人应具备的条件。
4. 简述国际多式联运合同的订立方式。
5. 简述国际多式联运的主要国际公约。
6. 集装箱投入国际运输时,集装箱所有人应持哪些单证、资料向海关进行注册登记?
7. 集装箱出口的报关程序包括哪几个步骤?

第九章　集装箱运输信息化管理

信息化的概念起源于20世纪60年代的日本，首先由一位日本学者提出来的，而后被译成英文传播到西方，西方社会普遍使用"信息社会"和"信息化"的概念是20世纪70年代后期才开始的。信息化是指培养、发展以计算机为主的智能化工具为代表的新生产力，并使之造福于社会的历史过程。智能工具一般必须具备信息获取、信息传递、信息处理、信息再生和信息利用的功能。集装箱运输信息化管理就是在这种背景下产生并发展的。本章将对此展开阐述。

第一节　集装箱运输信息化的关键技术

基于计算机网络等信息化通信网络，一些关键的信息技术被广泛应用于集装箱运输生产过程中，它们协同计算机等设备为集装箱运输管理带来了方便。本节主要介绍几种常用的信息技术，包括EDI技术、GIS技术、GPS技术、RFID射频技术以及ORC技术。

一、EDI技术

1．EDI简介

电子数据交换（EDI Electronic Data Interchange），有时也译为无纸贸易，香港译为电子资料联通。国际标准化组织将EDI定义为一种电子传输方法，用这种方法，首先将商业或行政事务处理中的报文数据按照一个公认的标准，形成结构化的事务处理的报文数据格式，进而将这些结构化的报文数据经由网络，从计算机传输到计算机。

除了硬译的这个定义之外，我们应该正确地理解一下EDI的含义。从译名上可以看出有许多不同的理解，例如，不少文献将它译为无纸贸易，在贸易领域中来说，这一名称很形象地说明了它的状况及效果。然而，从基本意义来说，电子数据交换的意思并不限于贸易活动，例如医院中的信息交流，现在也已采用EDI的思想与方法，并已在国外一些地方实际使用。因此，严格地讲，无纸贸易是EDI在贸易领域中的实际应用，EDI的概念应当更广泛一些。当然，在现实的应用中，贸易领域的应用是发展最快、应用最多的方面，目前在这一方面的成果、标准、软件也是最多的。有人正确地指出：EDI的实质在于"数据不落地"，用技术语言来说，那就是信息存储及传递的介质从纸张转为电磁设备。这样，所谓EDI就应当包括以下三个基本方面。

第一，需要进行信息交换的某一应用领域，即EDI的环境。例如：国际贸易，国内贸易，医院工作，图书馆工作，项目管理等。它限定了有哪里信息需要传递，在哪些地点之间进行传递。

第二,信息交换的流程及规则,即 EDI 的过程。它反映了实际领域中的业务过程,以及与之相伴的信息流程。例如,在贸易过程中,从询价、报价开始,直到付款、交货,中间涉及供应者、购买者、银行、运输公司、保险公司等多种企业(或称角色),先后有几十种信息交换业务需要执行。在实际工作中,这种流程体现为一系列规则与标准。

第三,信息交流的手段包括硬件设备、通信设备以及软件,即 EDI 的技术实现。从目前来看,计算机设备、通信设备已经比较普遍,EDI 的应用也没有什么特殊的要求,一般来说不需要特殊的开发。例如,通信线路可以使用已有的各种方式解决,从最简单的电话线到租用卫星专线,所需要的是软件的开发。针对某一领域的应用,遵从某一特定的标准,就要有一套专门的软件,解决这一领域的问题。这是技术方面的任务。

总之,应当全面地去认识和理解 EDI,而不要只从技术,甚至只从硬件的角度去看待与处理 EDI 的工作。

自从开始使用计算机技术,人们就一直探索用电子手段来代替传统的纸面信息记录和信息传输方式。EDI 就是模拟传统的商务单据流转过程,对整个贸易过程进行简化的技术手段。由于 EDI 应用的领域不同,EDI 技术的实施所达到的目的不同,所以 EDI 的定义也很难统一。这里列举一些权威人士和权威机构对 EDI 的定义供读者参考。

美国国家标准局 EDI 标准委员会对 EDI 的解释是:"EDI 指的是在相互独立的组织机构之间所进行的标准格式、非模糊的具有商业或战略意义的信息的传输。"

联合国 EDI FACT 培训指南认为,"EDI 指的是在最少的人工干预下,在贸易伙伴的计算机应用系统之间标准格式数据的交换。"

总体上,可以归纳出以下几点:EDI 是计算机系统之间所进行的电子信息传输;EDI 是标准格式和结构化电子数据的交换;EDI 是由发送和接收者达成一致的标准和结构;EDI 由计算机自动读取而无需人工干预。

EDI 应用计算机代替人工处理交易信息,大大提高了数据的处理速度和准确性。然而,为使商业运作各方的计算机能够处理这些交易信息,各方的信息必须按照事先规定的统一标准进行格式化,才能被各方的计算机识别和处理。因此,可以将 EDI 的概念概括为:EDI 是参加商业运作的双方或多方按照协议,对具有一定结构的标准商业信息,通过数据通信网络在参与方计算机之间所进行传输和自动处理。

2. EDI 技术的工作实现过程

用户首先将原始的纸面文件经计算机处理,形式符合 EDI 标准的、具有标准格式的 EDI 数据文件,进而用自己的本地计算机系统将形成的标准数据文件经由 EDI 数据通信和交换网络,传输到登录的 EDI 服务中心,并转发到对方用户的计算机系统。这样,对方用户计算机系统才能收到发来的报文,之后,立即按照特定的程序自动进行处理。如有必要,则输出纸面文件。这个过程的实现需要以下几个重点依托。

(1)数据标准化的 EDI 标准。

为实现数据在网络中的有效传输和处理,需要制订一套大家共同遵守的电子数据交换标准——EDI 标准。EDI 标准是由各企业、各地区代表共同讨论、制订的电子数据交换共同标准,可以使各组织之间的不同文件格式,通过共同的标准获得彼此之间文件交换的目的。

(2)EDI 支持平台。

实现 EDI,需要配备相应的 EDI 软、硬件。其中的软件具有将用户数据库系统中的信息译成 EDI 的标准格式以供传输交换的能力,主要包括转换软件、翻译软件、通信软件。其中的硬件设备主要有:计算机、调制解调器及电话线。

(3)数据通信技术。

计算机数据通信系统由计算机终端、主计算机、数据传输和数据交换装置四部分组成,它们通过通信线路连接为一个网络。计算机终端是作为用户端点出现在网络之中的,它可以访问网上的允许其访问的其他节点,以达到共享网上硬件和软件资源的目的。实现 EDI 技术的通信功能,受到通信技术的制约,随着通信技术与条件的多样化而呈现出多样化的特点,但它最终必然要统一于国际标准,以满足不同计算机系统、不同行业、不同国家在信息交换方面的需要。

二、GIS 技术

地理信息系统(GIS, Geographic Information System)是一种基于计算机的工具,它可以对在地球上存在的东西和发生的事件进行成图和分析。GIS 技术把地图这种独特的视觉化效果和地理分析功能与一般的数据库操作(例如查询和统计分析等)集成在一起。这种能力使 GIS 与其他信息系统相区别,从而使其在广泛的公众和个人、企事业单位中解释事件、预测结果、规划战略等中具有实用价值。

我国 GIS 的发展较晚,经历了四个阶段,即起步阶段(1970—1980)、准备阶段(1980—1985)、发展阶段(1985—1995)、产业化阶段(1996 以后)。GIS 已在许多部门和领域得到应用,并引起了政府部门的高度重视。从应用方面看,地理信息系统已在资源开发、环境保护、城市规划建设、土地管理、交通、能源、通信、地图测绘、林业、房地产开发、自然灾害的监测与评估、金融、保险、石油与天然气、军事、犯罪分析、运输与导航、110 报警系统、公共汽车调度等方面得到了具体应用。

GIS 由五个主要的元素构成:硬件、软件、数据、人员和方法。

1. 硬件

硬件是 GIS 所操作的计算机。目前,GIS 软件可以在很多类型的硬件上运行,从中央计算机服务器到桌面计算机,从单机到网络环境。

2. 软件

GIS 软件提供所需的存储、分析和显示地理信息的功能和工具,主要的软件部件有:

—— 输入和处理地理信息的工具;

——数据库管理系统(DBMS);

—— 支持地理查询、分析和视觉化的工具;

——容易使用这些工具的图形化界面(GUI)。

3. 数据

一个 GIS 系统中最重要的部件就是数据了 。地理数据和相关的表格数据可以自己采集或者从商业数据提供者处购买。GIS 将把空间数据和其他数据源的数据集成在一起,而且可以使用那些被大多数公司用来组织和保存数据的数据库管理系统来管理空间数据。

4. 人员

GIS 技术如果没有人来管理系统和制订计划应用于实际问题,将没有什么价值。GIS 的用户范围包括从设计和维护系统的技术专家,到那些使用该系统并完成他们每天工作的人员。

5. 方法

成功的 GIS 系统,具有好的设计计划和自己的事务规律,这些是规范的。但对每一个公司来说,具体的操作实践又是独特的。

三、GPS 技术

全球定位系统(GPS,Global Positioning System)是美国从 20 世纪 70 年代开始研制,历时 20 年,耗资 200 亿美元,于 1994 年全面建成,具有在海、陆、空进行全方位实时三维导航与定位能力的新一代卫星导航与定位系统。经近 10 年我国测绘等部门的使用表明,GPS 以全天候、高精度、自动化、高效益等显著特点,赢得广大测绘工作者的信赖,并成功地应用于大地测量、工程测量、航空摄影测量、运载工具导航和管制、地壳运动监测、工程变形监测、资源勘察、地球动力学等多种学科,从而给测绘领域带来一场深刻的技术革命。

全球定位系统是美国第二代卫星导航系统,是在子午仪卫星导航系统的基础上发展起来的,它采纳了子午仪系统的成功经验。和子午仪系统一样,全球定位系统由空间部分、地面监控部分和用户接收机三大部分组成。

其中空间部分包括为地面用户设备确定它自己的位置所必要的发送信号的卫星。按目前的方案,全球定位系统的空间部分使用 24 颗高度约 2.02 万 km 的卫星组成卫星星座。21 + 3 颗卫星均为近圆形轨道,运行周期约为 11h58min,分布在六个轨道面上(每轨道面 4 颗),轨道倾角为 55°。卫星的分布使得在全球的任何地方,任何时间都可观测到 4 颗以上的卫星,并能保持良好定位解算精度的几何图形(DOP)。这就提供了在时间上连续的全球导航能力。

地面监控部分包括四个监控站、一个上行注入站和一个主控站。监控站设有 GPS 用户接收机、原子钟、收集当地气象数据的传感器和进行数据初步处理的计算机。监控站的主要任务是取得卫星观测数据并将这些数据传送至主控站。主控站设在范登堡空军基地。它对地面监控部实行全面控制。主控站主要任务是收集各监控站对 GPS 卫星的全部观测数据,利用这些数据计算每颗 GPS 卫星的轨道和卫星钟改正值。上行注入站也设在范登堡空军基地。它的任务主要是在每颗卫星运行至上空时把这类导航数据及主控站的指令注入到卫星。这种注入对每颗 GPS 卫星每天进行一次,并在卫星离开注入站作用范围之前进行最后的注入。

用户部分是指用户为了接收从卫星发送来的信号及把这些信号转换成用户的位置信息所必需的设备。GPS 的接收装置是被动式的,因为它们本身不会发射任何信号,所以在任何时间里可以有无数的用户同时接收全球定位系统的信号。也就是说给世界上任何地方的一个用户一套全球定位接收装置,这个用户便可以确定自己的位置。

四、RFID 技术

1. RFID 技术介绍

射频识别(RFID,Radio Frequency Identification)俗称电子标签,广泛用于零售业。射频识别是一种非接触式的自动识别技术,它通过射频信号自动识别目标对象并获取相关数据,识别工作无须人工干预,可工作于各种恶劣环境。RFID 技术可识别高速运动物体并可同时识别多个标签,操作快捷方便。

最基本的 RFID 系统由三部分组成,即标签、阅读器和天线。

标签(Tag):由耦合元件及芯片组成,每个标签具有唯一的电子编码,附着在物体上标识目标对象;阅读器(Reader):读取(有时还可以写入)标签信息的设备,可设计为手持式或固定式;天线(Antenna):在标签和读取器间传递射频信号。

射频识别技术包括了一整套信息技术基础设施,具体包括以下几部分。

射频识别标签,又称射频标签、电子标签,主要由存有识别代码的大规模集成线路芯片和收发天线构成,目前主要为无源式,使用时的电能取自天线接收到的无线电波能量;射频识别读写设备以及与相应的信息服务系统,如进存销系统的联网等。

将射频识别技术与条码(Barcode)技术相互比较,射频识别拥有许多优点,如:可容纳较多容量、通信距离长、难以复制、对环境变化有较高的忍受能力、可同时读取多个标签等,但也有缺点,就是建置成本相对较高。

2. RFID 技术的基本工作原理及性能

标签进入磁场后,接收解读器发出的射频信号,凭借感应电流所获得的能量发送出存储在芯片中的产品信息(Passive Tag,无源标签或被动标签),或者主动发送某一频率的信号(Active Tag,有源标签或主动标签);解读器读取信息并解码后,送至中央信息系统进行有关数据处理。

射频识别标签是目前射频识别技术的关键。射频识别标签可存储一定容量的信息并具一定的信息处理功能,读写设备可通过无线电信号以一定的数据传输率与标签交换信息,作用距离可根据采用的技术从若干厘米到 1 千米不等。识别标签的外形尺寸主要由天线决定,而天线又取决于工作频率和对作用距离的要求。目前尚未制订出针对超高频标签使用的全球规范,所以此类标签还不能够在全球统一使用。而超高频标签的应用目前也已引起人们注意,此类标签主要应用在物流领域。频率越高,作用距离就越大,数据传输率也就越高,识别标签的外形尺寸就可以做得更小,但成本也就越高。

鉴于标签和读写设备之间无需建立机械或光学接触,密码技术在整个射频识别技术领域中的地位必将日益提高。随着射频识别的普及,不同厂家的标签和读写设备之间的兼容性也将成为值得关注的问题。此外,使用寿命、使用环境和可靠性也是重要参数。

五、OCR 技术

光学字符识别(OCR,Optical Character Recognition),是属于图型识别(Pattern Recognition,PR)的一门学问。其目的就是要让计算机知道它到底看到了什么,尤其是文字资料。由于 OCR 是一门与识别率拔河的技术,因此如何除错或利用辅助信息提高识别正确率,是 OCR 最重要的课题,ICR(Intelligent Character Recognition)的名词也因此而产生。而根据文字资料存在的媒体介质及取得这些资料方式的不同,就衍生出各式各样、各种不同的应用。

一个 OCR 识别系统,其目的很简单,只是把影像作一个转换,使影像内的图形继续保存、表格内资料及影像内的文字一律变成计算机文字,并能达到影像资料的储存量减少、识别出的文字可再使用及分析,当然也可节省因键盘输入的人力与时间。

从影像到结果输出,须经过影像输入、影像前处理、文字特征抽取、比对识别,最后经人工校正将认错的文字更正,将结果输出。

第二节 集装箱运输信息化

一、集装箱运输单证与 EDI

集装箱运输的效率和效益,在很大程度上取决于速度。鉴于集装箱船的航速及其他运输工具的运行速度的提高有一定的限度,因此缩短集装箱货物在港站的停留时间就显得十分重要。在集装箱运输的港站以及与货运代理人、船舶代理人、运输公司、银行、保险、监管等部门的业务活动中,围绕着集装箱的验收、提取、装卸、堆存、装箱、拆箱、费收、一关三检等,存在着错综复杂的作业环节,伴随着众多的信息、单证的处理要求。因此,实现集装箱运输信息、单证的电子化处理,对提高集装箱运输的效率有着十分重要的意义。

1. 集装箱运输信息流程与主要单证

在集装箱运输过程中,集装箱码头是一切有关信息的处理中心。其所处理的信息中,出口信息起源于运输合同,从收货、配箱、装箱、订舱,到内陆运输公司向码头集箱。

在这个过程中形成的出口装载清单信息,经船公司的授权代理加工后送至码头,它是码头出口箱作业的依据。码头生成的船图信息,经理货公司,由船舶代理人送至船公司,这也是下一挂靠港要求船公司必须提供的信息。在进口信息中,进口船图、进口舱单、船期等,由船舶代理人送至码头,再根据需要提供给场站,以保证及时疏运。在进出口货箱位移及业务受理过程中的其他信息,如海关申报与答复、海关货物与运输报告等均有大部分与上述信息相同的信息流转。

由此可以看出,集装箱运输的信息交换可以分为以下三部分:

第一部分为船公司、代理与货主:主要包括外贸运输合同及说明、订舱及确认、到货通知、报关、费收、中转及提单等信息。

第二部分为港口及腹地集疏运(公路、铁路、内河运输等):主要包括拆装箱、空箱调运、场地申请、运输订单、计划及实际的集装箱交接信息等。

第三部分为本港、开来港及下一挂靠港:主要包括船期及直接影响装卸效率的船图、舱单、装载指示等信息。

2. 集装箱运输信息对 EDI 的需求

1)船舶信息

船舶代理一般在所代理的船舶抵港前 72h、48h、24h 向港务局报告船舶抵港预报和确报时间,并及时汇报变更时间。船舶预确报的内容有:船名、国籍、性质、抵港时间、艏艉吃水、进出口货名、数量、船舶规范、装卸设备状况及特殊货物装载情况和要求等。港方据此及时作出科学合理的安排,这对缩短船舶在港时间、降低运输成本具有十分重要的意义。另一方面,船公司也需要及时掌握船舶在港作业动态、待泊停时及离港信息。

目前,上述信息大都是通过传真、电报、电话索取,但事实上它们均可以通过 EDI 系统生成。如果实现船期及船舶抵港等动态信息的电子传送,则港航间可相互补充双方所需的信息,提高港口调度工作效率。

2）装卸船信息

按照港口作业规定，船舶必须具备下列条件才能安排作业：

（1）进口：

①船图、舱单及卸货有关资料必须齐备；

②具有港口主管部门批准的危险货物作业通知书；

③货物流向及接卸方案已作出详细安排；超高、超宽、重大件设备具体资料预先摸清，特种车做好具体安排。

（2）出口：

①包括信用证、商品检验、海关手续办理完毕；

②备齐货物；

③做出配载及货物积载图；

④能连续作业。

在集装箱码头装卸作业过程中，进口资料主要是指进口船图和进口舱单，它们是做卸船计划、安排卸船顺序的依据。出口资料主要是指集装箱预配清单（俗称出口舱单），它是制订收箱计划、检查、收箱、积载、安排装船顺序的依据，它所产生的出口船图是下一挂靠港的必备资料。

传统方式是上述资料均靠纸面单证提供，再由人工键入电脑，产生装、卸船计划。对近洋航线，船图、舱单随船带，这样只有在船舶停靠锚地后才能取下，录入电脑。对远洋航线则采用传真方式，传真船图往往由于模糊不清而延长校对时间。这样做费工费时、效率低下、延长船舶在港时间。因此，提高装卸船信息处理效率，对缩短船舶在港停时，具有重要意义。在这方面需要交换的信息有：船名、航次、箱号、箱型、箱类、箱重、始发港、目的港、下一挂靠港、提单号、箱位、发货人、收货人、货类、货名等，它们主要反映在船图、舱单、装卸指示、危险品通知等纸面单证中。

另外，溢卸、短卸、实际卸船箱数、装船箱数等信息都是船方需要从码头得到的信息。对于国际航线的船舶应实行强制理货，理货员代表船方对货物进行清点、验收和交付，对货物的溢短、残损实事求是地做记录，办理货物交接手续。因此，上述信息大都在船舶代理、理货方和集装箱码头之间交换。

3）内陆集疏运信息

内陆集疏运是国际集装箱多式联运中的一个极为重要、不可缺少的中间环节。集装箱码头通过向其内陆辐射的运输线，将各个内陆场站与港口组成一张覆盖港口内陆腹地的运输网。通过这张网，托运人将货物或集装箱交给附近场站，然后再集中起来通过运输网送到集装箱码头。

在整个内陆集疏运进出口业务过程中，需要交接的单证主要有：

①货物托运单：包括货物名称、件数、包装、体积、重量、起运港、到达港、发货人和收货人等有关货物运输事项；

②装箱指示：货运代理人对承运货物的装箱提出明细要求；

③装箱单：箱内货物明细表；

④箱体动态：集装箱进出站、拆装箱信息。

4)货源组织与管理信息

(1)出口。

船公司通过发货人的暂时订舱与确定订舱了解和掌握货源情况。

暂时订舱是在船舶到港前一段时间(如一个月)提出的订舱。它虽在一定程度上带有不确定性,但能使船公司大致了解今后一段时间内货运情况,为船公司的货运组织与管理奠定基础。

确定订舱是发货人根据信用证的要求和货物出运的时间,选择合适的船舶,向船公司或其代理以口头或书面形式提出的订舱。它是集装箱货源的确切信息。船公司承担托运的信息包括:订舱船名、接货地点、装货港、卸货港、交货地点、揽货代理名称、货名、数量、包装、重量、接货方式、交货方式、所需空箱数、装箱地点等。应寄往卸货港的单证主要有:提单与场站收据副本、集装箱号码单、集装箱积载图、货物舱单、特种货物一览表。

(2)进口。

为保证集装箱船舶抵达卸货港后,尽快把箱货送到收货人手中,船公司主管进口运输业务的工作人员或其代理要根据装船港寄来的运输单证做好以下工作:

①向海关、商检以及其他有关部门办理验放手续;

②办理卸货与接收手续;

③向收货人发出通知;

④根据提单签发提箱单。

在集装箱船舶的营运中,对进口箱的盘存管理占有十分重要的地位。如果箱子在港口或腹地停留时间过长,不仅会引起集装箱需要量的增加,而且还会造成集装箱搬运费用和堆场费用的增加。所以,掌握集装箱在腹地的信息,对加快集装箱周转,提高集装箱运输的营运效果,有着直接的影响。

5)监管放行信息

集装箱运输部门向海关报送的信息主要有:海关申报单或货物报告(货物舱单)、货主提供的许可证、产地证、发票及商检证等信息。为减少箱货在港停留时间,提高运输效率,集装箱运输部门希望海关能尽快返回有关放行信息。

6)银行、保险信息

必要时,理货公司要向保险公司提供溢卸、短卸及船期信息,以核查保险金额。运输部门与银行之间存在着到款、付款、结汇等信息传递。

3. 集装箱运输单证与EDI电子报文

EDI电子报文是EDI的数据交换标准。根据我国交通部于1997年5月1日发布的《海上集装箱运输电子数据交换管理办法》的要求,用以替代纸面单证的我国的EDI报文的格式代码数据,应采用联合国欧洲经济委员会颁布的“行政、商业和运输用电子数据交换规则”(UN/EDIFACT)国际标准或国家技术监督局颁布的国家标准。无国际标准和国家标准时,可采用行业标准或协议标准。

每条电子报文是组成一笔完整业务的信息载体,适应于某一业务功能,并且与某一业务单证或其中一部分相对应。与《海上集装箱运输电子数据交换管理办法》同时发布的《海上集装箱运输电子数据交换电子报文替代纸面单证管理规则》,结合我国国际集装箱运输的实际业务需求和 UN/EDIFACT 报文的功能,确定以 23 种电子报文替代相应的纸面单证。并规定电子报文替代纸面单证时,电子报文与纸面单证具有同等效力;电子报文的保存期与纸面单证相同。这些电子报文涉及船舶动态、装卸船信息、内陆集疏运、货源组织与管理、监管部门及银行保险等方面,其中主要有:

(1)船期表报文(IFTSAI)替代进出口船期预报、船期公告。该报文应包含五日、半月或一个月内的进口船信息、挂港信息、联系人信息。

(2)舱单报文(IFCSUM)替代进口舱单、出口舱单。该报文包含一个航次的船舶信息、提单信息、货主信息、收货人信息、通知人信息以及货物信息。其中货物信息包括货物描述和含有运费信息在内的箱信息等。

(3)船图报文(BAPLIE)替代进口船图、出口船图。该报文包含一个船名、航次的信息以及含有地点信息、危险品信息和必要注释在内的箱信息。

(4)集装箱装/卸报文(COARRI)替代装船清单、装/卸箱清单、理货清单、集装箱清单。该报文应包含船舶信息和含有装/卸交货地信息和残损信息在内的箱信息。

(5)危险品通知报文(IFTDGN)替代危险品性能说明书、危险品货物申报单、危险品货物准运单、危险品船运申报单。该报文应包含船舶信息、装卸港信息、货物信息和箱信息。

(6)装箱单报文(COSTCO)替代装箱单。该报文应包含船舶信息、装卸港信息、货物信息、货物描述、表头、危险品信息和箱信息。

(7)集装箱进/出口报文(CODECO)具有设备交接单部分功能。该报文应包含船舶信息、箱信息、残损信息和多式联运信息。

(8)正式订舱报文(IFTMBF)替代集装箱货物托运单、订舱申请单。该报文应包含订舱号和港口、收货地和装货港、可选卸货港、发货人、收货人、通知人、订舱预配箱、订舱货物、集装箱细目、货物信息、运费条款以及其他信息。

(9)装箱指示报文(COSTOR)替代装箱单、预配清单。该报文应包含船舶有关的信息、卸货港和交货地点、提单号和集装箱细目、货物信息、货物描述、危险品信息。

(10)一关三检申报单报文(CUSDEC)替代海关申报单、商品检验申报单、卫生检疫申报单、动植物检疫申报单。该报文包含船信息、货信息、箱信息、提单信息以及一关三检当局对在进口、出口、中转过程中所申报的信息作出货物放行、查验、拒绝放行的信息。

上述规则中确定的电子报文覆盖了将近 90% 的集装箱运输单证,尚缺提单及提单副本、运费发票、运费舱单、银行汇票、税单等,其中主要是与银行部门的信息传递。由于诸如体制、采用标准等原因,目前实现电子交换尚有困难,需要进一步分析、研究,以确定可以实现的交换内容和交换方式。

二、集装箱多式联运系统规划与 GIS

在集装箱多式联运中,进行系统规划十分重要。在 GIS 技术的基础上,利用美国 Caliper 公司开发的 TransCAD 软件进行集装箱多式联运系统规划,可做到科学、有效、准确。

TransCAD 软件的核心是为交通运输提供专门的分析工具,它包括以下五个主要组成部分:

(1)Windows 操作环境下功能强大的地理信息系统(GIS);

(2)能为运输数据的显示和操作提供必不可少工具的扩展数据模式;

(3)迄今为止最大的运输分析集成软件包;

(4)运输、地理和人口统计综合数据;

(5)功能强大的,用于生成宏、add-ins 和用户接口的二次开发语言。

集装箱多式联运系统规划的根本任务是按照社会经济发展模式和趋向,设计合理的集装箱多式联运系统,以便为以后的土地利用与社会经济活动服务,满足社会和经济发展的需要,本着现有运输资源来探索最好的解决方案,制订目标并设计达到目标的策略或行动。具体内容有:集装箱量的产生(运输需求预测)、集装箱量的分布、运输方式选择、集装箱量分配(路径选择)、集装箱运输通道建设、土地利用、路网规划、运输设计、编组计划及运行图的编制等。集装箱多式联运系统规划的实质就是根据未来的集装箱运输需求分配合适的运输资源,以实现运输资源的最佳配置以及高效利用的问题,使集装箱物流具有综合效率和综合效益的最大化。要制订合理的规划,必须先预测未来的运输需求情况,并了解现有运输系统的形态和土地利用情况,目前的交通路线及交通设施是否合理,是否足够并进行综合、定量分析,然后提出改进措施,以适应当今及至将来发展的需要。

总之,集装箱多式联运规划主要解决两方面的问题,一是预测未来的集装箱运输需求情况,二是了解与分析现有运输资源状况。不管是运输需求还是运输资源都具有很强的空间特性(均分布于特定的空间位置上),并有丰富的社会属性,所有这些都涉及大量的空间数据与属性数据,如果仅靠人工手段处理这些数据将是非常繁重而又低效率的。GIS 具有强大的空间数据与属性数据综合处理能力,若能借助 GIS 技术处理集装箱多式联运系统规划中的海量数据,运输规划工作将大大简化,并更加具有高效性与科学性。

1. 建立现有运输资源数据库

(1)数据来源。

集装箱运输资源数据库数据来源有如下几种:

①基础制图数据,包括地形数据和人文景观数据,主要取自于现有地图条例,其产生有两种基本格式,即图形结构和拓扑结构。

②自然资源数据,主要是指与现有运输资源相关的各种自然资源数据,如:土地利用、道路覆盖数据集合(在美国,这类数据主要从 1:58000 彩红外航空影像上提取)。

③调查统计数据,包括与运输资源有关的各种统计资料数据。

④研究区域中的海、陆、空运输网络,包括铁路、水路、航空和航海线网络。

⑤其他有关规则知识数据。

(2)数据的加工整理。

数据的加工整理是进行数据组织处理、建立数据库的重要环节,若没有严格的数据统一格式与合理的办法和标准,会造成数据加工的困难。

(3)数据的输入与输出。

上述数据源中的所有数据可分为两大类,空间数据和与之相联系的属性数据,数据输入方法有:键盘输入、坐标几何、手工数字化、扫描和现有的数据文件输入。输出方式有:硬拷贝、软拷贝和电子输出。

(4)数据的检核和存贮。

为确保输入数据的正确性，必须对输入到计算机中的数据进行一般检查、误差检核、输出结果与原始资料的叠合比较，或逐行比较检核，然后再对数据进行编辑（改错、更新），最后存贮到安全、可靠的介质上。

（5）数据的组织。

按一定的空间数据组织与结构方式对数据进行组织管理，最后建立数据库，即为数据的组织。一般 GIS 数据结构分为矢量结构和栅格结构两大类，建立的数据库的数据模型可用层次数据库模型、网络数据库模型和关系数据库模型三种。根据已建好的运输资源数据库，我们可以对其进行查询检索、统计与分析等多种操作。这样，就可以对现有运输资源的形态和土地使用情况有个清晰的了解，为后续规划工作做准备。

2. 建立模型库

模型可以定义对现实世界即建模者感兴趣的系统的一种简化描述，它集中了从某一视角分析该系统所涉及的主要要素。集装箱多式联运系统问题可以大致归并为集装箱多式联运需求系统与集装箱多式联运供给系统。集装箱多式联运需求系统具有如下特性：需求的高度数量化和分散化、特定的空间分布及强烈的功态特性；集装箱多式联运供给系统主要具有服务性与路网设施空间分布的网络特性。对集装箱多式联运问题的解决需要借助于模型，根据规划的需要，我们可以建立如下模型：集装箱多式联运路径和集装箱流模型及分区定位模型。

建立模型可按下面步骤：提出问题并进行适当简化处理，提出恰当的假设，并利用适当的数学工具，刻划变量之间的关系，建立相应的数学结构，并求得相应的解。模型库建好以后，就可以同资源数据库集成，形成集装箱多式联运系统规划的 GIS 系统，最后就可以利用已建好的 GIS 系统进行规划。

（1）模型标定。上面建立的模型系统中，各个模型的自变量系数及模型中的参数一般都为求知数，在具体应用模型进行交通规划之前，必须对模型进行标定。标定方法一般常用现状数据按最小二乘原理求解模型参数与系数的方法，得到模型的参数与系数后，就可以先检查一下用模型计算的数据是否与现状观测的数据相一致。

（2）集装箱运输需求预测。利用 GIS 中的运输需求预测模型，结合现场采集的数据对该区域的运输需求进行预测，具体有：集装箱量的产生、集装箱量的分布、运输方式的划分和集装箱量的分配。

（3）路网规划。利用 GIS 中的网络分析与评价模型，可以对现有路网进行总体规划，并可以动态模拟集装箱流量的变化情况，测试路网效率，以实现运输资源的最佳配置。

（4）路径选择、运输方式选择。利用 GIS 中的路径选择和集装箱流模型，按给定的限制条件（时间最省、路径最短、运输费用最低），进行自动、快速地选择行驶路径。如果能把这套系统安装在实际运行的运输工具上，这样就非常方便运输工具的驾驶人员进行实时选择，若再加一套 GPS（Global Positioning System）系统，则可形成智能化的集装箱多式联运系统。

（5）路网建设与维护。利用上述 GIS 系统还可以进行新线的自动化选线与设计，方便道路建设；还可以利用运输路网的属性数据库，对路网设施进行管理与维护。

利用 GIS 进行集装箱多式联运系统规划的主要内容是对集装箱流数据与各种运输设施数据进行采集、存储、管理和分析，为决策提供依据。基于 GIS 的集装箱多式联运系统规划具有如下优点：定量性、灵活性、快速性、输出内容的丰富性与可视化、模型化能力、强大的综合分析

能力,还有更新迅速、条件模拟、动态模拟、客观性、科学性和信息共享的能力。可以说基于GIS的集装箱多式联运系统规划是一种很有前途的运输规划方法,它可以让我们从地理或空间的角度认识与理解集装箱多式联运系统规划问题,能更简单、快速和清晰地把握问题实质。

三、国际集装箱多式联运系统中GPS的应用

全球定位系统为任何一个具有GPS接受装置的用户提供一个全球性的、全天候的导航系统。全球定位系统可以充分改进所有运输系统的导航系统。

国际范围内的集装箱多式联运,随着跨国界产生的种种问题,使货主的风险也增加了,货主们的头脑中会产生许多有关国际运输的问题:哪个运输公司服务于某一特定区域?需要什么有关文件?是否必须办理货主出口申报?所运的货物是否是许可产品?货物何时应该到达某处,如果没到应该怎么办?如何跟踪货物的每一个位置呢?跟踪过程开始于货物在货主的大门被装运之时,从这时起,通过GPS,货主就可随时检核货物在途的每一位置。

国际集装箱多式联运的货物运输跟踪任务要求一支国际运输事务专家队伍、最新的技术和稳定可靠的通信网络设施。完备的在线跟踪工作过程如下:第一步是发现所有与运输有关的信息,包括何处装货、目的地、货物重量与尺寸等,这些信息通过个人电脑输入公司的系统。几分钟内,公司就可以提出货物运至每一个港口的具体时间以及报价单。该系统尤其便于根据客户规定的时间制订运输方案,根据货物起运时间计算确切的运抵时间。一旦货主同意报价单,则相应的国内货物装运起点也被确定,并且打出电子提货单,提货单内容包括货种、数量以及其他各种重要信息,然后系统给每一个国际运输合同分配一个发货号,这是跟踪货物所要求的唯一标志。在整个过程中,客方可以与公司联系,系统即会输出货物的有关情况,如果货物正在远洋船舶上,则公司的跟踪系统可以显示出它在哪个集装箱中,它已经到过哪个港口,何时抵达下一个港口。每一次承接货物,多式联运公司总能向货主告知运输中货物的详细情况。之所以能这样,是因为多式联运系统中采用现代信息技术并通过交互式信息系统获得准确的数据。

四、集装箱运输中RFID的应用

为了增加市场竞争实力,提高运输效率和服务质量,实现集装箱运输的现代化,集装箱的运输管理需要一种更加自动化、智能化、能够实时更新数据的技术,RFID技术无疑具备这些特点。

1. 集装箱运输管理中RFID系统的节点选择

集装箱运输系统涉及到很多港航相关企业,如货运代理公司、拖车公司、支线船公司、干线船公司、港口、堆场(专门提供空箱存放场所的公司)等,空间范围大,货物流转过程复杂,因此,在集装箱运输系统中要建立RFID系统,首先面临的就是系统节点选择问题。

货物从发货人的仓库到达收货人的仓库需要经历较多环节,这就需要企业间共同协作完成货物的运输、储存、装卸以及保管等服务。

就起运点而言(发货人),集装箱运输企业要面对不同规模、数量众多的发货人,就要求在这些不同的发货人那里建立RFID系统。发货人的数量和种类如此众多,谁来建立RFID系统?若让发货人来建立,对规模较大的发货人而言是可行的。而对众多中小发货人而言,考虑

到建立一套 RFID 系统能够带来的效益和系统的使用率问题，其建立 RFID 系统就缺乏积极性。若让集装箱运输企业建立，考虑到发货人庞大的数量和发货人的不确定性，让其建立 RFID 系统的起始节点是不可行的。起运点面临节点选择，对于集装箱运输的 RFID 系统的其他节点也同样如此。因此，在集装箱运输中建立 RFID 系统，首先要确立好各个节点。节点选择得好，不但能够完整跟踪集装箱，而且能够节约建设资金，这是关系到 RFID 系统建设成败的关键问题。

节点的选择应遵循以下原则：RFID 系统具有较高的使用率，可以带来较好的经济和社会效益；建设单位实力比较雄厚，信息系统以及网络等配套设施齐全；RFID 系统能够给相关单位带来更好的服务。

根据这些原则，将 RFID 节点选择在堆场、闸口和岸吊等处非常合适。对于发货人或收货人，这类企业数目众多，规模较大；对于中小发货人，RFID 系统一般只有自己使用，其使用率必然很低，因此不将其作为 RFID 系统的节点。值得说明的是，虽然航运公司没有安装 RFID 读写器，但它是 RFID 应用中的关键企业，它提供贴有 RFID 标签的集装箱。在港口，RFID 读写器安装在闸口处和岸吊上，就可以完全监控贴有 RFID 标签的集装箱进出港口的详细情况，在闸口的 RFID 读写器监控从陆路进出港口的集装箱，在岸吊上的 RFID 读写器监控从水路（船舶）进出港口的集装箱。

2. RFID 标签信息的更新与相关企业信息的获取

集装箱在一个运货循环中，RFID 标签信息将被多次更新，相关企业可通过 Internet 获得自己需要的相应信息。

发货人向航运公司订舱，航运公司获得订舱信息（假设订舱条款为 CY－CY）并接受订舱，然后通知发货人到某空箱堆场（在起运港外）提取空箱并将该发货人的订舱信息传递给空箱堆场，空箱堆场信息系统根据收到的订舱信息组织好将要写入到 RFID 标签中的信息，当发货人委派的拖车驾驶员到空箱堆场提取空箱出闸口时，集装箱上的 RFID 标签被设置在闸口的 RFID 读写器写入已经组织好的信息；空箱在发货人的仓库装完货物后，运往起运港，当集装箱通过起运港的闸口时，闸口的 RFID 读写器一方面再次向 RFID 标签写入信息，如重箱运抵港口的时间，另一方面读取 RFID 标签中的信息，读取的信息经港口信息系统处理后，通过 Internet 传递给航运公司；随后集装箱在装船时被安装在岸吊上的 RFID 读写器写入信息和读取信息，港口信息系统将集装箱装船的信息通过 Internet 传递给航运公司，航运公司也能监控集装箱装船的情况；集装箱装船后被运往国外港口，集装箱在卸船时被安装在岸吊上的 RFID 读写器写入信息和读取信息，港口信息系统将集装箱卸船的信息通过 Internet 传递给航运公司，收货人将集装箱拆空后还回集装箱堆场，空箱进入闸口时，RFID 标签信息被重写。至此，集装箱完成一个完整的运货循环，对集装箱的跟踪也完成一个循环。当集装箱进入下一个运货循环时，对集装箱的跟踪也进入下一个循环。

3. RFID 系统的应用对集装箱运输相关企业的影响

对于航运公司，集装箱上的 RFID 标签在进出堆场、港口及装卸船时，都能够及时得到相关信息，对集装箱的控制更加有力度，对集装箱的掌握更加全面，对责任的区分更加明晰，能极大提高对集装箱的管理效率。堆场或港口每次对 RFID 标签的读写都意味着责任的转移，比如空箱出堆场时，意味着责任转移到发货人那里，一旦集装箱出现什么意外就能立即通过系统找出责任人并展开调查和处理。同时,航运公司通过对集装箱运输过程的跟踪,能够为相关企业提供更准确及时的信息,从而提高自己的服务水平,增强企业的竞争力,争取更大的市场份额。

对于港口企业,通过基于 Internet 的 RFID 系统能够更早地了解到某航运公司某船舶某航次在港将要出运的集装箱信息,包括集装箱的数量、种类,每个集装箱的重量和卸货港等信息,港口企业就可以根据这些信息对将要到港的集装箱的堆存进行提前规划,为随机到港的集装箱提供更合适的堆存位置,为集装箱的装船做好准备,降低集装箱配载的难度,从而提高堆场系统的通过能力。同时,信息的提前获取也为集装箱的自动化、智能化配载和管理提供信息基础。

对于发货人和收货人,能够通过 Internet 及时了解集装箱的相关活动,做好各种准备。

4. RFID 应用于集装箱运输管理的关键问题

(1)集装箱运输中 RFID 系统的数据同步。

RFID 系统的节点是用来采集集装箱信息并跟踪集装箱的,这些标签中的信息要在各相关企业之间共享。标签信息在 RFID 系统的节点处可能会被读取或写入,这就要求 RFID 系统各节点的数据要同步。如果某节点对标签中的信息进行更改后,没有及时更新相关企业信息系统性中的相关数据,则会由于错误的信息导致错误的判断和处理。比如,集装箱已经到达枢纽港码头节点,该节点对标签中的数据进行更新,但发货人节点没有得到该更新信息,这可能导致报关不及时从而影响装箱或延误船期。可见,数据同步是 RFID 系统的一个关键问题。

(2)集装箱运输中 RFID 系统的标签信息结构。

在集装箱运输 RFID 系统中,标签信息既要满足物流链上各相关企业对信息存储和处理的需要,又要保证不泄漏相关企业的商业机密。物流链上各相关企业对集装箱内货物信息的需求不一样,即对掌握信息的详细程度不同。比如,港口需要知道货物种类、箱型、尺寸、箱重、目的港等,而船公司还需要知道箱内货物的具体名称等更详细的信息。因此要满足物流链上各相关企业对信息存储和处理的需要,就要确定好标签的代码结构,使标签信息能够满足物流链上相关企业的共同需要。因此,集装箱运输中 RFID 系统的标签信息结构要解决好信息的完整性和保密性的关系。

(3)集装箱运输中 RFID 系统的标签功能。

标签功能与标签成本有相关性,标签功能越丰富,其成本越高。目前,国外每件无源低频 RFID 标签平均要花 20 ~ 30 美分,国内无源低频、中频 RFID 标签的成本价格大约在 2 ~ 4 元人民币之间。这样的成本对 RFID 标签在零售业中的应用影响非常大。但是若要在集装箱运输系统中采用 RFID 技术,首先考虑的则是功能问题,而不是标签的价格。因为相对于集装箱本身的价格而言,标签的成本微不足道,再加上能够给多个企业带来方便,并能够提高物流服务的整体质量,因此应用在集装箱运输系统中的 RFID 标签的功能要强大,比如可以提高 RFID 的读取距离、抗干扰能力、能够辨识阅读器等功能。目前,若要建立集装箱运输的 RFID 系统,还需要进一步加强标签的功能,以满足实际要求。

第三节　集装箱运输管理信息系统

集装箱运输管理信息系统(MIS)的开发使用,是针对集装箱运输所涉及到的各个环节,分

别建立子系统进行信息的采集、输入、整理、加工、输出，以实现运输业务流程作业、运输环节管理控制和为管理决策提供依据等功能。各个子系统不但可以自成体系单独运行，而且还可以拥有相应的支持子系统。这样的 MIS 不仅可以满足大型的综合性集装箱运输企业的要求，同时也可用于业务较单一的企业。

一、集装箱运输管理信息系统的概念

管理信息系统（MIS）是各类企业和一切组织机构进行现代化管理的基础，其特点是面向管理工作，提供管理所需的各种信息。它不仅仅是以计算机进行事务处理的数据处理系统，同时也是利用计算机为管理和决策提供信息的信息系统。

就集装箱运输的管理信息系统而言，它有其特定的功能与目标，其基本任务是收集、处理、存储、分析与集装箱运输活动中有关的各类信息，及时、准确地掌握集装箱运输的基本情况，向有关的运输管理机构及运输企业和客户提供可靠的信息，为统计分析、生产预测、管理决策的现代化服务。

二、集装箱运输管理信息系统的作用

集装箱运输是一种新型的现代化运输方式。在运输过程中，集装箱运量大、周转快、环节多，因此信息量很大，对信息管理的要求高。这种运输生产的组织、管理必然与管理信息系统连结在一起，没有以计算机为中心的管理信息系统就无法高效率地进行集装箱运输，这已得到国内外生产实践的证实。

不同类型的集装箱运输企业，因为所担负的运输职能不同，因而对集装箱管理信息系统的功能要求也不同。但是，从运输对象都是集装箱这一共性出发，具有一些共同的功能特征，由系统来完成以下几项任务。

(1)对集装箱进行动态跟踪，通过查询功能，掌握集装箱所在的地理位置和当前所处的状态。

(2)对集装箱的运量、流向等进行统计分析，制成各种统计分析报表。

(3)进行集装箱运输单证信息处理，包括电子计算机制单、通过数据通信网络传递单证信息。

(4)通过本企业的管理信息系统与其他企业的管理信息系统联网，获得需要的外部信息或其他企业传递的信息。

电子计算机能够高效地完成这些工作，其处理速度及信息的正确性、及时性是人工处理无法比拟的。集装箱运量愈大，电子计算机的作用愈加明显。当集装箱运输达到一定的规模时，配备集装箱管理信息系统就显得更加重要。

三、国外集装箱运输管理信息系统发展概况

国外集装箱运输管理信息系统的发展，已由单一企业的信息系统向多个企业联合参加的信息系统发展。

集装箱运输管理信息系统是随着管理信息系统这门学科的兴起以及集装箱运量迅速增长的需要而逐步发展起来的。首先是各种运输企业根据自身的需求，建立起一个企业范围内的

管理信息系统,并逐步发展完善,有些企业的信息系统规模很大。当今国外一些大型航运企业,如美国的海陆公司和总统轮船公司等,其集装箱管理信息系统均有全球性的计算机网络相支持,能够对公司轮船航运至世界各地分支机构之间进行诸如运费、舱单、装箱单、海运提单等单证和报表的数据传输。这些系统在掌握了完整的信息基础上,可进行细致而周密的统计分析,为决策提供依据,其功能对集装箱运输组织管理起到了重要的作用。

由于集装箱运输,特别是国际集装箱多式联运涉及的企业和部门很多,随着运输规模和范围的扩大,企业和部门之间进行信息交换的需求愈加迫切。自20世纪80年代开始,国外一些重要运输口岸,陆续建立起了多种企业联合参加的运输货物信息系统,其中包括集装箱运输管理信息系统,如日本东京等港的SHIPNETS系统、德国汉堡港的DOKOSY系统、布来梅港的LOTSE系统、荷兰鹿特丹港的INTIS系统等。它们均是有多个企业参加的信息系统,有些系统已有银行、海关、保险公司等与运输行业相关的单位参加,也有的将集装箱运输管理延伸至内陆。这些系统在开发之始,均有加快信息在不同企业之间流转的共同出发点,开发成功之后,又各具特色,在集装箱运输管理中发挥了重要作用。

四、集装箱运输管理信息系统构成

一个比较完整的集装箱运输管理信息系统至少应包括运输管理、箱务管理、单证管理等若干子系统。

1. 集装箱航运管理子系统

航运管理子系统是航运企业主要的业务管理信息系统,它是以船舶、港口生产组织和调度指挥为中心展开的,实现和协调系统内各子系统具体功能,以全面提高航运管理的质量、提高企业的经济效益和生产效率服务为目的。此系统是海运企业经营管理的主要计算机系统,根据功能的不同,又可划分为揽货订舱管理子系统、运输统计和分析子系统、质量标准管理子系统等。航运业务管理各子系统同样具有数据输入、查询、修改、传输等功能,各子系统相互配合,共同完成航运业务管理工作,如图9-1所示。

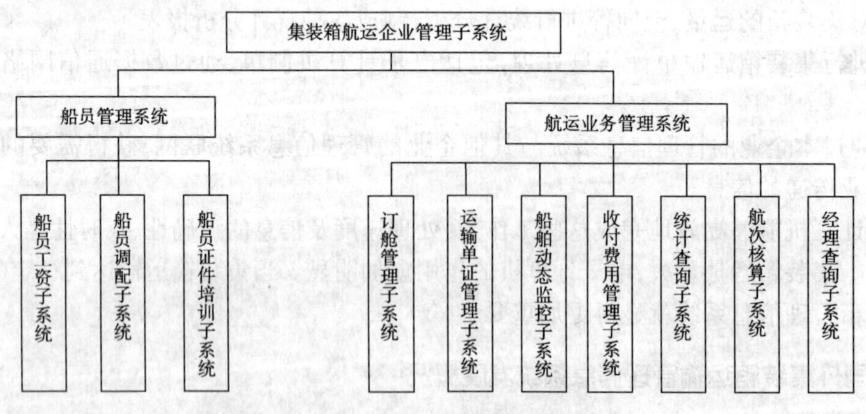

图9-1 集装箱船舶运输信息化管理系统模块

2. 集装箱箱务管理信息子系统

本系统主要实现对集装箱的动态跟踪和对集装箱(货物)的信息显示,使用户能及时、准确、全面地了解和掌握集装箱的位置、物品的种类、数量、超始及终到地域、时间等信息,为用户

决策提供支持。其主要功能为订单查询与管理、货物查询与跟踪(GLS 显示查询)、集装箱动态跟踪数据录入管理、集装箱动态跟踪查询(GLS 显示查询)、场站集装箱管理、空箱调配等功能。根据用户的系统操作权限,开放或关闭相应功能项目,实现用户对系统的使用操作,如图 9-2 所示。

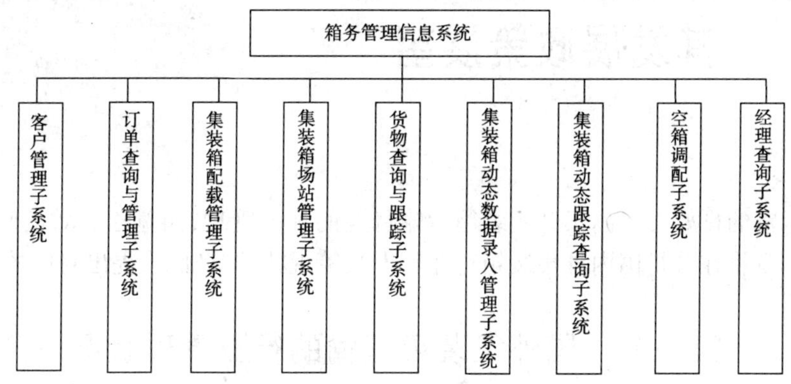

图 9-2　集装箱箱务管理信息系统构成

3. 集装箱单证管理信息子系统

该系统主要功能是接受处理客户委托,进行运输单证的制作和处理,通过数据通信网络传送单证信息,处理与进出口有关部门相关的单证,如图 9-3 所示。

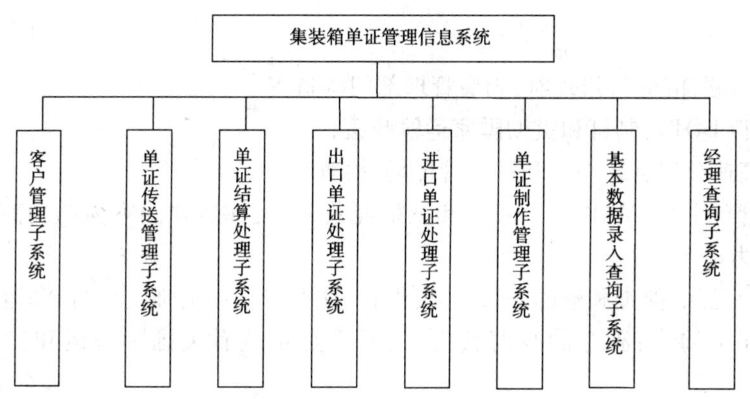

图 9-3　集装箱单证管理信息系统构成

需要特别指出地是,管理信息系统本身仍然在不断地发展和完善,不论其如何发展,目的都是使管理事务和管理决策更加科学、方便和准确,更加智能化。

复习思考题

1. 集装箱信息化的关键技术有哪些?
2. 在集装箱运输单证中如何应用 EDI 技术?
3. 集装箱箱务管理信息子系统应具有怎样的系统结构?
4. 国外集装箱运输管理信息系统发展状况如何?

第十章　集装箱运输行业管理及其发展政策展望

集装箱运输的良好发展离不开集装箱运输行业的规范管理,而宽松有效的政策是规范管理的基础。本章将在分析国内外集装箱行业管理政策现状的基础上,提出对应的措施建议。

第一节　国外集装箱运输的行业管理状况

完善的政策体系是产业或行业快速健康发展的保障,本节对世界主要海运国家和地区的集装箱运输相关政策进行回顾。

一、运输管理机构

1. 美国

运输管理由联邦部门、州政府、码头管理部门等负责。

(1)运输部(DOT):制订和贯彻国家运输政策;

(2)联邦高速公路管理中心和铁路管理局:检查私营运输的发展;

(3)海运管理中心(MARAD):发展和维护经营人,发挥适合国家需要的商业贸易和国家防卫的海运能力;

(4)海岸警卫队:搜查和救助,海运环境保护,法律和条款的强制执行,海运和国家安全;

(5)联邦海运协会:独立的政府部门,其职责是规范有关国际海运和美国国内的运输贸易;

(6)州政府:对国外政策以及国内海运政策的发展提出建议。

2. 欧盟

欧盟成员国政府中的运输部负责国际运输。欧盟理事会负责制订运输政策。1986 年欧盟成员国对海运服务实施自由化。1995 年公布了统一的运输政策,主要包括 3 个方面:

(1)确保欧洲运输体系发挥最大的潜力;

(2)促进欧洲商业的竞争意识;

(3)确保达到最大的增长以及就业和环境可持续发展。

政策的特别条款还包括:

(1)陆上运输:竞争规则、国家干涉、市场调节、市场监控、市场访问、运输价格和条款、结构协调一致、技术和安全条件、社会条件、税款、联合运输;

(2)船舶运输:船旗/船舶登记、与非成员国班轮公司的协议。

1993年以来,欧洲逐步采取放开海、陆贸易权和航海权,同时实行以提高国际海运条件包括竞争政策,规范不公平竞争的价格体系,危险货物的运输和工作条件标准化的一系列措施。

1994年逐渐对被批准经营国际道路运输服务的欧洲承运人放开了各成员国内的道路运输权。在成员国内,非公民的承运人可以经营其国内公路的运输服务。

1995年以来发展了更多完善的运输体系,形成了欧洲运输网络,包括协调的运输管理体系,促进了联运的发展,改善了安全与环境,带动成员国与第三国在双边海运法律方面达成一致。

3. 加拿大

(1)运输部负责运输事务,专门的部门负责某种运输方式;

(2)海岸警卫队负责执行安全、技术、防污染规则、营救、领航、疏浚和船舶运输服务;

(3)国内运输局负责制订运输政策,制订和调节铁路运输费率。决定铁路布局和服务水平。

在加拿大约70%的海铁联运贸易属于秘密合同。国内运输局的任何干涉都必须尊重合同中签订的服务条款。

1996年修订的加拿大运输法案,目的在于打破政府政策和规则的控制,促进市场作用的发挥。

其他相关法案和规则有:集装箱安全法案、海运法案、运输船舶法规、运输法规、运输事故调查和安全法规、沿海运输贸易法案、海运安全法规、机动车运输法案、铁路安全法规、危险货物运输规则。

4. 韩国

1992年以来对有关竞争法律的检查完善以及对现有执行的政策,通过在制度上和组织上的改进加以补充,以减少国家的控制,废除不必要的规范和限制,提高有关贸易政策的透明度并向国际惯例靠近。

韩国码头经营基本私营化,货物装卸费用已从过去政府规定为基础的费用体制转向以注册为基础的体制,货物装卸公司已经注册了整个区域的运输权力,它便拥有自由制订费率的权限。但是,运输业中重要的部分仍然限制国外的投资者介入。

5. 日本

革新措施的重点是缩短海关结关时间和改进卫生检疫程序。在标准和强制规则上,日本一直在向国际标准靠拢。

1997年11月,日本政府宣布了一项包括卡车运输业放松管制的建议。日本改革措施主要限定国内服务,目前正在逐步减少政府干涉和控制,例如对运输业逐步取消过去那种限制竞争的政府宏观供需调节。在国际运输方面对国外的商业和航运是开放的。

二、内贸运输质量和尺寸规则方面的政策

为了减少费用和提高效率,班轮公司和集装箱租赁公司已提出一系列新型、非标准化的超大型集装箱。许多非标准集装箱在北美地区广泛使用并快速增长,尤其在一些大的经营者以及大体积、低密度货物占主导地位的地区。目前45ft集装箱在国际范围内拥有相当数量。为了与公路承运人进行竞争,加拿大和美国铁路引进的国内非标准化宽体(8′06)集装箱逐渐

增多。

1. 美国

(1)铁路运输:大型非标准化集装箱是按实际运载情况配备的,不受政府制订的尺寸和重量规则的限制,而仅受经济、基础设施和投资环境等限制;

(2)公路运输:州际高速公路上运输车辆的合理载货量按车的自重、车辆和车轴载荷三个指标限制,个别州的州内公路运输对上述三个指标有不同限制。

20 世纪 90 年代初,在美国出现 1/3 的集装箱运输超过了重量限制规定,严重损害道路并产生安全问题。为此,1992 年通过了集装箱联运安全法案(ISCA),要求托运人向承运人详细地提供每个集装箱内所装载货物的属性和重量清单。

2. 欧盟

1996 年 9 月通过了一项以协调欧洲境内车辆重量和尺寸的规则。该规则规定拖车最大允许长度为 16.5m,而最大装载长度为 13.6m,但 1997 年 9 月以前生产的车辆还可使用 10 年。此外,联运和沿海贸易中宽体集装箱正在逐步增多。

三、不平等竞争

1. 美国

美国联邦海事委员会(FMC)有权对外国承运人在海运贸易中影响美国船公司和承运人的不公平行为进行调查和采取行动。如果对美国外贸海运不公平,FMC 有权对外藉船采取限制行动。限制措施包括强制接受相等的费率、限制进出口美国港口、限制装载货物的数量和种类、暂停报关、暂停执行某项协议中承运人的权利、强制接受某项费率、拒绝指定的船舶进入美国港口和水域直至扣留船舶。

2. 欧盟

强制接受可根据情况而变化的许可证,强制接受货载限额或惩罚性关税。

3. 日本

如果日本海运经营人受到外国政府或其他不公平对待,法律规定可在指定的期限内限制和禁止该国的船舶进入日本的港口以及装卸货物。

四、水路运输方面的政策

1. 船籍

船舶挂方便旗,也就是船舶不在本国注册而转至船舶注册条件更为开放的国家注册,这样船舶所有人可以减少成本支出,因此船舶挂方便旗越来越多。为了减缓这种趋势,发达国家采取了一系列财政措施及允许船舶采用双船籍,即保留本国国籍的同时允许使用更为灵活的船籍。日本规定,要挂方便旗的船舶,必须得到政府许可,否则征收特别税。

2. 港口服务

现在很多国家的港口企业实行私人经营。同时,港口管理当局都积极努力为设施建没项目寻找外部投资。欧洲在 1997 年制订了一项中立政策,努力保证相关基础设施的补贴。

国际范围适用的港口国监控原则,允许港口扣留低于安全标准的外国船舶,大部分国家港口的进入和设施的使用对外国船舶没有限制,而在美国港口的使用则对一些国家采取限制。例如根据

1988 年 12 月 15 日的海运双边协议，中国船舶必须得到美国政府许可后才可进入美国港口。

3. 班轮竞争

全球班轮运输的竞争日趋激烈，各国为此都采取了相应措施。在美国，海运改革法案中删除了部分关税，提出了允许承运人与发货人商定秘密的服务契约。在日本，海运竞争法中提供给承运人的免税条款正在重新考虑。在欧盟，根据罗马竞争条约，班轮运输公会达成协议提供免税，但是多式联运不在免税范围中。为缓解这些国家和地区的法规造成的相互间的矛盾，OCED 海运委员会于 1997 年 11 月发表了“关于促进国际海运包括多式联运海运部分中政策兼容性”的报告。

五、多式联运方面的政策

1. 美国

在美国只允许公民从事国内贸易运输。1991 年的多式联运运输法案（ISTEA）主要为开发、支持更为有效的国家和地区多式联运系统和中转站，减少拥挤，维持灵活性，改善和保护环境，为经济发展提供有效的运输服务，同时建立国家多式联运委员会，进行广泛的咨询，出版关于如何完成国家多式联运系统的报告，建议实施促进私营多式联运企业发展的政策，重新进行可促进多式联运发展的公共部门的规划和调整，提高运输链各环节效率。

2. 欧盟

没有关于多式联运的综合性法规。市场准入依据不同运输方式，采用相应的规则和规章，但多式联运中公路运输的经营人需经欧盟许可。在发展多式联运中，欧盟十分重视环境保护。例如，铁路运输的复兴、水路运输的发展和公路运输的改善都是减少污染和拥挤，增加安全的有效措施。

对公路运输建立统一的税收、收费原则。允许联运中卡车使用更高的重量限制，由 40t 提高到 44t。允许铁路运营商进入联运市场经营国际路线的联运。欧盟认为中转站是多式联运中的关键环节，因此重视高效的多式联运中转站的发展。为解决欧盟国家间存在的多式联运装备和技术标准上的差异，已确定实施共同的多式联运堆场标准，铁路、公路线路以及海上和内河航道的标准和规范。

在欧共体成员国的互惠原则下，取消联运中的配额和许可证，在联运中按与铁路运输的比例对参加多式联运的各公司运输工具进行退税。

3. 加拿大

依据铁路法案、国家运输法案和西方谷物运输法案，准许从事铁路运输；依据机动车运输法案和地方性的规章，准许卡车运营；依据沿海贸易运输法案，准许进入海运市场。

第二节　我国集装箱运输行业管理状况

我国现行的集装箱运输政策基本上可分为两大体系、两个层次。两大体系是法律类政策与行政类政策；两个层次是全国性政策与地方性政策。尽管自改革开放以来，我国的集装箱运输法规体系有了长足的进步，然而相对于集装箱运输发展比较成熟的国家而言，我国现有的集装箱法规体系仍存在许多问题与不足，尤其是相关政策法规实施力度不够，这大大制约了我国集装箱运输市场的规范运行,不利于集装箱运输行业的发展。

一、我国集装箱运输的政策法规

1. 集装箱运输综合法规

1983 年 4 月 6 日国家经委、国家计委经交[1983]306 号文发布“关于发展我国集装箱运输若干问题的规定”;

1983 年 10 月 28 日国家经委、国家计委经交[1983]947 号文发布“全国集装箱运输工作会议纪要”;

1987 年 10 月 31 日国家经委、外经贸部、交通部经交[1987]690 号文发布“关于国际集装箱运输有关问题的通知”;

1997 年 4 月 25 日发布“全国集装箱运输工作协调会议纪要”;

2002 年 4 月 10 日国家经贸委、铁道部、交通部、对外贸易部、海关总署、国家质量监督检验、检疫局,国经贸运行[2002]203 号文发布“关于加快发展我国集装箱运输的若干意见”。

2. 集装箱水路运输法规

1985 年 2 月 25 日交通部[85] 交海字 402 号文发布“港口国际集装箱码头管理暂行规则”;

1989 年 10 月 27 日中国远洋运输总公司、中国外轮代理总公司制订“国内集装箱支线运输工作手册”;

1989 年 12 月 29 日交通部[89] 交运字 731 号文“关于开展国际集装箱国内中转业务的通知”;

1990 年 3 月 2 日交通部令第 10 号发布“国际船舶代理管理规定”;

1990 年 6 月 20 日交通部令第 15 号发布“国际班轮运输管理规定”;

1990 年 12 月 5 日中华人民共和国国务院令第 68 号发布“中华人民共和国海上国际集装箱运输管理规定”,根据 1998 年 4 月 18 日《国务院关于修改〈中华人民共和国海上国际集装箱运输管理规定〉的决定》修正;

1992 年 5 月 5 日交通部、国家物价局交运发[1992]379 号文发布“国际集装箱超期使用费计收办法”;

1992 年 6 月 9 日交通部令第 35 号发布“中华人民共和国海上国际集装箱运输管理规定实施细则”;

1992 年 8 月 24 日中国外轮理货总公司[92]中理业字 118 号文发布“中国外轮理货总公司海上国际集装箱理箱、理货管理办法”;

1992 年 11 月 7 日第七届全国人民代表大会常务委员会第 28 次会议通过“中华人民共和国海商法”;

1996 年 1 月 3 日交通部交水发[1996]16 号文发布“国内水路集装箱货物运输规则”;

1996 年 8 月 19 日中华人民共和国交通部令第 6 号发布“台湾海峡两岸间航运管理办法”;

1996 年 10 月 3 日交通部交水发[1996]833 号文发布“关于实行运价报备制度和对上海航运交易所授权的通知”;

1996 年 10 月 17 日交通部交水发[1996]880 号文发布“国际集装箱班轮运输运价报备制

度实施办法”；

1997 年 2 月 14 日交通部交水发[1997]80 号文发布“关于加强内支线集装箱班轮运输和国际班轮运输管理的通知”；

1997 年 2 月 25 日交通部水运管理司、交通部安全监督局发布“关于《关于加强内支线集装箱班轮运输和国际班轮运输管理的通知》的补充通知”；

1997 年 4 月 11 日中华人民共和国交通部交台发[1997]188 号文发布“关于加强台湾海峡两岸间集装箱班轮运输管理的通知”；

1997 年 4 月 29 日交通部令第 3 号发布“中华人民共和国交通部港口收费规则(外贸部分)”；

1997 年 5 月 4 日交通部交水发[1997]233 号文发布“关于发布《海上国际集装箱运输电子数据交换管理办法》等项规定的通知”；

1997 年 7 月 16 日交通部令第 6 号发布“水路货物滚装运输规则”；

1997 年 8 月 1 日交通部发行“中华人民共和国外国籍船舶航行长江水域管理规定”；

1997 年 9 月 18 日交通部交水发[1997]580 号文发布“关于外贸船舶及货物港口收费优惠问题的通知”；

1997 年 10 月 9 日交通部交水发[1997]619 号文发布“港口大型机械防台管理规定(暂行)”；

1997 年 10 月 16 日交通部令第 10 号发布“外国水路运输企业常驻代表机构管理办法”；

1997 年 12 月 16 日交通部交水函[1997]489 号文发布“交通部关于港口收费有关问题的复函”；

1998 年 1 月 5 日交通部令第 1 号发布“港口装卸机械管理规定”；

1998 年 3 月 27 日交通部交水发[1998]155 号文发布“关于开展 1998 年度外商独资船务公司年审及校发经营许可证的通知”；

1999 年 3 月 12 日交通部发布“关于加强国际船舶代理业和国际集装箱班轮运输市场管理的通知”。

3. 集装箱公路运输法规

1987 年 9 月 9 日交通部交公路字[1987]668 号文发布“国际集装箱汽车运输费收规则”；

1991 年 4 月 4 日交通部、国家物价局交运字[1991]231 号文发布“关于调整国际集装箱汽车运输和汽车货运站部管费收项目基本费率的通知”；

1995 年 12 月 29 日交通部交公路字[1995]1238 号文发布“集装箱汽车运输规则”；

1996 年 7 月 22 日国家经贸委、公安部、交通部国经贸运[1996]493 号文发布“关于开展集装箱牵引车甩挂运输的通知”；

1997 年 5 月 22 日交通部令第 4 号发布“道路货物运单使用和管理办法”；

1998 年 4 月 1 日中华人民共和国交通部令第 2 号发布“道路运输车辆维护管理规定”；

1998 年 8 月 17 日中华人民共和国交通部、中华人民共和国国家发展计划委员会交公路发[1998]502 号文发布“汽车运价规则”。

4. 集装箱铁路运输法规

1987 年铁运[1987]307 号文发布“中华人民共和国铁道部铁路货物运输规程”；

1989 年 7 月 8 日铁道部运输局铁运[1989]82 号文发布“铁路集装箱运输规则”；

1989 年 7 月 8 日铁道部运输局铁运[1989]82 号文发布“铁路集装箱运输管理规则”；

1990 年铁道部运输局铁运[1990]74 号文发布“国际集装箱运输管理暂行办法”；

1996 年铁道部运货管[1996]44 号文发布“铁路危险货物集装箱运输管理办法”；

1998 年 4 月 8 日铁道部运输局发布“关于公布北京局开行至成都局集装箱‘五定’班列的通知”；

1998 年 4 月 10 日铁道部运输局发布“北京——成都间集装箱班列时刻表和价目表”；

1998 年 5 月 6 日铁道部运输局发布“‘五定’班列运输组织办法”；

1999 年 6 月 10 日铁道部铁运[1999]61 号文发布“集装箱运输一口价实施办法”。

5. 集装箱联合运输法规

1984 年 8 月 8 日国家经委、铁道部、交通部经交[1984]606 号文发布“关于开展上海与东北间集装箱水陆联运的通知”；

1984 年国家经委发布“联运工作条例”；

1986 年 4 月 25 日国家经委、国家计委、财政部、铁道部、交通部经交[1986]235 号文发布“关于发展联合运输若干问题的暂行规定”；

1986 年 5 月 20 日国家经委、国家计委、铁道部、交通部经文[1986]391 号文发布“全国联运工作会议纪要”；

1986 年 12 月 4 日铁运[1986]1182 号文发布“铁道部、交通部转发《国际集装箱海铁联运协议(试行)》的通知”；

1987 年 2 月 6 日铁运[1987]97 号文发布“铁道部发布《国际集装箱海铁联运实施办法》等三个规定”；

1988 年 5 月 25 日交通部海洋运输局、铁道部运输局运集[1988]54 号文发布“关于海铁联运至各车站中远公司空箱回送问题的通知”；

1989 年 1 月 7 日国家计委、铁道部、交通部、经贸部计调度[1989]7 号文发布“关于进一步开展国际集装箱联运工作的通知”；

1990 年 3 月 21 日交通部、铁道部交运字[1990]181 号文发布“国际集装箱多式联运管理办法(试行)”；

1990 年 3 月 21 日交通部、铁道部交运字[1990]181 号文发布“国际集装箱运输单证管理规定(试行)”；

1991 年 7 月 9 日国家计委、铁道部、交通部、经贸部、海关总署、卫生部、农业部计调度[1991]1017 号文发布“关于亚欧大陆桥国际集装箱过境运输管理试行办法”；

1991 年 10 月 7 日铁道部运输局、交通部运管司 483 号电报发布“关于海铁联运集装箱简化货运手续的通知”；

1992 年 5 月 23 日国务院生产办公室、交通部、铁道部、经贸部、海关总署国生调度[1992]198 号文发布“关于加快发展国际集装箱联运的通知”；

1992 年 8 月 29 日交通部交运发[1992]743 号文发布“关于公布我国港口国际过境集装箱中转包干费的通知”。

二、我国集装箱运输行业管理存在的问题

1. 法律方面

上层建筑服务于经济基础，集装箱运输行业的发展离不开良好的法律政策环境。但目前

我国集装箱运输行业没有形成统一的发展战略和政策目标,很多政策法规的制订没有从交通运输整体和国家利益出发,政策法规分散,缺少协调,政策口径不一致,人人都不甘心当配角,人人都争当主角,严重影响了集装箱运输市场的竞争力和发展前景。在我国,政府既是政策法规的制订者,又是政策法规的执行者。政府直接干预运输市场,阻碍了运输资源的合理配置,存在着"执法不严、有法不依"的现象,政策法规达不到规范市场的目的。

2. 管理体制

国家政策法规对集装箱运输缺乏宏观的统一指导。集装箱运输管理涉及经贸、铁道、交通、外贸、海关、质检等很多部门,各主管部门缺少统一的、权威的协调机构来负责制订集装箱运输发展战略、政策和规划,比如各部门对集装箱运输均有一套管理规定和审批程序,导致从事集装箱运输的审批程序相当复杂且效率低下。集装箱运输是一种跨地区跨行业的运输方式,并已向多式联运的方向发展,但由于我国交通运输行业实行的是条条管理,因此对集装箱运输的管理存在着多部门管理,条块分割严重,地方之间、行业之间的保护主义严重。经营集装箱运输的企业由于属于不同的地区、不同的行业,各企业各行其是、分散经营,运输节点衔接不畅,集装箱运输的优势得不到发挥,大大增加了运输成本。

3. 市场管理

我国集装箱运输市场初步建立,市场运作还不规范,相应的配套政策法规不健全,造成了集装箱运输市场运营混乱,无序竞争。市场的不完善造成了集装箱运输服务水平和质量低,阻碍了集装箱运输市场集约化、规模化发展进程。许多集装箱货物不能以集装箱运输的方式直接由发货地运到收货地,而是拆箱后以散件的形式运送,采取的是集装箱分段运输,降低了运输效率。由于集装箱运输是分段进行的,单证不统一,有各种格式、标准和流程,造成了各环节衔接不畅,重复劳动,出错率高,延长了集装箱在口岸的非生产作业时间,降低了集装箱运输的周转速度。

4. 基础设施

对基础设施建设的政策支持力度不够,造成投资明显不足,集装箱运输基础设施总体上不足,缺少内陆中转站。我国交通运输基础设施长期处于紧张状态,对便捷、快速的集装箱运输来说不能做到准时发车、快速到达。同时集装箱运输专用港站不足,一些港口存在着超负荷作业,许多集装箱堆场是与杂货混用的,严重影响了集装箱的作业速度和质量。随着集装箱运输的发展,大大增强了对基础设施的要求,但目前我国交通基础设施落后,阻碍了集装箱运输的发展。

第三节　我国集装箱运输发展政策展望

一、健全行业管理政策

1. 原则

进一步健全我国集装箱运输行业管理政策应遵循以下原则:

一是反映国家经济的发展趋势。随着我国经济的高速增长及开放程度的提高,贸易、资本交易的自由化程度增加,交易成本降低,国际竞争力也随之增强。对此我国的出口产品向提高产品竞争力转换,有一定技术含量或技术含量较高的劳动密集型成品出口将得到迅速发展。总之,经济增长质量的提高,高技术含量的产品成为外贸市场的主体。

二是反映可持续发展的思想。集装箱运输作为一种安全、清洁、高效的运输形式,符合可持续发展的战略要求。政策的制定应以促进集装箱运输向规模化、规范化方向发展,并引导多式联运来实现运输的高效化。

三是反映技术进步与创新。21 世纪的市场是数字化和电子化的市场,电子商务和物流业的迅速发展,对集装箱运输的要求高,而集装箱运输是我国交通运输业最具创新特征的切入点。对此,政府的政策必须有利于运输业保持技术创新的动力。

2. 目标

健全集装箱运输行业政策的目标是:建立与市场经济规律和集装箱运输特点相适应的政策法规体系,有效发挥政府的宏观调控职能,运用法律、法规和必要的行政手段规范集装箱运输市场,推进集装箱化和多式联运的进程。

3. 对策措施

(1)要符合国家法律和国际惯例。

集装箱运输政策法规的制定和完善要符合国家通用法律,并体现国家的发展战略和大政方针,应在符合国际法规和惯例的前提下,充分考虑我国集装箱运输业发展的实际情况。行业法规一定要依据和符合国家的通用法律,如价格法、公平竞争法、铁路法、公路法、海商法、合同法、海关法。如果行业具有特殊性,应重点加以研究和说明,并获得法律豁免,如班轮公会、联营体等问题。从目前的具体情况看,要体现国家有关可持续发展、技术创新、改革开放、结构调整、国有企业改革和西部开发等战略思想。对外开放是我国经济发展的战略方针,世界经济一体化要求集装箱运输要符合国际法规。考虑到我国还处于发展中阶段,国有集装箱运输企业的竞争能力较低,所以应在国际惯例的框架下,采取国际上可以接受的政策措施. 如 WTO 例外条款保护和扶持国内集装箱运输行业的健康发展。

(2)加强对安全、环境方面的管理和法规建设。

市场本身追求的是直接经济效益和效率,由于安全和环境等方面造成的外部成本难以考虑在自由竞争的市场中,所以加强安全与环境方面的管理应该是政府的主要任务。另外,在可持续发展的背景下,安全与环境问题更加突出,必须在政策法规中得到充分体现。特别是危险品运输在集装箱运输中占有越来越重要的地位,也是安全与环境问题的最重要方面。应引起足够重视,并注意与国际法规保持一致。重视并推广实施 ISM、ISO—9000、ISO—14000 和 ISO—1800 系列的安全与环保标准。

(3)加快内贸集装箱多式联运的法规体系建设。

内贸起步虽早,但各种运输方式间的多式联运基本没有得到发展,采用的集装箱也主要是国内小型标难箱(1、3、5、10t 箱)。近年来利用国际标准集装箱开展内贸运输业务在水运得到快速的发展,并代表了未来的发展方向。但是内贸集装箱运输,特别是多式联运的政策法规体系建设十分落后,制约了内贸集装箱运输的健康发展。

(4)注重实施效果。

制订法规要及时配套相应的实施细则,强调可操作性和实施尺度统一性,并要加强监督,体现法规的严肃性和连续性,注重法规执行效果。集装箱运输政策法规是行业和市场发展行为规范. 若操作难度大或操作成本高,则容易造成“空壳”,企业感到无所适从,政府忙于应付。法规制订要充分考虑到执行的效果,要及时制订法规的实施细则,实施必须具有严肃性和连续

性。在出台政策法规时应充分对法规所可能产生的经济效果，进行专题研究和论证分析。同时要对现有法规所可能导致的经济效果进行分析，包括外部效果，减少法规的负面效果，必要时要进行政策法规的调整。

(5)清理现有政策法规。

各相关部委开展对现有集装箱运输政策法规的清理，汇总目前有效的政策和法规，由多式联运协调委员会统一负责，组织各部委主管官员和专家对政策法规进行分析和评价，充分分析其正负两个方面的经济效果以及实施的情况，提出维持、废止和修订等修改意见，减少数量，提高质量，并在修改完善后汇编成册。向社会公布，提高透明度和监督执行效果。同时，要求各地方清理政策法规，特别是要废除有关地方保护、行业保护、影响安全和环境等方面的政策和法规，并着重与国家政策法规保持协调一致。

(6)注重政策的协调性。

各有关部委制订政策法规应从全局和长远的观点出发，体现政策的长远性、一致性和稳定性，包括与国家方针政策的一致性和部委政策法规之间的协调性；各地方集装箱运输政策法规制订应满足中央的政策法规，并在生效之前获得中央主管部门批准。

我国目前很多政策法规的制订具有明显的短期行为，根据现象进行法规的制订或修改，往往产生较大的负面效果，带来新的问题。各部委之间法规缺少协调，法规的范围、内容和深度不一致，并缺少稳定性，企业难以掌握，政府管理难度较大。只有在中央政府的政策法规框架下制订地方的政策法规，才能有效发挥政策法规的作用，为确保这一点，地方政策法规的颁布与实施需要得到主管部门的认可。

二、推进管理体制改革

改革现有管理体制，打破行业和地域界限，建立中央统一决策，地方监督执行的管理体制，形成良性循环的市场运行机制。

现有的中央和地方政府分散管理以及中央与地方政府之间垂直管理的体制严重制约着集装箱多式联运的协调发展。特别是在整个运输链上各个部门缺少协调，职责和功能不明确，减低了物流系统的效率和增加了系统成本。为此，应进行职责和功能的合理划分与明确，加强集装箱运输链中各种关系的协调，形成统一的管理体制。集装箱运输是一种跨地域、跨行业、系统性很强的货运方式，有必要建立起由中央统一管理，主要制定政策、规划、法规，地方负责监督和执行的管理机制。

管理体制改革应该以职能转变为基础，政府应瞄准促进集装箱运输产业的健康发展和培育成熟的具有竞争力的市场，政府功能和行动应注重提高管理效果和长期发展的经济性。各级政府要尽快转变观念，以市场为中心，站在货主需求角度去研究、探讨和制定政策与措施，在这个前提下，协调工作将变得容易，并有利于简化工作程序和提高工作效率。

1. 目标

推进集装箱运输管理体制改革的目标是：建立统一、协调、有利于集装箱运输和多式联运发展的管理体制，减少和打破行业和地方保护，促进各种运输方式、各部门、各地区之间的协调和统一。从而解决目前我国在集装箱运输管理方面存在政府分散管理、行业和地方保护及不协调等问题。

2. 对策措施

(1)建立统一、高效的管理体制和协调工作机制。

具体来说:一是转变政府职能,政府在强化行业管理和宏观调控的同时,不参与、不干预集装箱运输企业的经营行为。注重政府的管理效率和效果,简化工作程序,充分发挥市场主体的作用。二是打破条块分割的局面,建立集装箱运输各相关部门之间协调发展的决策咨询机制。各部门、各地区政府的决策、法规建设应符合集装箱运输发展总体政策和战略规划。三是改变现有的管理体制,打破行业和地域限制,针对集装箱运输的跨地域、跨行业、系统性强的特点,建立中央统一决策、地方监督执行的管理体制,最终形成良性循环的市场运行机制。

(2)强化集装箱运输领导小组作用。

加强当前的集装箱运输协调领导小组的作用,建议改为中国集装箱多式联运管理委员会。由国务院赋予一定职能,具体负责全国多式联运发展战略、发展规划、发展政策的制订与监督,发展的沟通,问题的协调,各部委相关政策、法规和管理办法的审核,全局性问题的研究,集装箱运输和多式联运信息的发布等,起到统一领导和协调我国集装箱运输发展的作用,改变目前政出多门、各自为政的状况。该组织的具体执行机构要加强,应建立具有专职人员的办公室等组织部门,积极组织和开展综合方面的市场调查、项目研究、政策法规起草和信息发布工作,为管理委员会提供决策依据。同时对有关各部委集装箱运输方面的政策法规建设进行归口协调和统一。

(3)明确职能划分。

在现有体制下,管理委员会会同有关部门组织评价和审视中央各部委之间、中央与地方之间、地方管理部门之间关于集装箱运输和多式联运的管理职能,按照有利于集装箱化和多式联运发展的指导思想,打破条块分割,进一步明确或重新进行功能和职责的划分,提出可行方案,经国务院批准后实施。

(4)制订统一发展规划。

在战略、政策和规划研究的基础上,组织制订全国集装箱多式联运发展规划,规划要充分利用现有资源和发挥各种运输方式的优势,打破行业和地方保护。规划范围应考虑外贸集装箱运输和内贸集装箱运输两个方面,并体现可持续发展和内外贸集装箱运输一体化的发展思想。规划思路应改变过去从下到上的规划程序,从上到下进行规划。

(5)建立决策协调机制。

建立集装箱运输各相关部门之间协作发展的决策咨询机制,各部门、各地区政府的决策、法规建设和行动应符合集装箱运输发展总体政策和战略规划。政策和战略的成功实施必须依赖于一系列协调的行动,单一行动不管其财务效果如何,只有满足总体战略方向和政策才能发挥应有的作用。为避免一个部门的决策造成的总体不协调或片面性,各部委在决策之前应充分听取其他部委和专家的意见,有可能的话可以采用听证会的形式,决策咨询机制的建立能够在一定程度上起到协调发展的作用。

三、加强基础管理工作

1. 加强科学决策研究工作

加强对集装箱运输、多式联运和综合物流领域的研究与开发工作,提高政府决策的科学性。建立多种研究经费渠道,加大投入开展调查研究工作,研究重点应放在集装箱运输、多式

2.5.1　单面作业拆装箱库的作业场面积计算。

单面作业拆装箱库的作业场面积计算按2.7计算。

$$A_7=2\cdot L_e\cdot L_y \tag{2.7}$$

式中:A_7——单面作业拆装箱作业场面积,m^2;

L_e——拆装库总长度,m;

L_y——运输车辆长度一般取16.5m。

2.5.2　双面作业拆装箱作业场面积

双面作业拆装箱库的作业场面积按公式(2.8)计算。

$$A_8=4\cdot l_e\cdot l_y \tag{2.8}$$

2.6　设备维修间面积

2.6.1　设备维修间面积按公式(2.9)计算。

$$A_9=A_{10}+A_{11}+A_{12} \tag{2.9}$$

式中:A_9——维修间面积,m^2;

A_{10}——主维修间面积,m^2;

A_{11}——辅助维修间面积,m^2;

A_{12}——材料库面积,m^2。

2.6.2　主维修间面积按公式(2.10)计算。

$$A_{10}=3\cdot n\cdot p\cdot F \tag{2.10}$$

式中:n——日维修车辆数,辆/d;

p——平均停场车日,d/辆;

F——车辆投影面积,m^2。

2.6.3　辅助维修间面积按公式(2.11)计算。

$$A_{11}=n\cdot p\cdot a_{11} \tag{2.11}$$

式中:a_{11}——单车维修面积,一般取8~10m^2。

2.6.4　材料库面积按公式(2.12)计算。

$$A_{12}=n\cdot p\cdot a_{12} \tag{2.12}$$

式中:a_{12}——取10平方米的每车日需材料库面积。

2.7　中转站集装箱堆场面积

中转站集装箱堆场面积按公式(2.13)计算。

$$A_{13}=M\cdot E \tag{2.13}$$

式中:A_{13}——集装箱堆场面积,m^2;

M——平面箱位数,个;

E——每一平面箱位面积,m^2。

按装卸工艺方式所需每一平面箱位面积值见附表2-1。

附表2-1

装卸机械	轮胎式龙门起重机方式	跨运车方式	正面吊运机方式	叉车方式
E/m^2	30~35	35~40	40~45	65~70

$$M = \frac{D \cdot K_1 \cdot S_2}{T \cdot H \cdot K_g} \tag{2.14}$$

式中：K_1——不均衡系数，一般取1.3～1.5；

S_2——集装箱平均堆存期，一般取5～7d；

H——集装箱平均堆存期，一般取5～7d；

K_g——高度利用系数。

2.8 停车场面积

停车场面积按公式(2.15)计算。

$$A_{14} = 3 \cdot N \cdot F \tag{2.15}$$

式中：A_{14}——停车场面积，m^2；

N——日停车数，辆。

参考文献

[1] 蒋正雄,刘鼎铭. 集装箱运输学[M]. 北京:人民交通出版社,1997.
[2] 朱晓宁. 集装箱运输与多式联运[M]. 北京:中国铁道出版社,2005.
[3] 索占鸿,朱昌锋. 集运运输[M]. 北京:中国铁道出版社,2005.
[4] 徐淑芬. 集装箱运输基本知识[M]. 北京:中国铁道出版社,2002.
[5] 武德春. 集装箱运输实务[M](第2版). 北京:机械工业出版社,2006.
[6] 江静. 国际集装箱与多式联运[M]. 北京:中国商务出版社,2006.
[7] 王鸿鹏. 国际集装箱与多式联运[M]. 大连:大连理工学院出版社,2004.
[8] 刘鼎铭. 集装箱化与标准化[M]. 北京:中国标准出版社,1991.
[9] 中国集装箱工业协会. 中国集装箱大全[M]. 北京:中国物资出版社,2003.
[10] 丁嵩冰,屠舒华等. 集装箱箱号校验规则及其应用[J]. 集装箱化,2006(2).
[11] 杨如壁. 集装箱运输业务[M]. 大连:大连海事大学出版社,2004.
[12] 杨志刚. 集装箱运输理论与实务[M]. 北京:人们交通出版社,1998.
[13] 杨茅甄. 集装箱运输实务[M]. 北京:高等教育出版社,2003.
[14] 郭文超. 中国铁路集装箱运输[M]. 北京:中国铁道出版社,1996.
[15] 邵振一、董千里. 道路运输组织学[M]. 北京:人民交通出版社,1998.
[16] 中华人民共和国国家标准 GB/T 12419-2005.
[17] 闫伟. 铁路集装箱专办站运输组织研究[D]. 硕士论文,2005.
[18] 国外海上集装箱运输丛书编写组;集装箱运输业务[M],北京:人民交通出版社,1975.
[19] 李勤昌. 国际货物运输[M],大连:东北财经大学出版社,2005.
[20] 卢淑华. 社会统计学[M]. 北京:北京大学出版社,1997.
[21] 吴永富、杨家其. 国际集装箱运输与多式联运[M]. 北京:人民交通出版社,1998.
[22] 苏其云等. 集装箱运输术语. 北京:交通部,1998.
[23] 黄世铃. 集装箱运输实务[M]. 北京:人民交通出版社,1999
[24] 袁长伟. 高速公路运输统计[D]. 西安:长安大学,2006.
[25] 谈大洋. 国际联运摘要[M]. 北京:人民交通出版社,1992.
[26] 陈代芬、姜宏. 国际物流报关实务[M]. 北京:人民交通出版社,2001.
[27] 荣朝和、魏际刚、胡斌. 集装箱多式联运与综合物流:形成机理及组织协调[M]. 北京:中国铁道出版社,2001.
[28] 张旖、黄璞. RFID在集装箱运输管理中的应用[J]. 集装箱化,2007(04).
[29] 孙军. 我国集装箱运输发展政策的思考[J]. 世界海运. 2005,6(3).
[30] 海峰,程志,江琪斌. 物流产业政策体系研究[J]. CHINASTORACE&TRANSPORT, 2005(3).
[31] 魏际刚. 中美集装箱运输发展的比较制度分析[J]. 中国铁道科学,2002(6).
[32] 中国集装箱运输专业委员会. 世界主要海运国家(地区)集装箱运输的有关政策[J]. 集装箱化,2000(11).
[33] 谢荣. 中国集装箱运输发展[M]. 北京:人民交通出版社,2003.

附件 2:集装箱公路中转站各主要部位面积计算

2.1　业务办公室面积

业务办公室面积按公式 2.1、2.1 和 2.3 计算。

$$A_1 = A_2 + A_3 \tag{2.1}$$

式中:A_1——业务办公室面积,m^2;

A_2——工作人员工作间面积,m^2;

A_3——办理手续场所面积,m^2。

$$A_2 = R_j \cdot a_j \tag{2.2}$$

式中:R_j——业务工作人员人数;

a_j——每人所需面积数,6 ~ 8m^2。

$$A_3 = 1/2A_2 \tag{2.3}$$

2.2　生产调度、信息中心及联合办公用房面积

生产调度、信息中心及联合办公用房面积按公式 2.4 计算。

$$A_4 = R_2 \cdot a_4 \tag{2.4}$$

式中:A_4——生产调度或联合办公用房面积,m^2;

R_2——生产调度或联合办公人员数量;

a_4——每人所需面积数,8 ~ 10m^2。

2.3　拆装箱库面积

拆装箱库面积按公式 2.5 计算。

$$A_5 = \frac{C_1 \cdot G \cdot S_1 \cdot g}{f} \tag{2.5}$$

式中:A_5——拆装箱库面积,m^2;

C_1——日平均拆装箱数量,TEU/d;

G——每箱货物平均重量,一般取 11 ~ 13 t/标准箱(TEU);

S_1——货物平均堆存期,一般取 3 ~ 5d;

g——堆存每吨货物所需面积值,一般取 1 ~ 2m^2/t;

f——面积利用系数,一般取 0.6 ~ 0.7。

2.4　拆装箱库高站台面积

拆装箱库高站台面积按公式 2.6 计算。

$$A_6 = L_R \cdot a_6 \tag{2.6}$$

式中:A_6——高站台面积,m^2;

L_R——高站台长度,m;

a_6——高站台宽度,一般取 4 ~ 5m。

2.5　拆装箱作业场面积

附件 1:集装箱公路中转站各种设备需要计算

1.1 集装箱专用车辆折合标准箱(TEU)位数量。

集装箱专用车辆折合标准箱(TEU)位数量按公式(1.1)计算

$$N_c = \frac{Q \cdot L}{T \cdot a \cdot l_e \cdot b \cdot C_1} \quad (1.1)$$

式中:N_c——集装箱专用运输车辆折合标准箱(TEU)箱位数量;

Q——年箱运组织量,TEU;

L——平均运距,km;

T——年工作天数,一般取 365 天;

a——车辆工作率,%;

l_e——平均车日行程,km/d;

b——箱位利用率,一般取 0.8 ~0.9;

C_1——里程利用率,一般取 0.7。

1.2 堆场装卸机械数量

堆场装卸机械数量按公式(1.2)计算

$$N_j = \frac{2 \cdot D \cdot K_j}{T \cdot J_N \cdot t} \quad (1.2)$$

式中:N_j——装卸机械数量,台;

D——年箱堆存量,TEU;

K_j——不平衡系数,一般取 1. 5 ~1. 8;

J_N——装卸机械工作能力,TEU/(台·h);

t——日工作小时数,h/d。

1.3 小型低门架叉车数量

小型低门架叉车数量按公式(1.3)计算

$$N_d = \frac{C \cdot K_j}{T \cdot P \cdot t} \quad (1.3)$$

式中:N_d——小型叉车台数,台;

C——年拆装箱量,一般取年箱运量的 10% ~40% 的标准箱(TEU);

K_j——不平衡系数,一般取 1.3;

P——小型叉车工作能力,TEU/(台·h);

t——日工作小时数,h/d。

续发展具有重要的作用,因此,明确符合我国国情的集装箱运输发展政策,具有重要的意义。

1. 灵活的基础设施投资政策

各级政府可采取灵活的投融资政策,加大投资力度,运用金融、税收、财政等手段鼓励各种经济组织建设和经营基础设施。同时,对现有闲置的基础设施进行技术改造,比如可以改造传统的杂货堆场成为集装箱堆场。具体体现在:一是公路网方面,加大高等级公路网的投入,提高公路运营管理水平;二是支持引导集装箱中转站的建设管理。三是各个港口群经济中心应利用现有设施建设综合性集装箱枢纽港站,发展多式联运。

2. 大力推动集装箱多式联运发展

加强铁路、公路和水路的协调与合作,促进集装箱多式联运的发展。充分发挥沿海港口在集装箱多式联运中的枢纽作用,利用港口设施,加快铁路港站建设,完善港口集疏运系统。加强铁路与其他运输方式的协调与合作,充分发挥铁路运输的优势,强化中西部地区与沿海主要港口之间的铁路集装箱运输通道的作用。完善水路集装箱运输干支线网络,重视发展内支线和内河集装箱运输。充分挖掘长江集装箱运输的潜力和优势,完善配套基础设施,加强沿海港口、铁路和公路运输与长江的衔接,促进长江的集装箱运输发展。

3. 鼓励先进的集装箱运输技术装备的应用

一是加强市场准入的安全、环保、节能等技术标准,限制使用落后的技术和装备。二是重视科研、开发和推广信息网络技术在集装箱运输领域的应用。加强 EDI、ITS、货物运输系统的综合开发和利用。实现国内、国际集装箱运输单证和信息标准化、电子化,建立统一、协调、共享的集装箱运输信息系统。

4. 改善口岸服务环境

各口岸查验部门应该进一步提高服务意识,为集装箱运输发展提供良好的环境。借鉴国际先进经验,改革口岸作业流程,完善运行机制和办事程序,加快查验速度,减少开箱比例,提高查验准确率,降低口岸查验成本,减轻货主负担。另外,采用先进的科技手段加强监管,广泛应用网络信息技术,尽快实现口岸各部门信息共享,实现口岸管理信息化。大力支持多式联运和内陆集装箱场站的建设和运行,简化内陆报关手续,鼓励转关运输,支持国内港口开展国际集装箱中转运输业务,积极创造条件,支持内、外贸集装箱同船运输,合理利用资源,促进内、外贸集装箱运输的共同发展。

复习思考题

1. 国外集装箱运输行业管理现状如何?
2. 我国集装箱运输行业管理现状如何?
3. 我国集装箱运输发展应采取哪些对策?

联运和综合物流领域的发展战略、政策、规划等方面，要对运输市场问题和政策法规给予特别关注.政策法规的出台要经过充分的研究和论证。同时对集装箱运输有重要影响的技术开发和技术创新工作给予经费支持和补贴。

2. *重视信息发布*

完善集装箱运输与多式联运的信息指标体系，增加市场信息透明度。调整、减少企业统计信息报表的结构、途径和不必要的信息数量，但必须满足政府的研究和决策需求，并建立全国集装箱运输信息数据库，出版"中国集装箱运输发展报告"。数据库的建立和出版物的编写可在委员会组织和支持下，由中介机构或学术组织具体负责。

3. *完善统计制度*

统计信息是政府研究、管理和决策的重要依据，必要的信息来源需要通过法律手段强制实施。但是目前统计信息一方面存在信息不完善、不充分和不一致问题；另一方面却存在企业应付不暇和渠道不通畅等问题。特别是各种运输方式统计信息的不协调更要引起重视。提高信息透明度是发展健康市场的一个重要方面，企业不会，也不可能全面收集、整理国家市场的各种信息，即使可能，企业也不会向社会发布，而政府可以利用在市场上的地位进行有效的信息统计工作。特别是集装箱运输涉及很多部门，所以要得到完整的集装箱多式联运信息十分困难，这种状况给研究、规划和投资决策造成了巨大的障碍。

四、创建良好市场环境

市场本身并不能单纯依靠供求关系进行自我调节和完善，所以政府应在规范市场行为中发挥调控作用，而政策法规是政府管理市场的有效手段。没有规则的游戏或比赛难以公平进行，没有规章的市场难以发挥效率，并导致扭曲和混乱。制定游戏或比赛规则，并执行它则成为政府的最主要责任。但是政府的过多干预有可能产生低效率，过少干预，则有可能导致市场无序发展或混乱。市场如何管理，管理到什么程度是非常重要的。因此，进一步规范集装箱运输市场秩序，完善公平的市场竞争机制，提高服务水平和质量，增强运输企业市场竞争力，是集装箱运输持续发展的关键。

(1)各级与集装箱运输相关的政府部门府转变观念与职能，简化工作程序，根据集装箱运输行业市场的特点，有效而经济地发挥政府在产业和市场发展中的作用，以提高管理效率和效果，充分发挥市场竞争的作用。

(2)针对我国集装箱运输市场目前价格混乱的具体情况，由多式联运协调委员会组织开展集装箱运输价格调控机制的研究，加强宏观调控和行业自律，利用价格调整市场关系，鼓励集装箱运输，优化配置资源，反对恶性竞争和不公平竞争。

(3)促进公平竞争，创造有利于集装箱运输业的发展环境，利用竞争机制提高运输效率。

(4)鼓励适箱货物的集装箱化运输，促进各地区之间和各种运输方式之间的协调与合作，提高集装箱化率和多式联运水平；

(5)加强集装箱标准化建设，简化通关手续，促进国际国内集装箱运输一体化的进程。

五、明确行业发展政策

集装箱运输发展政策是集装箱运输大系统中的一个重要子系统，对集装箱运输的快速持